广西社会科学院新型智库出版资助项目

自由贸易试验区区位分布、联动发展与全域竞争力

刘曙华 著

中国财经出版传媒集团
中国财政经济出版社
·北京·

图书在版编目（CIP）数据

自由贸易试验区区位分布、联动发展与全域竞争力／刘曙华著．——北京：中国财政经济出版社，2024.6
ISBN 978-7-5223-2880-5

Ⅰ.①自… Ⅱ.①刘… Ⅲ.①自由贸易区－经济发展－研究－中国 Ⅳ.①F752

中国国家版本馆 CIP 数据核字（2024）第 024224 号

责任编辑：高文欣　　　　　　责任校对：张　凡
封面设计：卜建辰　　　　　　责任印制：史大鹏

自由贸易试验区区位分布、联动发展与全域竞争力
ZIYOU MAOYI SHIYANQU QUWEI FENBU、LIANDONG FAZHAN YU QUANYU JINGZHENGLI

中国财政经济出版社 出版

URL：http://www.cfeph.cn
E-mail：cfeph@cfeph.cn

（版权所有　翻印必究）

社址：北京市海淀区阜成路甲 28 号　邮政编码：100142
营销中心电话：010-88191522
天猫网店：中国财政经济出版社旗舰店
网址：https://zgczjjcbs.tmall.com
北京厚诚则铭印刷科技有限公司印刷　各地新华书店经销
成品尺寸：170mm×240mm　16 开　20.00 印张　300 000 字
2024 年 6 月第 1 版　2024 年 6 月北京第 1 次印刷
定价：88.00 元
ISBN 978-7-5223-2880-5
（图书出现印装问题，本社负责调换，电话：010-88190548）
本社图书质量投诉电话：010-88190744
打击盗版举报热线：010-88191661　QQ：2242791300

序

2013年9月，上海自贸试验区正式设立；2022年10月，党的二十大报告提出实施自由贸易试验区提升战略。我国自贸试验区迎来第一个十年，正可谓"十年一甲子，一甲子一轮回"。在逆全球化思潮盛行、中美贸易摩擦、全球产业链供应链结构性重构的当今世界，我国自贸试验区面临前所未有的发展环境，又可谓"百年未有之大变局"。以上两者相互叠加，我们既要对过往十年自贸试验区建设历程及其成效进行总结，又要基于新的起点来谋划自贸试验区的高质量发展。2019年8月，广西自贸试验区获批，在经历了近5年的建设周期后，广西自贸试验区面临次区域合作不断深化、多重国家战略叠加等发展机遇以及东盟新兴经济体强大冲击、同质化竞争加剧、边际效应加速递减等显著挑战，对面临机遇和挑战的分析需要遵循从全球层面、国家层面到地方层面的内在研究逻辑。怎么破解当前自贸试验区面临的发展难题？怎么深入且高质量地实施自贸试验区提升战略？怎么结合地方实际形成具有地方特色自贸试验区建设"广西经验""广西方案"，这些都是需要重新予以审视和解答的重大问题。基于对历史逻辑和实践逻辑的考量，本书对广西自贸试验区开展了针对性和系统性研究，在实际研究过程中主要采取"发展现状—存在问题—经验借鉴—对策措施"的研究思路，对关系重大的几大研究主题进行深入分析，从而构建了针对性强的内容框架。具体而言，本书具有以下四大特点：

第一，突出采用篇章式进行专题研究。突破以往相关研究采取一贯到底的分析思路，专题研究采取篇章方式，即第五、第六、第七、第八、第九部分独立成篇章，通过构建自贸试验区竞争力"五力"（即产业竞争力、制度竞争力、协同竞争力、体制竞争力、政策竞争力）模型，推进五大研究主题的分析，避免出现研究主题层次不清、研究内容分散等问题，实现研究广度和深度的双提升。

第二，突出历史脉络与未来趋势的逻辑分析。十年的自贸试验区建设历程形成了一系列发展轨迹，而自贸试验区数量的增多、范围的扩大和功能的升级是典型的发展规律，其是历史逻辑和实践逻辑最直接、最有效的表达。本书对自贸试验区发展历程进行全面梳理，并基于历史逻辑的考量，总结提出了我国自贸试验区"三扩一升级"（即自贸试验区扩容、扩区、扩围以及自贸试验区升级为自由贸易港）发展趋势，这为我国实施自贸试验区提升战略提供了富有建设性的决策视角。

第三，突出广西自贸试验区的特点特色研究。广西自贸试验区与其他自贸试验区存在许多相同点，但更多的是不同点，广西自贸试验区具有沿海沿边、陆海统筹的发展特色，在开放合作方面应突出东盟特色。作为国内第一部专门研究广西自贸试验区的成果，本书将重点聚焦广西自贸试验区建设推进的重大关键性问题，基于自贸试验区竞争力"五力"模型，从产业高质量发展、制度集成创新、协同互动发展、管理体制建设、支持政策创新等方面开展富有针对性的分析，力图展现广西自贸试验区建设的全貌。

第四，突出前瞻性战略和操作性战术的深化研究。自贸试验区作为重要的国家战略平台，依托其提出具有远见性和前瞻性的战略战术安排和政策决策指导，是一条重要且有效的研究路径。本书突破传统分析范式，根据国际国内发展大势和全国自贸试验区建设轨迹，结合广西在申报自贸试验区时提出的部分政策需求尚未获得国家层面支持，研究提出广西自贸试验区需要争取国家层面赋予先行先试的政策清单，这些重大政策为广西落实国家提出的实施自贸试验区提升战略和将广西自贸试验区打造成为服务国内国际双循环市场经营便利的核心区，提供了有效的切入点。

总而言之，我国自贸试验区只是国家战略平台之一，其与国家重大战略、区域协调发展战略等国家战略以及国家级开发区、国家级新区、国家进口贸易促进创新示范区、国家服务贸易创新发展示范区、国家服务业扩大开放综合示范区、国家进口贸易促进创新示范区、国家加工贸易产业园等国家战略平台，在发展目标、功能定位、推进路径等方面均存在一定的差异，这也从一个侧面体现了自贸试验区在国家战略部署中所承担的职责和使命。

我建议，今后还可以进一步加强对自贸试验区制度集成创新的系统研究，尤其是全国 22 个自贸试验区在探索具有差别化的制度集成创新方面的深入研究，为实施自贸试验区提升战略提供强大的学理依据。本书具有学术价值和决策参考价值，具有前瞻性，值得相关领域研究者和政府部门决策者一读。

是为序。

中山大学区域开放与合作研究院院长

教授，博士生导师

2024 年 5 月

目 录

第一章 理论基础、文献综述与批判性审视 ················· 1

 第一节 基本概念 ·· 1

 第二节 相关理论 ·· 7

 第三节 相关研究进展及其评述 ······························ 16

 第四节 批判性审视与借鉴 ····································· 31

第二章 我国自贸试验区建设的总体背景与发展趋势 ······ 35

 第一节 自贸试验区建设面临的宏观背景 ···················· 35

 第二节 我国自贸试验区的发展要求 ························· 38

 第三节 我国自贸试验区的发展趋势 ························· 43

 第四节 本章小结 ·· 53

第三章 我国自贸试验区的区位分布和未来布局 ············ 54

 第一节 自贸试验区的区位分布 ······························ 54

 第二节 自贸试验区区位选择的驱动力 ······················ 62

 第三节 自贸试验区区位选择的意义价值 ···················· 68

 第四节 未来我国自贸试验区的布局建议 ···················· 71

 第五节 本章小结 ·· 75

第四章 广西自贸试验区面临的总体环境和发展使命 ······ 76

 第一节 广西自贸试验区面临的发展机遇 ···················· 76

第二节　广西自贸试验区面临的挑战 …………………………… 84
  第三节　广西自贸试验区承担的使命 …………………………… 90
  第四节　广西自贸试验区竞争力"五力"模型 ………………… 94
  第五节　本章小结 ………………………………………………… 98

第五章　产业竞争力：广西自贸试验区产业发展的总体状况与竞合
　　　　路径 ……………………………………………………………… 100
  第一节　我国自贸试验区产业发展总体方向 …………………… 100
  第二节　广西自贸试验区产业发展规划情况 …………………… 108
  第三节　广西自贸试验区三大片区产业发展情况 ……………… 109
  第四节　广西自贸试验区产业发展存在的主要问题 …………… 117
  第五节　广西自贸试验区产业发展的重点领域和关键环节 …… 121
  第六节　广西自贸试验区推进产业发展的对策措施 …………… 144
  第七节　本章小结 ………………………………………………… 153

第六章　制度竞争力：广西自贸试验区制度创新的具体实践与突破
　　　　方向 ……………………………………………………………… 155
  第一节　我国自贸试验区改革创新的主要成就 ………………… 155
  第二节　广西自贸试验区制度创新取得的成效 ………………… 159
  第三节　广西自贸试验区制度创新存在的问题 ………………… 169
  第四节　国内自贸试验区制度创新复制推广的经验借鉴 ……… 174
  第五节　广西自贸试验区制度创新的主要任务 ………………… 196
  第六节　广西自贸试验区制度创新复制推广的对策措施 ……… 216
  第七节　本章小结 ………………………………………………… 228

第七章　协同竞争力：广西自贸试验区协同发展的实践模式和靶向
　　　　路径 ……………………………………………………………… 229
  第一节　我国自贸试验区的协同发展模式 ……………………… 230
  第二节　广西自贸试验区协同发展的现状及其存在问题 ……… 235
  第三节　广西自贸试验区协同发展的主要任务和目标 ………… 238

第四节　广西自贸试验区推进协同发展的对策措施 …………… 241
　　第五节　本章小结 …………………………………………………… 247

第八章　体制竞争力：广西自贸试验区管理体制的运行规律与优化重构 ……………………………………………………………………… 249

　　第一节　我国自贸试验区管理体制总体情况 …………………… 249
　　第二节　广西自贸试验区管理体制运行情况 …………………… 254
　　第三节　广西自贸试验区管理体制存在的问题 ………………… 262
　　第四节　广西自贸试验区推进管理体制改革的对策措施 ……… 263
　　第五节　本章小结 …………………………………………………… 266

第九章　政策竞争力：广西自贸试验区支持政策的体系构建与努力方向 ……………………………………………………………………… 267

　　第一节　广西自贸试验区政策支持情况 ………………………… 267
　　第二节　广西自贸试验区政策支持存在的问题 ………………… 274
　　第三节　广西自贸试验区政策支持的重点方向和关键领域 …… 275
　　第四节　积极争取国家层面赋予先行先试政策 ………………… 279
　　第五节　本章小结 …………………………………………………… 289

附录：中国（广西）自由贸易试验区总体方案 ……………………… 290
主要参考文献 …………………………………………………………… 296
后记 ……………………………………………………………………… 308

第一章

理论基础、文献综述与批判性审视

第一节 基本概念

一、自由贸易区

自由贸易区（Free Trade Area，简称FTA）概念源于自由港，是指两个或两个以上的国家（或行政上独立的经济体）之间通过签署自由贸易协定而达成协议，在世界贸易组织规定的最惠国待遇的基础上相互进一步开放市场，彻底取消商品贸易中的关税和数量限制，降低或取消关税和非关税壁垒，放宽市场准入，实现贸易和投资自由化，进而促进商品、服务、资本、技术和人员等生产要素的自由流动，同时签署自由贸易协定的各个成员方仍保持对非成员方进口商品的限制政策，由此形成的涵盖自由贸易协定所有成员方全部关税领土的区域。由此可知，自由贸易区是至少在两个国家（地区）不同关税区域之间在投资、贸易等方面作出的区域性特殊安排，这种区域性特殊安排不仅包括货物贸易自由化，而且还涉及服务贸易、投资、政府采购、知识产权保护、标准化等领域的相互承诺，如自由贸易区贸易壁垒大体上不得高于或严于未建立自由贸易区时各组成国家（地区）对非自由贸易区的国家（地区）所实施的关税和贸易规章的一般限制水平。另外，部分自由贸易区只对部分工业品实行自由贸易（即允许免税进口原料、元件和辅料，并指定加工作业区进行加工制造），可将其称为工业自由贸易区，如欧洲自由贸易联盟内部的自由贸易商品多数只限于工业品而不包括农产品等。还有的自由贸易区对全部商品实行自由贸易（但不允许货物的拆包零售和加工制造),可将其称为商业自由贸易区,如北美自由贸易区对所有的工业品和农业品全部取消关税,实施与关税具有同等效力的其他措施。

自由贸易区是当今世界区域经济合作的主要形式,其成立的主要目的是为组成自由贸易区的各个国家(地区)之间贸易提供便利,使各组成国家(地区)之间能够更好地配置资源,促进贸易、投资和金融的自由化。自由贸易区具有一系列突出的特征:第一,自由贸易区各成员方之间取消了商品贸易的障碍,使各个成员经济体内的厂商之间真正实现了商品的自由贸易,但是这种贸易待遇被限定在成员方之间,成员方与非成员方之间无法享受这一待遇,因此其具有很强的排他性;第二,自由贸易区各成员方之间没有共同的对外关税,即各成员方之间的自由贸易并不会影响各成员方针对非成员方所采取的其他贸易政策。然而,在执行相关的贸易政策时,往往难以区分某种产品是来自成员方还是非成员方,通常做法是采取原产地规则,即只有产自成员方的商品才能享有自由贸易区的免税待遇。

当前,全球自由贸易区发展非常迅猛,数量不断增多,且分布在世界各地(见表1-1)。由于自由贸易区的功能趋向综合,大大密切了相关国家(地区)之间的经济联系,有效促进了区域经济的一体化发展。欧盟自由贸易区、北美自由贸易区和东盟自由贸易区是规模较大的自由贸易区。其中,北美自由贸易区已经跨越了不同的经济体制、政治体制、文化体制以及贫富差距和经济发展水平差异,成为发达国家和发展中国家区域合作的典范。截至2023年底,我国参与并已经签署协议的自由贸易区(含升级版)达到17个,正在谈判的自由贸易区(含第二阶段或升级版)为10个,并正积极推进8个自由贸易区的研究(见表1-2)。

表1-1　　　　　　　　全球部分自由贸易区成员方情况

自由贸易区名称	现有成员方
欧盟自由贸易区	奥地利、比利时、保加利亚、塞浦路斯、克罗地亚、捷克、丹麦、爱沙尼亚、芬兰、法国、德国、希腊、匈牙利、爱尔兰、意大利、拉脱维亚、立陶宛、卢森堡、马耳他、荷兰、波兰、葡萄牙、罗马尼亚、斯洛伐克、斯洛文尼亚、西班牙、瑞典
北美自由贸易区	美国、加拿大、墨西哥

续表

自由贸易区名称	现有成员方
东盟自由贸易区	印度尼西亚、马来西亚、菲律宾、新加坡、泰国、文莱、越南、老挝、缅甸、柬埔寨
美洲自由贸易区	阿根廷、安提瓜和巴布达、巴巴多斯、巴哈马、巴拉圭、巴拿马、巴西、秘鲁、玻利维亚、多米尼加共和国、多米尼克、厄瓜多尔、哥伦比亚、哥斯达黎加、格林纳达、海地、加拿大、美国、墨西哥、尼加拉瓜、萨尔瓦多、圣卢西亚、圣文森特和格林纳丁斯、圣基茨和尼维斯联邦、苏里南、特立尼达和多巴哥、危地马拉、委内瑞拉、乌拉圭、牙买加、智利、圭亚那、伯利兹、古巴、加勒比
中欧自由贸易区	波兰、匈牙利、捷克、斯洛伐克、斯洛文尼亚、罗马尼亚、保加利亚
欧盟与墨西哥自由贸易区	奥地利、比利时、保加利亚、塞浦路斯、克罗地亚、捷克共和国、丹麦、爱沙尼亚、芬兰、法国、德国、希腊、匈牙利、爱尔兰、意大利、拉脱维亚、立陶宛、卢森堡、马耳他、荷兰、波兰、葡萄牙、罗马尼亚、斯洛伐克、斯洛文尼亚、西班牙、瑞典、英国、墨西哥
独联体自由贸易区	俄罗斯、亚美尼亚、白俄罗斯、哈萨克斯坦
加勒比自由贸易区	安提瓜和巴布达、巴巴多斯、巴哈马、伯利兹、多米尼克、格林纳达、圭亚那、圣卢西亚、圣基茨和尼维斯、圣文森特和格林纳丁斯、特立尼达和多巴哥、蒙特塞拉特、苏里南、海地、牙买加
巴拿马科隆自由贸易区	巴拿马、科隆

表1-2　　我国参与的自由贸易区总体情况

进展情况	自由贸易区名称
已签协议的自由贸易区（17个）	《区域全面经济伙伴关系协定》（RCEP）、中国—柬埔寨自由贸易区、中国—毛里求斯自由贸易区、中国—马尔代夫自由贸易区、中国—格鲁吉亚自由贸易区、中国—澳大利亚自由贸易区、中国—韩国自由贸易区、中国—瑞士自由贸易区、中国—冰岛自由贸易区、中国—哥斯达黎加自由贸易区、中国—秘鲁自由贸易区、中国—新西兰自由贸易区（含升级）、中国—新加坡自由贸易区（含升级）、中国—智利自由贸易区（含升级）、中国—巴基斯坦自由贸易区（含第二阶段）、中国—东盟自由贸易区（含升级）、内地与港澳更紧密经贸关系安排
正在谈判的自由贸易区（10个）	中国—海合会自由贸易区、中日韩自由贸易区、中国—斯里兰卡自由贸易区、中国—以色列自由贸易区、中国—挪威自由贸易区、中国—摩尔多瓦自由贸易区、中国—巴拿马自由贸易区、中国—韩国自贸协定（第二阶段）、中国—巴勒斯坦自由贸易区、中国—秘鲁自贸协定（升级）
正在研究的自由贸易区（8个）	中国—哥伦比亚自由贸易区、中国—斐济自由贸易区、中国—尼泊尔自由贸易区、中国—巴新自由贸易区、中国—加拿大自由贸易区、中国—孟加拉国自由贸易区、中国—蒙古国自由贸易区、中国—瑞士自贸协定升级

资料来源：中华人民共和国商务部官网 http：//www.mofcom.gov.cn/mofcom/shezhi.shtml.

二、自由贸易试验区

自由贸易试验区（Pilot Free Trade Zone，简称 FTZ，以下简称自贸试验区）是我国对自由贸易园区的正式称谓，与自由贸易港区一样都属于境内关外的区域，两者的功能有所重叠，但内涵并不完全等同。具体而言，自贸试验区是指在贸易和投资等方面比世界贸易组织有关规定更加优惠的贸易安排，在主权国家或地区的关境以外划出特定的区域，准许外国商品豁免关税自由进出[①]。不难得知，自贸试验区以实践探索和推广管理国际化、制度创新法治化为目的，并以投资、货物贸易与服务贸易便利化等举措为主，以发展离岸业务为辅的新型自由贸易园区。自贸试验区实质上是采取自由港政策的关税隔离区，狭义上仅指提供区内加工出口所需原料等货物的进口豁免关税的地区（类似出口加工区）[②]。就广义上而言，还包括自由港和转口贸易区。

在我国，自贸试验区是在保税区或出口加工区的基础上建立的，并向境内试验区进行扩区，从而进一步推动我国对外开放，其最为显著的特征是通过制度创新来提升对外开放水平和质量。然而，从制度创新的视角来看，自贸试验区属于一国主权内的制度安排，是一种境内关外区域和境内试验区兼有的特殊区域，意味着境外货物和资金可自由进出该区域，企业可在自贸试验区内保税开展货物储存、加工制造、展示交易等业务，创造更加自由化的营商环境，吸引外商投资和促进保税物流、离岸贸易、国际中转等贸易业态发展。另外，自贸试验区又可称为制度试验池，即以高标准的国际经贸通行制度为基础，通过全方位的先行试验和试点，探索接轨国际贸易投资新规则，力图以尽可能低的改革成本或尽可能小的改革阻力，获取最大的战略效应和经济效益。具有中国特色的自贸试验区是以习近平同志为核心的党中央在新时期推动改革、扩大对外开放的重大战略举措，

---

① 武玥. 浅析自贸区驱动对中国经济增长的影响——以广东自贸区为例 [J]. 行政科学论坛，2017（6）：18 - 21.
② 卢国能. 浅谈中国自由贸易区（FTZ）的类型及其发展 [J]. 经济研究导刊，2010（27）：153 - 154.

是党的十八大以来改革开放全局中具有标志性、引领性的工作。截至2023年底，我国已经建立了22个自贸试验区，其已成为我国推进自由贸易区战略构想的"试验田"，引领全国对外开放的迭代升级，为我国参与国际双边或多边贸易谈判提供最新的实践管理经验，也为我国全方位推进改革开放、促进区域经济转型升级提供可借鉴的经验参考。

三、自由贸易港

1547年，世界上出现第一个自由贸易港——雷格亨（又称里窝那）自由港，位于意大利西北部热那亚湾。其初始基本功能是吸引外国商船，从事转口贸易，主要发挥货物集散的作用。在区位条件、经济发展、政治制度、文化发展和技术水平等因素的影响下，自由贸易港不断得到发展与变迁，主要用途、功能、特点和作业范围也相应地出现提升和扩大。自由贸易港由最初以运输、物流为主的码头型港口逐渐发展到当代以综合服务和加工为主的智能型港口。自由贸易港是经济体系在一定历史阶段运动和发展形成的特殊经济区（Special Economic Zones，简称SEZ），每阶段的形成条件、形态功能都有所不同。根据地理范围、管理体制、主要功能、发展历程、开放程度、开发目标等标准，可以划分不同类型的自由贸易港发展模式，其也具有差别化的特征并形成了一系列典型代表（见表1-3）。自由贸易港是指设在国家与地区境内、海关管理关卡之外，允许境外货物、资金自由进出，并对进出港区的全部或大部分货物免征关税的特定区域。在该区域内，外国商品可以自由加工、分装、改装、装卸储存、展览、再出口等，不受海关管制，免征关税。但当商品进入所在国海关管辖区时则须缴纳关税。自由贸易港内货物、资金、人员进出自由，绝大多数商品免征关税，且准许在自由贸易港内开展货物自由储存、展览、拆散、改装、重新包装、整理、加工和制造等业务活动。自由贸易港是目前全球开放水平最高的特殊经济功能区，新加坡港、迪拜自由港、香港自由港是国际公认较为成功的自由贸易港。内地自由贸易港作为自贸试验区的升级版而出现。在海南自贸试验区的基础上，2020年6月我国正式启动海南自由贸易港的建设，开始探索具有中国特色的自由贸易港发展道路。

表1-3 自由贸易港发展模式的类型、特征和典型代表

划分标准	类型	特征	典型代表
地理范围	港区模式	地理范围较小，以物理围栏与外界分隔，一般不允许居民居住。贸易便利，易进行管理和风险控制，功能相对单一	美国纽约港、德国汉堡港、巴拿马科隆港、荷兰鹿特丹港
	港城模式	把整个城市作为自由港，允许居民居住和购买免税商品，实行自由经营企业制度。依赖优良的地理区位，拥有完备的法治环境	中国香港自由港、新加坡港
	港产模式	把自由港建设与产业开放与发展结合起来，开放的地理区域介于自由港区与自由港城之间	阿联酋迪拜自由港
管理体制	专门机构管理模式	成立经政府授权的专门机构负责管理和协调自由贸易港的整体事务，投资建设必要的基础设施，审批项目立项，协调自由贸易港与城市经济发展的关系及整体规划和建设	德国汉堡港
	港务管理局直接管理模式	港务管理局要积极有效地促进国内外的经济和社会发展，提供优质服务，进行港口基本建设，实行有效的管理和保护能源	乌拉圭蒙港
	港口自由贸易港海关"三位一体"管理模式	管理机构对协商事宜具有最终裁定权	阿联酋国家的港口
主要功能	综合型	功能多样的大中型自由贸易港，在工贸型基础上重视第三产业功能的发挥，允许和鼓励金融业、旅游业、房地产等产业的发展，其对应腹地可为多元产业结构	新加坡自由港、美国纽约港、德国汉堡港、中国香港自由港
	港口服务经济型	依托自由贸易港优越的地理位置和良好的港口优势，为进入自由贸易港的往来船只提供楼房仓库、中转货棚、生鲜产品专用仓库、集装箱码头等仓储设施，以满足货物转运的需求并实行保税	荷兰鹿特丹港
	国际中转型自由贸易港	核心功能是货物中转和出口加工，利用优越的自然地理环境优势，从事货物转口及分拨、货物储存、商业性加工等	德国科隆自由贸易港

续表

划分标准	类型	特征	典型代表
发展历程	转口贸易型	第一代自由贸易港，承担着货物中转的功能定位，货物需通过运往第三国的自由贸易港由第三国易手实现流通，而非直接由生产国销往消费国	德国汉堡港、英国利物浦港
	工商贸易型	第二代自由贸易港，区位由港口码头扩展至港口腹地，功能在促进商业贸易的基础上增加了推动加工制造业的发展	巴西玛瑙斯港、罗马尼亚苏利纳港
	旅游购物型	第二代自由贸易港，一般处于经济并不发达、产业结构以第三产业为主的地区，以旅游、购物等为主要功能，带动地区经济发展	委内瑞拉玛格丽塔港、哥伦比亚圣安德烈斯港
	综合服务型	集工业、贸易、金融、旅游、物流等多功能于一体综合发展	中国香港自由港、新加坡港
开放程度	完全自由贸易港	对外国商品一律免征关税的自由贸易港	世界上已不多见
	有限自由贸易港	仅对少数指定出口商品征收关税或实施不同程度的贸易限制、其他商品可享受免税待遇的自由贸易港	直布罗陀港、汉堡港、中国香港自由港、新加坡港、槟榔屿港和吉布提港
开发目标	纯粹工商实体型	集中力量创造直接商业价值、以增加外汇收入为主要目标、以扩大转口贸易和港口吞吐量为主要功能的自由贸易港	巴拿马科隆港
	宏观经济促进型	更注重对本国（地区）经济发展的影响，通过与邻近中心城市或生产中心发生频繁、持续的经济联动，发挥带动周边甚至国内（地区）经济增长的辐射作用	中国香港自由港、新加坡港

第二节 相关理论

1776 年，亚当·斯密出版著作《国富论》，标志着国际贸易理论的诞生，其后国际贸易理论经历了古典贸易理论、新古典贸易理论、新贸易理论三大阶段①，出现了自由贸易理论、关税同盟理论、比较优势理论、技术差距理论、规模经济理论、新贸易理论和国家竞争优势理论等一系列理论（见表1-4）。通过对以上国际贸易理论进行分析，可以详细了解国际贸易的主要思路和分析框架，有利于促进我国自贸试验区的建设和发展。

表1-4　　　　　　　　　主要国际贸易理论

理论名称	提出时间	代表人物
自由贸易理论	1776年	亚当·斯密
关税同盟理论	1950年	雅各布·维纳
比较优势理论	1817年	大卫·李嘉图
技术差距理论	1961年	迈克尔·波斯纳
规模经济理论	1890年	阿弗里德·马歇尔
新贸易理论	20世纪80年代初	保罗·克鲁格曼
国家竞争优势理论	1990年	迈克尔·波特

一、自由贸易理论

自由贸易理论的创始人是英国经济学家亚当·斯密，他被誉为现代经济学之父。亚当·斯密在《国富论》中对重商主义思想进行了批判，认为除个别产业需要限制外国商品进入以保护本国商业发展之外，大多数产业都应实现自由贸易，只有这样才能使得参与贸易的双方均获得利益，最终实现国强民富，这成为自由贸易理论的核心观点②。自由贸易理论发展形成了古典学派的自由贸易理论、现代学派的自由贸易理论以及第二次世界大战后的自由贸易理论三大阶段（见图1-1）③。第一阶段，古典学派的自由贸易理论是以绝对利益论、相对利益论和相互需求论为主线。绝对利益论盛行于18世纪60年代，在此之前，重商主义思想一味追求贸易顺差，片面强调本国利益，在不利于本国产业发展的同时，也损害别国利益。在此背景下，1776年，亚当·斯密在《国富论》一书中提出绝对利益论，即

---

① 佟家栋. 国际贸易理论的发展及其阶段划分 [J]. 世界经济文汇, 2000 (6): 39-44.
② 亚当·斯密. 国富论 [M]. 唐日松, 杨兆宇, 译. 北京: 华夏出版社, 2013.
③ 刘芹. 论自由贸易理论的演变与发展 [J]. 首都经济贸易大学学报, 2004 (4): 54-56.

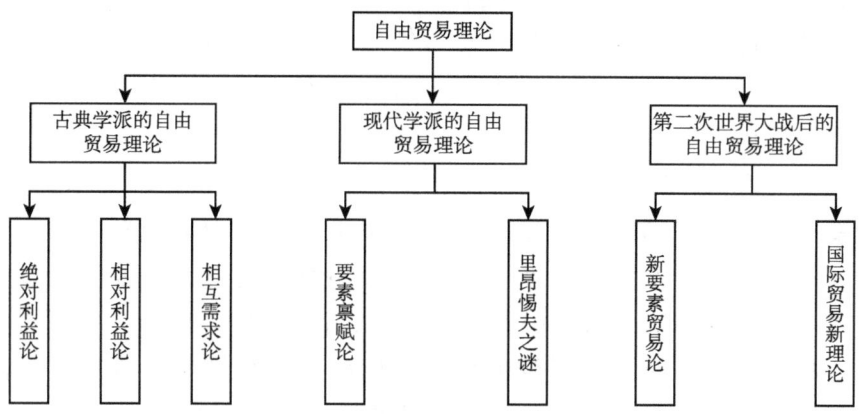

图 1-1 不同发展阶段的自由贸易理论

主张自由贸易。由于社会发展和自然环境等因素的不同，在生产某种产品时各国会有不同的劳动生产率，形成不同的劳动成本，两国之间的贸易建立在绝对优势之上。进入19世纪后，在工业革命的带动下，英国经济迅速发展，在对外贸易中处于绝对优势，社会矛盾上升为资产阶级和贵族阶级之间的矛盾，为了维护自身利益，大卫·李嘉图在《政治经济学及赋税原理》一书中对绝对利益论进行了补充，提出了相对利益论，即一国可以通过出口绝对劣势小的商品，进口绝对劣势大的商品，从而在对外贸易中获得利益，即两害相权取其轻，两利相权取其重①。到19世纪中叶，针对相对利益论只确定了贸易范围却不能决定贸易条件本身的缺陷，约翰·穆勒在《政治经济学原理及其在社会哲学上的若干应用》一书中提出了相互需求论，即贸易条件是由两种商品交换比例的上下限所决定的，当超出上限或低于下限时，贸易无法发生，具体的贸易条件取决于各国对对方商品的需求强度②。第二阶段，现代学派的自由贸易理论以要素禀赋论和里昂惕夫之谜为发展主线。伯特尔·俄林在《区际贸易与国际贸易》一书中正式提出要素禀赋论，即一国应该出口相对丰富的要素密集型商品，进口相对

---

① 大卫·李嘉图. 政治经济学及赋税原理 [M]. 郭大力, 王亚南, 译. 北京: 商务印书馆, 2021.

② 约翰·穆勒. 政治经济学原理及其在社会哲学上的若干应用 [M]. 胡企林, 译. 北京: 商务印书馆, 1991.

匮乏的要素密集型商品①。在早期，里昂惕夫对要素禀赋论深信不疑，但通过计算发现，美国出口的是劳动密集型产品，进口的是资本密集型产品，要素丰富度无法决定贸易方式，由此出现了里昂惕夫之谜。里昂惕夫之谜的提出令学界大为震惊，也推动了第二次世界大战后自由贸易理论的创新与发展。第三阶段，第二次世界大战后的自由贸易理论可以分为新要素贸易论、国际贸易新理论两大理论，主要为解释新的国际贸易格局而产生。新要素贸易论致力于解释里昂惕夫之谜，对要素禀赋论进行了发展，认为在对外贸易中，人力技能、技术进展是重要的比较优势。国际贸易新理论是对原有理论的创新，用以解释传统贸易理论所无法解释的问题，主要包括需求相似理论、规模经济理论、产品生命周期理论、产业内贸易理论。

基于亚当·斯密的研究视角，可以分析当今国际贸易的格局。改革开放以来，我国一直奉行自由贸易，倡导开放型经济。而美国为了消除中美之间的贸易顺差而展开贸易摩擦，运用的就是重商主义思想，属于贸易保护主义。美国政府将企业利益等同于国家利益的行为，会将优质廉价商品拒之门外，直接损害民众利益。限制自由贸易，鼓动逆全球化，不仅对解决本国商业问题无益，还将对经济全球化产生负面影响。对我国来说，推动自由贸易是对外贸易的主旋律，展开贸易摩擦只能是两败俱伤②。无数历史教训得出启示，只有自由贸易才能推动经济发展，贸易保护主义只能损害本国民众利益，这也是我国通过自贸试验区建设来推动高水平对外开放的原因。

二、关税同盟理论

1950 年，美国经济学家雅各布·维纳在《关税同盟问题》一书中提出关税同盟理论，认为两个或两个以上的国家（地区）签订契约，成员间通过减免关税，对非成员实行统一的关税税率和外贸政策就形成关税同盟③。

---

① 伯特尔·俄林. 区际贸易与国际贸易 [M]. 晏智杰, 译. 北京: 华夏出版社, 2013.
② 张宗斌. 自由贸易理论与实践的背离及启示 [J]. 当代亚太, 1997 (2): 8–12.
③ Viner J, Oslington P. The Customs Union Issue [M]. Oxford: Oxford University Press, 2014.

关税同盟理论的发展与西欧经济一体化密切相关，欧共体从20世纪50年代的煤钢联营，发展为如今的经济货币联盟，关税同盟理论也从维纳的3×2模型发展到3×3，甚至是3×n模型[1]。其他学者也对关税同盟理论进行了发展，理查德·利普塞认为维纳的理论只注意到了国家之间的可替代性，忽略了商品之间的可替代性，对维纳的理论提出了质疑，认为贸易转移不一定会使国际福利减少[2]。米德、瑞泽曼、巴格拉斯也分别提出了关税同盟理论3×3模型（见表1-5）。

表1-5　　　　　　　　关税同盟理论3×3模型

模型	米德	瑞泽曼	巴格拉斯
假定	每个国家只出口一种商品，进口两种商品	每个国家只进口一种商品，出口两种商品	每个国家只出口一种商品，进口两种商品
贸易模式	对称，同盟内国家的进出口合作国家相同	对称，同盟内国家的进出口合作国家相同	不对称，同盟内国家的进出口合作国家不同
主要结论	同盟国间较小的关税减免可以增加福利，形成同盟前关税越高，越容易在形成同盟后获利	同盟形成后的贸易变化将使一国获利，一国利益受损。若形成同盟前双边贸易额较小，则双方均可获利	同盟国间较小的关税减免，会使同盟内一国的利益受损

我国积极推进设立海关特殊监管区域，截至2022年底，全国共有海关特殊监管区域168个。其中，保税区8个、保税港区2个、出口加工区1个、跨境工业区1个、综合保税区156个，税务、外经贸、外汇管理部门对海关特殊监管区域实行相对优惠的政策（尤其是税收政策）[3]，其可认为是关税同盟的国内缩小版。我国自贸试验区主要是依托综合保税区、保税港区、保税物流中心等海关特殊监管功能区，其虽然不以政策见长，但在谋划

---

[1] 王峰. 西方关税同盟贸易效应的理论与实证研究[J]. 经济经纬, 2008（2）: 57-60.
[2] 宋岩, 侯铁珊. 关税同盟理论的发展与福利效应评析[J]. 首都经济贸易大学学报, 2005（2）: 54-59.
[3] 国外货物入保税区实行保税，货物出区进入国内销售按货物进口的有关规定办理报关，并按货物实际状态征税；国内货物入保税区视同出口，实行退税；保税区内企业之间的货物交易不征增值税和消费税。

和推进涉及税收方面的制度创新时，关税同盟理论同样具有一定的指导价值。

三、比较优势理论

大卫·李嘉图在《政治经济学及赋税原理》一书中提出了比较优势理论，认为国际贸易的基础是相对成本的差别，而不是绝对成本，国家应该出口具有相对优势的商品，进口具有相对劣势的商品①。比较优势理论是对亚当·斯密提出的自由贸易理论中绝对利益观点的极大发展，弥补了绝对利益理论的缺陷。大卫·李嘉图是对两种产品进行对比的，然而在现实中，两国间的商品交易多种多样，因此其追随者把比较优势理论发展为两国间多种商品的比较，比较具有代表性的就是 D-F-S 模型。俄林的要素禀赋论也从新的角度说明了比较优势产生的原因，比较优势理论逐渐走向成熟，在国际贸易领域占据主流地位②。比较优势理论可对我国经济发展历程做出很好的解释，立足比较优势的出口导向型战略使我国在国际贸易中占据了一席之地。随着比较优势的逐步变化，原来粗放的增长模式对环境和资源产生不良影响，已不再适应我国的经济发展。目前，我国正处在从"数量型"向"质量型"转变的过程中，应立足于比较优势，同时发挥后发优势，将主导产业从劳动密集型向资本密集型过渡，最终转变为技术密集型，推动我国经济的高质量发展。在此过程中，我国自贸试验区在推动战略性新兴产业（如新一代信息技术、高端装备制造、新能源、生物产业等）、现代服务业（如科技金融、跨境电商、智慧物流、数字经济等）等发展方面具有强大的竞争优势，这种竞争优势既是基于比较优势，更是后发优势。

四、技术差距理论

技术差距理论产生于 1961 年，美国学者迈克尔·波斯纳在《国际贸易

---

① 大卫·李嘉图. 政治经济学及赋税原理 [M]. 郭大力, 王亚南, 译. 北京: 商务印书馆, 2021.
② 欧玉芳. 比较优势理论发展的文献综述 [J]. 特区经济, 2007 (9): 268-270.

与技术变化》一书中提出了技术差距模型,认为技术实质上是一种生产要素,这种技术差距会产生比较优势,技术先进国家出口技术密集型产品,当技术被其他国家模仿时,这种比较优势消失,贸易也就随之停止[①]。2000 年以前,从事技术差距理论研究的相关学者(如波斯纳、卡尔多、符斯巴根等)致力于解答是否存在技术后来者能够分享的经济增长红利这个问题,并以技术差距在长期发展过程中是否会收敛问题而形成赶超论、累积论、新累积论等主要理论观点(见表 1-6)。2000 年以后,技术差距理论相关研究转向研究技术差距的内容本身,技术差距的结构分析、指标选择与测算影响因素成为研究重点[②]。

表 1-6　　　　　　　技术差距理论的相关观点

理论名称	代表人物	主要观点
赶超论	波斯纳	技术落后地区可以通过技术引进与技术扩散来实现赶超,存在后来者红利
累积论	卡尔多等	发展落后地区无法对技术先进地区实现超越,技术差距是持续存在的,不存在后来者福利
新累积论	符斯巴根等	技术差距的长期均衡具有多元性,技术差距受多种因素影响,最后是否收敛是不确定的

技术差距理论对发展中国家的经济发展尤为重要,技术差距使得发展中国家在国际贸易中处于劣势,只能出口低附加值的劳动密集型产品。发达国家在创新方面具有比较优势,出口具有高附加值的技术密集型产品。我国作为世界上最大的发展中国家,应把发展科技、缩小与发达国家的差距、攻克"卡脖子"技术作为我国的首要任务,实现关键技术自主化和科技自立自强,尽快扭转在国际分工中的不利地位。我国自贸试验区通过建立科技创新片区(如北京自贸试验区科技创新片区)、科技创新试验区(如山东自贸试验区青岛片区探索建设自由科技创新试验区),出台科技创

---

① Posner M V. International Trade and Technical Change [J]. Oxford Economic Papers, 1961 (3): 323-341.

② 周密. 技术差距理论综述 [J]. 经济社会体制比较, 2009 (3): 186-191.

新相关支持政策等方式,以科技创新培育核心竞争力,助推经济高质量发展。自贸试验区可以作为我国缩小与发达国家技术差距的重要平台,并成为我国推进创新型国家建设的示范窗口。

五、规模经济理论

从经济学史的角度来看,亚当·斯密是规模经济理论的创始人,在《国富论》一书中提出,劳动生产率的提升是分工的结果,而劳动分工的基础就是规模生产①。规模经济理论认为,在一定时间内,企业生产产品的数量增加会导致其单位生产成本下降,即扩大经营规模可以降低平均成本,从而提高利润水平。规模经济理论的代表人物是阿弗里德·马歇尔,其在《经济学原理》一书中提出,大规模生产在工业上的优势最为明显,规模经济的形成有两种途径:一是单个企业充分整合内部资源,提升组织和经营效率所形成内部规模经济;二是多个企业之间通过合理的地区布局,分工与联合形成外部规模经济②。在规模经济理论的指引下,在进行工业生产时,许多国家都将扩大单一产品的生产规模作为发展目标。然而,随着国际分工的不断深化,依靠单一产品的价格优势已无法在国际贸易中获得优势,传统规模经济理论受到挑战,现代规模经济理论应运而生。与传统规模经济理论相比,现代规模经济理论不再单一关注某个商品的生产数量,还关注商品的种类规模③。由于自贸试验区是具有特殊制度安排的功能区,其在吸引优质资源和要素方面具有强大的竞争力,由此会产生集聚效应,从而形成外部规模经济。自贸试验区的相关支持措施可以驱使区域内产业及上下游产业联系更加紧密,突破关键技术壁垒,不断提高生产效率,并带来生产成本的不断降低,企业生产规模和范围得到扩大,由此产生规模效应并形成内部规模经济。

---

① 亚当·斯密. 国富论 [M]. 唐日松,杨兆宇,译. 北京:华夏出版社,2013.
② 阿弗里德·马歇尔. 经济学原理 [M]. 廉运杰,译. 北京:华夏出版社,2013.
③ 杨蕾,王珏. 经济全球化下服务外包的经济学机理分析——基于现代规模经济理论视角 [J]. 西安财经学院学报,2015 (3):59 - 62.

六、新贸易理论

针对第二次世界大战后国际贸易出现的新问题，20世纪80年代，以保罗·克鲁格曼为代表的经济学家提出了新贸易理论，其主要观点是坚持自由贸易，同时也看到了市场调控的不完美，赞成政府实行积极的干预政策[①]。在最初的发展阶段，国际贸易表现为产业之间的分工，比较优势等传统贸易理论能够进行很好的解释，传统贸易理论认为国家的资源是国际分工的决定性因素。随着国际贸易的进一步发展，国际贸易格局发生剧烈变化，产业内部的分工占据国际贸易的主要地位，这促使以不完全竞争、规模经济和产品差异化为基本假设的新贸易理论的出现[②]。起初，新贸易理论旨在用实证的方法分析国际贸易格局，解释传统贸易理论无法解决的问题。与传统贸易理论相比，新贸易理论认为市场和经济的规模是基础，强调规模经济和不完全竞争，更倾向于协调不同企业的出口与外商直接投资（FDI）决策等关系，并期望能够帮助企业在不同阶段的国际生产活动中确认合理的组织形式。目前，我国通过建立自贸试验区，积极推进全方位对外开放，进一步提升我国在国际分工中的地位和核心竞争力。自贸试验区借助我国超大规模市场优势、经济发展规模和潜在发展势能，注重发展保税展示交易、国际商贸、服务贸易、跨境电商、服务外包、文化贸易、大宗商品贸易、数字贸易、总部贸易、港口贸易等新兴贸易形态，在国际贸易中可有效提高竞争收益和增强市场地位。

七、国家竞争优势理论

1990年，迈克尔·波特在《国家竞争优势》一书中提出了国家竞争优势理论，也被称为产业竞争理论。迈克尔·波特认为，国家竞争优势的主要因素体现为要素条件、需求状况、相关和支持产业以及企业组织、战略和竞争状态，辅助性因素为政府行为、偶然事件，基于此提出了钻石模型，

[①] 保罗·克鲁格曼. 国际贸易新理论 [M]. 黄胜, 译. 北京：中国社会科学出版社, 2001.
[②] 李春顶. 新贸易理论文献综述 [J]. 世界经济文汇, 2010 (1)：102-117.

其核心观点是一个国家的竞争优势就是企业和产业的竞争优势，也就是国家整体生产力水平的优势①。国家能否在国际贸易中取得利益在很大程度上取决于国家是否具有竞争优势，优势在于劳动生产率和创新能力，来源于钻石模型的四大要素以及机遇和政府这两大偶然因素②。国家经济发展可分为生产要素驱动、投资驱动、创新驱动和财富驱动等四个阶段，其中前三个阶段是国家竞争优势发展的主要力量，通常会带来经济的繁荣，第四个阶段则是经济上的转折点，有可能因此而走下坡。国家竞争优势的形成和保持是我国在国际贸易中获得利益的重要影响因素，自贸试验区的设立是我国政府在国际贸易中实现国家竞争优势的工具，也是我国的战略部署和战术安排，体现了钻石模型中的政府行为。自贸试验区的建立体现了国家政府行为，其发展涉及钻石模型中的相关和支持产业这个主要因素。

第三节 相关研究进展及其评述

一、关于自贸区（自贸试验区）相关研究总体进展

自贸试验区的相关研究成果非常丰富，形成了由著作、蓝皮书、研究报告、论文等组成的研究成果体系。为更好地了解自贸区（自贸试验区）相关研究的进展，采用中国知网数据库作为数据来源，以自贸区（自贸试验区）研究进展为关键词进行中文文献检索，文献类别为期刊论文。经过多次检索与筛选，最终获得文献139篇。利用CiteSpace软件对文献进行可视化分析，时间切片设置为1992年至2022年，分区为1，节点类型选择keyword，TopN = 50。运用软件进行关键词共现分析和突变分析，绘制可视化图谱，直观呈现近30年自贸区（自贸试验区）相关研究的进展（见图1 – 2）。通过关键词共现分析可得到自贸区（自贸试验区）研究的前沿及热点话题，排名前五的关键词分别为自贸区

---

① 迈克尔·波特. 国家竞争优势 [M]. 李明轩, 邱如美, 译. 北京: 中信出版社, 2012.
② 张效梅. 国家竞争优势理论对我国外贸发展的启示 [J]. 商业时代, 2010 (2): 59 – 60.

(26)、上海自贸试验区（18）、中日韩自贸区（7）、中国—东盟自贸区（5）及福建自贸试验区（4）。而对研究领域的分析可知，具体涉及金融创新、金融改革、两岸金融合作、体育经济、投资便利化、原产地规则等领域。

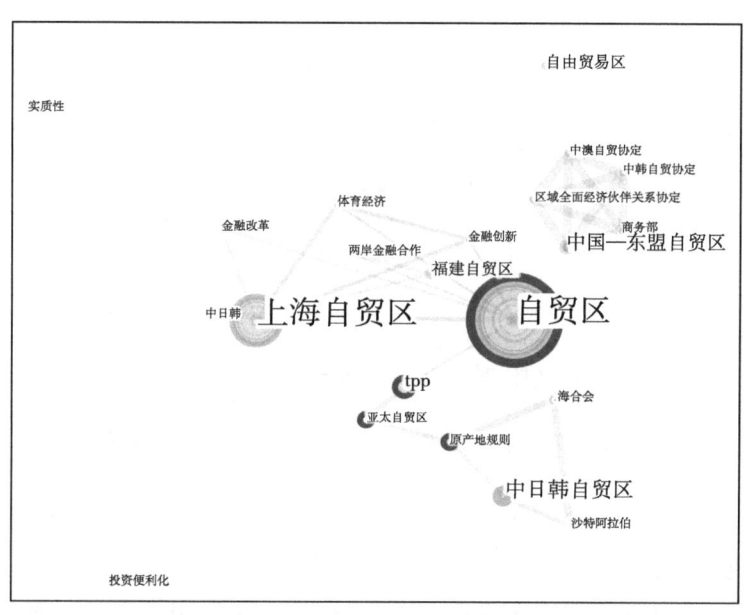

图 1-2　自贸区（自贸试验区）研究关键词共现图谱

根据突现词检测算法，单位时间内出现频次突然增大的关键词尤为重要，中国—东盟自贸区的突变时间最长，持续了 30 年。投资便利化从 2021 年开始成为突现词，并持续至今，可能是未来研究的热点话题，值得进一步关注（见图 1-3）。

二、关于自贸试验区对经济影响的相关研究

国内学者关于自贸试验区对经济影响的研究日益丰富，大多采用实证分析和具体案例分析进行研究论证。大量研究发现，自贸试验区可以显著带动地区经济的增长，设立自贸试验区显著提高了地区生产总值增长率，

Keywords	Year	Strength	Begin	End	1992–2022
中国—东盟自贸区	1992	3.9653	1992	2012	
中日韩	1992	2.4665	2012	2013	
上海自贸区	1992	3.3584	2014	2014	
海合会	1992	1.2399	2015	2015	
tpp	1992	1.6779	2015	2015	
商务部	1992	1.5225	2016	2016	
中韩自贸协定	1992	1.5225	2016	2016	
两岸金融合作	1992	1.5225	2016	2016	
区域全面经济伙伴关系协定	1992	1.5225	2016	2016	
中澳自贸协定	1992	1.5225	2016	2016	
自由贸易区	1992	2.7843	2017	2017	
金融创新	1992	1.8175	2017	2017	
自贸区	1992	3.9653	2018	2018	
中日韩自贸区	1992	6.6088	2020	2020	
投资便利化	1992	2.6435	2021	2022	

图 1-3　自贸区（自贸试验区）相关研究关键词突现图

但自贸试验区的经济增长促进效应存在明显滞后[①][②][③]。刘秉镰等运用合成控制法，从货物进出口贸易、经济增长、固定资产投资等角度对上海、天津、广东、福建自贸试验区进行了经济分析，发现四个自贸试验区的建立都对区域经济的发展起到了一定的积极作用，且各区域间的作用呈现出明显的差异性[④]。宋丽颖等采用双重差分法和合成控制法发现，自贸试验区的建立对区域经济增长起到6.43%~9.09%的推动作用[⑤]。孙海波等利用

---

① 叶修群. 自由贸易试验区与经济增长——基于准自然实验的实证研究 [J]. 经济评论, 2018 (4): 18-30.

② 朱炎亮. 高水平开放、市场化改革与经济高质量增长——基于中国自贸试验区的经验证据 [J]. 海南大学学报 (人文社会科学版), 2022 (6): 124-134.

③ 王耀中, 罗舟, 胡尊国. 中国自贸试验区对地区经济增长的影响 [J]. 湖南大学学报 (社会科学版), 2021 (1): 54-62.

④ 刘秉镰, 吕程. 自贸区对地区经济影响的差异性分析——基于合成控制法的比较研究 [J]. 国际贸易问题, 2018 (3): 51-66.

⑤ 宋丽颖, 郭敏. 自贸区政策对地方财力的影响研究——基于双重差分法和合成控制法的分析 [J]. 经济问题探索, 2019 (11): 14-24.

合成控制法发现，内陆自贸试验区的设立对四川地区经济增长产生带动效应①。胡艺等运用基于面板资料的反事实分析方法，以湖北自贸试验区为例，对内地型自贸试验区建立后的外部性和时间演化进行了评价，结果表明内陆型自贸试验区中心城市具有辐射和虹吸两种作用，但总体净影响呈现辐射作用，并呈现倒"U"形、"S"形分布特征，主要集中在紧密腹地或次紧密腹地出现②。崔卫杰等认为，我国自贸试验区在投资领域的一系列改革探索对加快培育完整内需体系、推动形成强大国内市场、加快构建新发展格局等均具有重要意义③。戴翔等认为，自贸试验区制度创新可通过提升区域生产效率以及提高区域市场发展程度，从而从总体和细分维度上促进经济高质量发展④。吴文洁等认为，自贸试验区的建立对提高区域创新能力具有重要作用，但区域间的辐射及其辐射作用却有很大的差异⑤。部分研究认为自贸试验区建设显著促进了外商直接投资，但政策效应存在显著差异⑥⑦⑧。相关研究还认为自贸试验区总体上促进了进出口贸易，但其效果呈递减趋势，对贸易影响具有明显的区域异质性⑨⑩。与此同时，部分研究发现自贸试验区的建立也会带来负面影响。孙英杰等认为，沪粤津

---

① 孙海波，陈健生．内陆自贸区促进地区经济增长的宏观效应——基于合成控制法的四川实证[J]．财经科学，2021（8）：119 - 132．

② 胡艺，张义坤，刘凯．内陆型自贸区的经济外部性："辐射效应"还是"虹吸效应"？[J]．世界经济研究，2022（2）：54 - 72，135．

③ 崔卫杰，马丁，山康宁．中国自贸试验区促进投资的成效、问题与建议[J]．国际贸易，2023（1）：21 - 30．

④ 戴翔，张铨稳．自贸试验区制度创新促进经济高质量发展了吗[J]．山西财经大学学报，2023（7）：30 - 42．

⑤ 吴文洁，白又竹．自贸试验区设立对区域创新能力影响的实证分析[J]．西安石油大学学报（社会科学版），2022（3）：1 - 6．

⑥ 隋广军，江英，王浩．中国自贸试验区建设是否促进外资流入——基于空间外溢的视角[J]．国际经贸探索，2023（10）：42 - 59．

⑦ 王倩，谢玲玲．中国自贸试验区建设吸引了外商直接投资流入吗？——来自216个地级市的面板数据考察[J]．技术经济，2022（7）：93 - 105．

⑧ 罗舟，胡尊国．中国自贸试验区政策试点对地区外商直接投资的影响——基于双重差分法的验证[J]．财经理论与实践，2021（2）：67 - 72．

⑨ 王迪阳，孔庆民．中国沿边型自由贸易试验区贸易效应评估——基于合成控制法的实证研究[J]．商业经济研究，2022（23）：141 - 144．

⑩ 王明益，刘晓宇，李冉．自贸试验区促进了企业高质量出口吗[J]．国际商务（对外经济贸易大学学报），2022（6）：38 - 55．

闽四个区域自贸试验区的建立有利于提高投资和出口,但明显抑制了消费[1]。汪文姣等采用反事实方法对广东自贸试验区与粤港澳区域经济的关系进行研究后发现,由于政策滞后,短期内效果并不明显,粤澳两地的经贸关系也出现了某种程度的压制,且这种压制随着时间的增长而逐渐加强[2]。黎绍凯等分析了上海自贸试验区对我国产业结构升级的政策效果,发现上海自贸试验区对其他省份产业结构的提升作用不大,且存在负面作用[3]。韩振国等认为,自贸试验区在经济发展层面的政策效应现阶段表现为显著的"属地性",并未表现出明显的空间溢出效应[4]。

综上可知,自贸试验区聚集各类生产要素,使周边的资源得到有效集中和合理配置,并通过规模效应和辐射效应,使其成为经济增长极。大部分研究认为自贸试验区会对区域经济发展带来积极作用,但由于自贸试验区的区位条件、优势产业及支持政策等存在差异,各个自贸试验区对地区经济的带动作用明显不同,出现部分负面效应也是必然,尤其是其强大的虹吸效应,可能对周边地区的发展带来强大的冲击。自贸试验区建设所带来的政策效应在不同地区之间存在显著的空间差异,即不同自贸试验区对经济发展质量及其动力机制的影响均存在明显的异质性[5]。此外,还应该关注相关问题:一是大量研究采用实证研究,即通过设置指标、选取变量的方式探讨两者的内在联系,但由于指标选取不一甚至差异非常明显,得到不同的结论不可避免,对此需要予以进一步深入的分析;二是区域经济的发展在多大程度上是由自贸试验区所带来的效应尤为值得考量,即部分研究存在以偏概全的问题,得到的结论不一定能令人信服;三是自贸试验区所带来的效应具有正面性和负面性,自贸试验区发展所带来的区域经济

---

[1] 孙英杰,林春,康宽. 自贸区建设对经济"三驾马车"影响的实证检验[J]. 统计与决策,2020(23):70–72.

[2] 汪文姣,戴荔珠,赵晓斌. 广东自贸区对粤港澳经济联系强度的影响效应评估——基于反事实分析法的研究[J]. 国际经贸探索,2019(11):49–65.

[3] 黎绍凯,李露一. 自贸区对产业结构升级的政策效应研究——基于上海自由贸易试验区的准自然实验[J]. 经济经纬,2019(5):79–86.

[4] 韩振国,朱洪宇. 自由贸易试验区:制度优势或政策陷阱——基于夜间灯光数据的时空分析[J]. 经济学家,2022(4):89–98.

[5] 李子联,刘丹. 中国自由贸易试验区建设的"质量效应"研究[J]. 经济学家,2021(9):58–68.

发展失衡是一个值得重点关注的议题，但对此的研究非常欠缺。未来，我国应以自贸试验区为先导、区域协调发展与高水平开放并举，打造对外开放新引擎，提升所在区域的国际竞争力。

三、关于自贸试验区制度创新的相关研究

国家赋予自贸试验区更大改革自主权，由其承担推进一系列改革创新重任，制度创新是自贸试验区的重点任务，其成为学术界研究的重点领域，相关研究不断增多。王志芳等认为，我国自贸试验区制度创新的框架性建设已经基本完成，下一步需要构建体系化开放制度和强化制度性外溢效应[1]。刘斌等认为，我国自贸试验区在制度学习和制度对标上取得了一系列重要成果，但依然存在学习对象不明确、对标程度偏低、联动性不足等问题，要在"公平"议题上对高水平国际经贸规则进行"先行先试"，也要在"发展"议题上推出中国规则范式[2]。陈豪认为，为了解决长三角港航一体化的央地关系制度悖论，可在浙江自贸试验区"三大清单"的基础上，实行事权法治制度一体化，为中央与地方之间的互动提供有效的制度供给[3]。李蕊等从特惠需求与普惠视角出发，对自贸试验区的知识产权制度改革进行了理论探讨，提出借助自贸试验区的发展，在全国逐步形成知识产权保护的文化[4]。黄建洪对江苏自贸试验区苏州片区进行分析认为，超自治制度中的先行先试权的掌握与扩展取决于其在形成和改变过程中的创新关联，而在不同的关注选择条件下采取的行为策略会产生不同的关联，从而产生不同的创新域、创新状态和创新程度[5]。王勇等以序列效用论为

---

[1] 王志芳，张丹. 国际经济政策协调与中国自贸试验区制度创新[J]. 东北亚论坛，2022（4）：114-126，128.

[2] 刘斌，刘一鸣. 国际经贸规则重构与中国自贸试验区发展：对接与联动[J]. 中国特色社会主义研究，2023（3）：52-61.

[3] 陈豪. 长三角港航一体化的央地关系制度悖论——以浙江自贸区制度创新为视角[J]. 山西财经大学学报，2022（S1）：4-7.

[4] 李蕊，沈坤荣. 特惠需求与普惠视野下的自贸区知识产权制度创新[J]. 科技管理研究，2022（4）：140-146.

[5] 黄建洪. 注意力分配视域下自贸区制度创新机理研究——基于自贸区苏州片区若干典型案例的分析[J]. 苏州大学学报（哲学社会科学版），2021（6）：46-55.

基础,建立了广义的自贸试验区理论分析框架,为我国自贸试验区的改革发展提供了理论支持①。杜国臣等认为,我国自贸试验区发展重点方向为赋予更大改革自主权、推进更深层次更高标准改革、进一步凸显制度红利对产业升级的促进作用、形成常态化的制度创新路径和机制②。李善民等分析了上海、广东等12个自贸试验区改革创新取得成效和存在问题,并提出了制度创新的方向③。杜金岷对自贸试验区的制度创新红利效应进行了深入分析④。武义青等从营商环境、金融制度、人才制度、税收制度、招商引资等方面分析了我国自贸试验区制度创新⑤。毛艳华认为,广东自贸试验区制度创新的重点领域为推进治理体系和治理能力现代化、全面深化投资管理体制改革、建立与国际贸易新规则相适应的经贸制度、构建面向国际的金融市场体系⑥。部分学者非常关注自贸试验区在推进金融领域改革创新方面所发挥的作用。张凤超等认为,珠海横琴自贸试验区应切实推进粤澳金融产业在运营工具、组织体系以及管理体系等方面的融合⑦。任春杨等认为,应推进自贸试验区金融立法、拓展金融服务深度和广度、扩大金融改革创新辐射效应等⑧。与之相反,Han认为,自贸试验区金融改革为人民币国际化所需的自由兑换、国际资本交易和风险对冲等提供非常有限而非完全有效的考验⑨。自贸试验区制度创新对出口稳增长具有积极

---

① 王勇,王亮,余升国. 自贸区离岸金融制度创新理论分析框架 [J]. 上海经济研究,2018 (5):93-104.

② 杜国臣,徐哲潇,尹政平. 我国自贸试验区建设的总体态势及未来重点发展方向 [J]. 经济纵横,2020 (2):73-80.

③ 李善民,毛艳华,符正平,等. 中国自由贸易试验区发展蓝皮书 (2018—2019) [M]. 中山:中山大学出版社,2019.

④ 杜金岷. 开放蓝本——自由贸易试验区 [M]. 重庆:重庆大学出版社,2018.

⑤ 武义青,刘海云,李清. 中国自贸试验区的实践与探索 [M]. 北京:经济日报出版社,2021.

⑥ 毛艳华. 广东自贸试验区试点改革成效与制度创新方向 [J]. 国际贸易,2017 (6):24-28.

⑦ 张凤超,张明. 金融地域运动视角下的粤澳金融深度合作——基于珠海横琴自贸区的思考 [J]. 华南师范大学学报(社会科学版),2015 (6):115-122,192.

⑧ 任春杨,毛艳华. 新时期中国自贸试验区金融改革创新的对策研究 [J]. 现代经济探讨,2019 (10):1-8.

⑨ Han L. Shanghai Pilot Free Trade Zone:A Test for Renminbi Internationalization? [J]. Journal of Governance&Regulation,2017 (3):55-66.

作用,降低市场交易成本与虹吸高端要素集聚在其中起到了重要的机制作用①。

综上所述,自贸试验区制度创新以加快探索中国特色自贸试验区政策和体制改革为核心,主要集中在管理体制创新、金融制度创新、行政审批制度创新、市场准入制度创新等方面。制度创新是自贸试验区的核心任务和最终目标,改革创新是自贸试验区保持生命力和活力的关键,具有复制推广意义的试点经验尤为重要。鉴于制度集成创新已经成为自贸试验区制度创新的主要方向,这是一项系统性的工程,如何推动自贸试验区(自由贸易港)的制度集成创新,将成为未来研究的重点领域。

四、关于自贸试验区支持政策的相关研究

自贸试验区的支持政策主要包括金融、财税、投资、贸易、审批、资金、人才等方面,根据自贸试验区发展的经验,支持政策与其职能定位和产业发展方向密切相关,相关研究主要集中在政策推进、政策评估等领域。周振海认为,天津自贸试验区的金融支持政策集中体现为扩大人民币跨境使用、突破区内主体境外融资限制、支持开展跨境人民币结算平台交易、支持银行发展人民币与外汇衍生产品服务②。刘荣认为,税收优惠政策是自贸试验区财税支持政策的重要组成部分,税式支出制度、差异化优惠、"摘樱桃"应对国际税制的竞争是促进自贸试验区税制法治化的现实途径③。高增安等认为,健全法制与税收优惠制度、增强我国税务法制的透明度、建立具有国际竞争力的税收优惠机制是未来自贸试验区财税支持政策的发展方向④。孙海波等基于 HCW 法,对四川、重庆和陕西自贸试验区进行对比分析发现,三地自贸试验区政策的正向促进效应并未充分释放,

---

① 戴翔,曾令涵,徐海峰. 自贸试验区推动出口稳增长和优化升级了吗——基于制度创新作用的量化评估 [J]. 国际经贸探索,2023 (7):21-34.
② 周振海. 天津自贸区金融支持政策 [J]. 中国金融,2016 (2):50-52.
③ 刘荣. 自贸区(港)税收优惠政策的立场分歧与路径融合 [J]. 海南大学学报(人文社会科学版),2020 (1):52-62.
④ 高增安,张鹏强,李肖萌. 境外典型内陆自贸区税收优惠政策比较研究 [J]. 西南民族大学学报(人文社科版),2018 (6):142-148.

各自贸试验区应结合自身特色禀赋，优化产业布局，注重创新改革①。从人才支持政策来看，人才已经成为推动区域经济发展的关键力量，自贸试验区发展更需依靠人才，相关研究比较聚焦。郭苏文认为，人才的培养是准公共的，其会产生积极的外部性，单靠企业和大学的力量远远不够，必须建立和完善自贸试验区人才培养制度②。姚子健认为，个人所得税优惠对自贸试验区促进和吸引人才、促进区域经济和社会的融合发展具有重要意义，个人所得税递延优惠政策应进一步放开③。吴昊等认为，我国自贸试验区政策推进方式表现为国家统筹领导和正式法律授权下的政策试验、国家有关部门分工负责制定相关政策、省级政府负责政策试验的组织实施、以组织化为主的政策试验经验复制推广④。李宜钊等对海南自贸试验区出台的 151 件政策文本进行量化分析认为，未来政策调整需要重视战略层面政策工具应用和政策协同机制建设⑤。李潇等研究发现，上海自贸试验区"办税一网通" 10 项税收创新通过影响税收征管水平，有效提升税收收入⑥。与以上研究形成鲜明对比，张军旗认为，适用于自贸试验区的一些产业补贴政策与 WTO 义务存在现实或潜在冲突，我国自贸试验区应杜绝出台存在违规风险的新补贴措施，新出台的补贴措施应非专向性⑦。孙久文等认为，内陆沿边自贸试验区定位要突出地域特色，政策制定要因地制宜，探索灵活高效的运营管理体制⑧。任春杨等认为，应该制定自贸试验区专属法律法规、提高改革创新行政效率、增强贸易监督管理能力和促进要素

---

① 孙海波，陈健生. 西部内陆自由贸易试验区政策实施的经济效应评估——基于 HCW 法对四川、重庆、陕西自贸区的比较分析 [J]. 南开经济研究，2021（6）：70 – 88.
② 郭苏文. 自贸区人才培养体系中的财税政策研究 [J]. 财会通讯，2021（22）：157 – 160.
③ 姚子健. 自贸区个人所得税优惠政策的不足与优化 [J]. 税收经济研究，2020（6）：16 – 23.
④ 吴昊，张怡. 政策环境、政策课题与政策试验方式选择——以中国自由贸易试验区为例 [J]. 中国行政管理. 2016（10）：105 – 110.
⑤ 李宜钊，叶熙. 海南自由贸易试验区政策发展评价——基于 151 件政策文本的量化分析 [J]. 海南大学学报（人文社会科学版），2020（1）：43 – 51.
⑥ 李潇，陈刚，贾雁岭. 上海自由贸易试验区税收政策分析与效应评估 [J]. 地域研究与开发，2019（6）：22 – 28.
⑦ 张军旗. 我国自由贸易试验区中产业补贴政策的调整 [J]. 上海财经大学学报，2019（1）：125 – 138.
⑧ 孙久文，唐泽地. 我国内陆沿边地区建设自贸区的路径探讨. 上海经济研究，2016（10）：100 – 107，115.

自由流动①。王轶南等认为，我国自贸试验区升级路径包括制定完善的法律体系、制定有吸引力的优惠政策、创新海关监管制度并构建合理的管理体系②。王旭阳等认为，应提高自贸试验区改革创新的自主权限，加快服务业对外开放，协同推进汇率、利率市场化改革与资本账户开放，构建全面有效的风险管理体系，发挥平台支撑和关键节点作用③。

综上所述，自贸试验区建设发展需要一系列政策支持，尤其是具有突破性的政策和先行先试政策，而金融政策、税收优惠政策等成为研究的重点。由于我国22个自贸试验区各具特色，相关研究提出的对策措施会存在一定差异，但共性的战略措施应该予以重点分析。自贸试验区支持政策应该突出投资、贸易、金融的高水平自由化及公平竞争环境的营造，尤其是基于全球化视角，从推动公平竞争方面予以考量。此外，从实践层面来看，建设自贸试验区，人才是关键。由于高层次人才总量不足、国际化不高的特点很明显，无法满足自贸试验区高质量建设发展的需要，如何促进自贸试验区吸引高素质、综合型人才，尤其是遵循国际化导向，通过有效的人才制度创新来吸引具有国际视野的高端专业人才，成为自贸试验区政策研究的一个重要切入点。

五、关于自贸试验区产业发展的相关研究

自贸试验区支柱产业和主导产业的发展方向不同，自贸试验区的建立对所在城市及周边区域的产业发展产生影响。张瑜照等认为，在上海自贸试验区政策的影响下，小洋山区域可重点发展转口贸易、新型国际贸易、跨境电商等产业④。张天东等对四川自贸试验区范围内的泸州空港产业园提出了"三层次产业选择法"和"三圈层空间布局模型"，从功能定位、

---

① 任春杨，张佳睿，毛艳华. 推动自贸试验区升级为自由贸易港的对策研究 [J]. 经济纵横，2019（3）：114-121.
② 王轶南，韩爽. 我国自贸区发展路径选择 [J]. 学术交流，2017（7）：137-143.
③ 王旭阳，肖金成，张燕燕. 我国自贸试验区发展态势、制约因素与未来展望 [J]. 改革，2020（3）：126-139.
④ 张瑜照，徐鹏飞. 上海自贸区政策对小洋山产业发展布局影响研究 [J]. 工程建设与设计，2022（3）：6-8.

产业选择、空间导向、交通规划等方面进行了有益的探讨①。余萍认为，河南自贸试验区应该以河南的地理位置和交通枢纽为优势，发展生产性服务业②。李世杰等以上海自贸试验区为例，采用回归控制法从产业结构高级化和产业结构合理化两个层面分析了自贸试验区的设立对产业结构的促进效应，充分发挥自贸试验区贸易流通与产业结构变迁的带动作用，协调各产业之间比例关系，促进产业结构的合理化③。叶霖莉认为，自贸试验区设立对推动城市产业结构高级化和合理化进程具有显著影响，自贸试验区产业结构升级效应存在地区和批次异质性，内陆型自贸试验区的产业结构高级化效应高于沿海型自贸试验区，沿海型自贸试验区的产业结构合理化效应更显著，自贸试验区主要通过贸易便利化和投资便利化的途径，促进产业结构升级④。李善民等认为，自贸试验区应摒弃"选择性"的产业政策，通过构建"功能性"产业政策体系，创造适宜产业发展的环境⑤。大量研究论证了自贸试验区所具有的产业效应。自贸试验区的设立显著提高了区域产业链横向协同集聚水平，经济集聚效应和科技创新效应在自贸试验区提高区域产业链横向协同集聚水平过程中发挥了明显的中介作用⑥。自贸试验区对地区产业结构升级存在促进作用，且存在区域差异性⑦。自贸试验区建设促进产业升级的渠道可以归纳为直接驱动效应、间接中介效应、协同关联效应和空间溢出效应，这四个方面的效应共同促进了产业结构升级，进而提升了产业链供应链韧性⑧。自贸试验区能通过对内改革和

---

① 张天东，郑欢欢. 自贸区背景下空港产业园规划研究——以泸州空港产业园总体规划研究为例 [J]. 工程建设与设计，2021（S1）：70-74.

② 余萍. 自贸区发展背景下河南产业发展的路径选择 [J]. 对外经贸，2017（4）：79-84.

③ 李世杰，赵婷茹. 自贸试验区促进产业结构升级了吗？——基于中国（上海）自贸试验区的实证分析 [J]. 中央财经大学学报，2019（8）：118-128.

④ 叶霖莉. 自贸区设立的产业结构升级效应——基于 PSM-DID 方法的实证分析 [J]. 国际商务研究，2023（1）：87-100.

⑤ 李善民，毛艳华，符正平. 中国自由贸易试验区发展蓝皮书（2019—2020）[M]. 广州：中山大学出版社，2020.

⑥ 姜启军，郑常伟. 自贸试验区的设立促进了产业链横向协同集聚吗？——来自沿海自贸试验区的经验证据 [J]. 企业经济，2023（6）：53-64.

⑦ 李晓钟，叶昕. 自贸试验区对区域产业结构升级的政策效应研究 [J]. 国际经济合作，2021（4）：46-53.

⑧ 江英，隋广军，杨永聪. 自贸试验区建设助推产业链供应链韧性提升的机理及路径——以粤港澳大湾区为例 [J]. 国际贸易，2023（6）：55-63.

对外开放双维驱动区域产业结构升级（驱动效应），传导路径（中介效应）分别为贸易开放、投资自由、金融创新、制度变革，其显著的制度创新特征赋予"自贸试验区驱动"具备持续性（长期效应）[1]。自贸试验区的设立能够促使区内产业的协同集聚，集聚效果对处于不同地理区位、行政等级不同的城市具有区域异质性，自贸试验区对不同类型的生产性服务业同制造业的协同集聚促进效果具有行业异质性[2]。

综上所述，自贸试验区的产业发展与地理区位、自然资源和经济社会发展密切相关，我国自贸试验区的产业发展应该突出特色，尤其是突出与其他国家战略平台的不同，大力发展外向型产业，尤其是生产性服务业。以自贸试验区的产业优化为抓手，积极促进我国产业的外向型发展，构建跨境产业链、供应链和价值链，提升产业链自主可控，进而实现产业链安全稳定。

六、关于自贸试验区治理体系的相关研究

我国建立自由试验区旨在通过治理体系创新，把改革开放推向更深层次。自贸试验区是我国推进政府管理体制和治理能力现代化的重要尝试，也是推进我国从"控制"向"服务"过渡的关键所在，加快自贸试验区的治理体系现代化改革成为必然[3]。杨妍认为，江苏自贸试验区南京片区必须在治理现代化的基础上，对行政体制和运作机制进行创新，以推动自贸试验区的发展[4]。尹晨等认为，上海自贸试验区应在投资规则建设、贸易规则建设、法治环境完善、"一带一路"政策交流等方面进一步探索，继续深化自贸试验区治理体系改革[5]。王勇认为，根据自贸试验区建设的需

---

[1] 赵亮. 自贸试验区驱动区域产业结构升级的机理探讨[J]. 经济体制改革, 2021 (3): 122-127.
[2] 李世杰, 崇菲菲, 黄锦程. 自贸试验区设立对产业协同集聚的影响效应——基于制度创新的维度[J]. 南京财经大学学报, 2023 (3): 77-88.
[3] 李欣. 超越经济治理：自贸区治理体系与治理能力现代化建构研究——以厦门自贸区为例[J]. 经济体制改革, 2018 (5): 33-38.
[4] 杨妍. 优化营商环境的自贸区服务型治理创新——基于《南京市优化营商环境100条》的分析[J]. 技术经济与管理研究, 2020 (12): 113-117.
[5] 尹晨, 周思力, 王祎馨. 论制度型开放视野下的上海自贸区制度创新[J]. 复旦学报（社会科学版）, 2019 (5): 175-180.

要，海峡两岸口岸治理合作重点为推动两岸双向投资、高端产业合作、开展"三互"口岸治理合作、推进口岸信息化大通关建设合作、构建21世纪海上丝绸之路下两岸口岸治理互动机制、探索推动实现厦金融合发展的两岸口岸治理合作新模式等方面①。

综上所述，作为对外开放的高地，自贸试验区需要加快治理体系和治理能力现代化建设，才能肩负实现更大范围、更高水平开放的历史重任。虽然我国自贸试验区的治理体系改革已经取得了一定成效，但从长远来看，自贸试验区在管理模式、改革权限、协同创新、综合监管和法律保障等方面仍然存在需要进一步改革创新的空间，尤其是治理体系现代化方面，需要加快推进政府治理模式的改革创新，促进各个层面职能的统筹协调，完善综合监管体系，健全法律法规体系，加强与国际通行经贸规则的对接，加快建设国际一流营商环境。

七、关于自由贸易港的相关研究

探索建设中国特色自由贸易港，是我国主动掌握全球自由贸易主导权的重大举措，是新常态下推进新一轮对外开放、促进经济增长的重要途径。我国有香港和海南两个自由贸易港，作为内地唯一的自由贸易港，国家对于海南自由贸易港的发展和改革十分重视。史本叶等认为，从贸易投资、要素集聚、税收制度、产业发展、区位布局、运作模式和监管体制等方面构建中国特色自由贸易港的政策和制度体系，重点关注离岸功能的开拓和现代服务业的发展，形成中国特色自由贸易港与"一带一路"的机制性嵌入和腹地经济融合联动创新②。王桂虎等分析海南自由贸易港体制整合创新的问题后认为，应该对基层创新机构赋予更大权限、强化改革创新意识、强化对创新成果"集成性"评价和考核机制、建立信息交流平台等③。张晖等利用空间生产框架对海南自由贸易港的地理逻辑进行分析后认为，海

---

① 王勇. 自贸区建设背景下的两岸口岸治理合作［J］. 台湾研究，2017（5）：65–75.
② 史本叶，王晓娟. 探索建设中国特色自由贸易港——理论解析、经验借鉴与制度体系构建［J］. 北京大学学报（哲学社会科学版），2019（4）：149–158.
③ 王桂虎，朱刚. 海南自由贸易港推动制度集成创新的经验与发展研究［J］. 价格理论与实践，2022（2）：50–54.

南自由贸易港的资本三级循环过程对促进自贸试验区建设成为国际旅游消费中心、开放型经济新高地具有重要意义①。张方波认为,未来海南自由贸易港金融开放的目标是将国家战略纳入多个区域经济圈,扩大经济和金融流量,充分发挥《海南自由贸易港法》的法律优势和政策体系的红利,形成多元化金融体系生态,培育有针对性的离岸金融市场,进一步挖掘多功能 FT 的应用领域和扩展功能,建立有效的金融风险预警与防范机制②。李善民等认为,高质量高标准建设自由贸易港的现实路径可以总结为以制度集成创新为牵引力,推动自由贸易港建设与其他国家战略实现联动共振③。彭真明等认为,从中国特色自由贸易港的长期繁荣发展来看,应争取全国人大将有关经济建设的立法权下放,将海南打造成"经济法律特区";以建设中国特色自由贸易港为目标,由全国人大制定《自由贸易港法》并在其中予以充分授权;争取中央的一揽子立法授权,将最为迫切的重点立法领域的法律调整适用权一揽子授权给海南,以解决《自由贸易港法》出台之前海南立法权受限问题④。李善民等提出了中国特色自由贸易港政策和制度体系的总体框架,即总体制度框架设计为"一线放开、二线管住、区内自由";五个自由(即贸易自由、投资自由、跨境资金流动自由、人员自由和运输自由);推进数据安全有序流动,创新政府治理体系,打造共建共治共享的社会治理格局,系统性防范贸易、投资、金融、数据流动、生态和公共卫生六个领域的风险⑤。

综上所述,我国自贸试验区升级为自由贸易港将成为一大发展趋势,自由贸易港的建设将会持续推进。中国特色的自由贸易港建设本质上绝不能直接复制其他自由贸易港建设和发展的模式,而是将本国政策与国际惯例接轨,在船舶进出、货物存取、资金往来、人员流动、航运服务、海法

---

① 张晖,郭庆宾. 海南自由贸易港建设的空间生产逻辑 [J]. 地理科学进展,2022(5):880-895.

② 张方波. 金融开放助力海南自由贸易港建设:当前进展、面临挑战与纵深推进 [J]. 海南大学学报(人文社会科学版),2022(4):56-64.

③ 李善民,史欣向. 高质量高标准建设自由贸易港的现实路径 [J]. 人民论坛,2020(14):58-61.

④ 彭真明,王少祥. 论中国特色自由贸易港建设的立法创新 [J]. 海南大学学报(人文社会科学版),2020(3):31-37.

⑤ 李善民,符正平,李胜兰,等. 中国自由贸易试验区发展蓝皮书(2020—2021)[M]. 广州:中山大学出版社,2021.

选择、数据传递等方面做出创新性制度安排，以适应特定区域发展的需要，增强国内市场的辐射联动能力，提升各方要素流动的自由度，实现港口"留—流—聚"的整合功能，进一步推进海上贸易活动的自由化和国际化。目前对自由贸易港的制度创新研究仍主要参考自贸试验区制度创新的相关文献，但在研究过程中需要考虑自由贸易港和自贸试验区存在的差别。对自由贸易港的制度创新研究，有部分学者综合研究制度创新，也有部分学者从单一角度对制度创新进行研究，主要集中在行政管理制度、投资管理制度、人员管理制度、资金管理制度和信息管理等五个方面。海南自由贸易港正在探索符合中国国情的自由贸易港发展道路，尤其是在制度集成创新方面的力度非常大。海南自由贸易港制度集成创新涉及党政机关的设置、职能权限和管理方式、法治化、贸易自由便利、精简行政许可和深化"极简审批"、投资自由便利、优化营商环境、资金自由便利流动、人员进出自由便利、运输来往自由便利、数据安全有序流动等方面，这些领域都应该成为研究的重点领域。

八、关于自贸试验区联动协同发展的相关研究

由于自贸试验区具有强大的示范带动作用，其与周边区域的协同联动发展成为重要的研究领域。傅钟中等认为，自贸试验区与经济腹地的协同发展要经过起步期、成长期、成熟期和稳定期四个时期，两者的协同必须从产业、要素、设施、制度四个层面共同展开，并通过协同驱动与共生进化机制的相互作用，逐渐形成具有自我适应、自我调节的系统①。滕静涛认为，江苏自贸试验区有较好的发展环境，可以承担"头雁"的职责，推动形成"自贸试验区+开放平台"的"雁阵"模式，把现有的开放平台和鼓励建立的创新平台都纳入自贸试验区的互动范畴，以"一区多园"的体制创新，探索形成以贸易便利为重点的江苏联动机制，推动更高层次的改

---

① 傅钟中，孙琪，闫晗，等. 自贸试验区与经济腹地联动发展：演进路径、联动机理和政策建议——以浙江自贸试验区杭州、宁波、金义片区为例分析[J]. 国际贸易，2021（12）：43–49.

革开放①。方友熙认为，福建自贸试验区与福厦泉自创区的联动发展必须围绕发展方向、区域、空间、政策、协调、人才战略、产业等方面，积极优化政策效能，通过项目推动联动、文化信任合作、"多区"互动来促进联动发展②。汤霞等认为，珠海应加强与横琴自贸试验区的联动发展，提高运行效率，加快港口转型升级③。

综上所述，自贸试验区联动协同发展涉及自贸试验区与其他国家级平台的协同互动发展，国内相关学者通过大量案例对其进行了分析，但其研究角度主要是基于自贸试验区的视角，在一定程度上存在主次之分。由于自贸试验区的空间范围非常小，对外联动应该更为突出自贸试验区在先行先试、制度创新方面所具有的示范意义。此外，不应该忽视以下问题：一是自贸试验区所具有的强大虹吸效应，会对周边区域产生负面影响，如何通过联动协同发展来降低这种影响需要予以重点关注；二是自贸试验区各个片区在一定程度上存在竞争，良性竞争和博弈可以促进良性发展，尤其是各个片区之间的联动发展可以带来更大的效应，但对可能出现的恶性竞争应该予以重点关注。

第四节　批判性审视与借鉴

一、具有中国特色的自贸试验区需要理论予以支撑

自贸试验区上升为国家战略以后，理论探索与实践操作层面的方法论经验亟待梳理总结，以期从中能把握新时代我国自贸试验区建设的演进规律和薄弱环节，从而提升自贸试验区改革创新能力，发挥自贸试验区对相

---

① 滕静涛. 江苏自贸试验区与其他开放平台联动发展机制综述 [J]. 对外经贸，2022 (1)：80-85.
② 方友熙. 福建自贸区与福厦泉自创区联动发展思路和对策研究 [J]. 长春理工大学学报（社会科学版），2018 (4)：91-96.
③ 汤霞，刘阳阳. 横琴自贸区建设契机下加快珠海港发展的探讨 [J]. 对外经贸实务，2016 (10)：43-46.

关区域战略（如长江经济带、西部大开发等）的服务功能①。有鉴于此，需要对自贸试验区（自由贸易港）的基本理论、新发展环境下自贸试验区所承担的使命、自贸试验区协同发展模式和推进机制、自贸试验区制度创新（尤其是制度集成创新）等方面研究成果开展系统梳理，才能全面厘清学界存在的误区，并有助于理解新时代改革开放与区域协同发展的理论逻辑和实践路径，并生成具有中国特色的自贸试验区理论成果。

二、自贸试验区建设需要探索新的实践进路

我国自贸试验区已经历了10年的实践探索，从自贸试验区到自由贸易港，从小区域范围的自贸试验区到自贸试验区设立新片区，从沿海地区设立自贸试验区到内陆、沿边地区设立自贸试验区，从省域内设立自贸试验区片区到海南全域自贸试验区（自由贸易港），出现的发展变化充分体现了自贸试验区在不断推进中进行着持续的调试，这种调试是自贸试验区保持旺盛生命力的关键所在。在新时代，国家赋予自贸试验区更大的使命，我国自贸试验区需要在探索中形成新模式、开辟新道路，这需要学界、政界等达成互动共识，在理论研究与实践探索之间建立有效的联系通道，从而进一步推动自贸试验区的高质量发展，为我国全方位对外开放提供强有力的引导。

三、自贸试验区的效应效益需要予以全面评估

我国自贸试验区具有促进贸易和投资便利化、重点金融领域开放创新、强调创新经验复制推广、积极对接国家重大战略等特点②。自贸试验区的建设既有政治效应，也有经济效益，相关研究主要采取建立模型的方式对自贸试验区的经济效益进行评估，推算对区域经济增长的带动作用。对自贸试验区所产生的经济效益需要予以全面系统评估考量，具体表现为：一是哪些经济效益是由自贸试验区直接带来的，哪些是间接的，对此需要予以区分，不能为了研究的便利而将两者统一纳入分析框架；二是自贸试验

---

① 杨陈静，刘航. 自贸区协同发展的研究综述 [J]. 四川行政学院学报，2019（2）：89 – 98.
② 武义青，刘海云，李清. 中国自贸试验区的实践与探索 [M]. 北京：经济日报出版社，2021.

区具有虹吸效应，对周边其他区域所产生的负面影响需要予以深入分析，尤其是在更大区域范围内（尤其是在省级、市级层面），自贸试验区通过强大支持政策，吸引区域范围内其他企业入驻，这违背自贸试验区建设的初衷，自贸试验区所带来的企业存量与企业增量需要在更大区域层面予以综合评价；三是不同于国家级新区、经济技术开发区、高新技术开发区等区域，作为外向型功能区，自贸试验区的经济效益应体现为对外开放合作所带来的经济总量增加，对此如何确定需要审慎对待；四是自贸试验区制度创新及其复制推广应主要围绕产业，服务产业发展所带来的经济增长，仅仅进行社会层面的制度创新（如数字社会建设），并不是自贸试验区建设的目的。由此可知，对自贸试验区所带来的效应效益评估评价是一项综合系统的工程，相关研究需要对各方面因素予以全面考量。

四、自贸试验区发展需要从全球视角予以审视

自贸试验区是我国推进高水平对外开放的国家级平台，在逆全球化日趋明显的背景下，我国自贸试验区需要在推进全球化的过程中扮演更高站位角色。基于全球视角，可以审视自贸试验区的建设发展，具体表现为：一是以世界眼光和全球视野看待自贸试验区，尤其是在国际格局深刻变化、外部国际规则发生改变的背景下，需要积极适应这些变化并做好对接；二是自贸试验区应该主动服务我国已经或正在申请加入国际经贸组织，如2022年1月1日正式生效的《区域全面经济伙伴关系协定》（RECP）以及我国正在申请的《全面与进步跨太平洋伙伴关系协定》（CPTPP）、《数字经济伙伴关系协定》（DEPA）等，全面对标高标准国际经贸规则，为我国全域对接国际先进规则，积累更多经验[①]；三是自贸试验区应主动将我国

---

① RCEP生效后，在全国范围予以实施，其中的一些鼓励性义务具有非强制性，有些内容值得在自贸试验区进行先行先试，如《广西壮族自治区人民政府关于印发进一步深化中国（广西）自由贸易试验区改革开放方案的通知》提出：加快探索制度型开放，加强与RCEP其他成员国政策、规则、标准对接和服务贸易合作，在知识产权保护、原产地电子联网、制造业相关服务等方面先行先试，打造高质量实施RCEP示范项目集聚区。此外，CPTPP和DEPA规则具有系统性和全面性特征，标准更高，实施难度大。基于我国正在申请加入CPTPP和DEPA，可将一些规则在自贸试验区（自由贸易港）开展试点，承担先行先试的任务。

的先进做法上升为规则并予以全球推广,为构建公正合理、稳定有效的国际经贸新秩序提供"中国方案",体现"中国担当""中国贡献";四是自贸试验区建设发展应该从更宽广的视角进行审视,积极纳入我国正在构建的新发展格局以及正在推进的共建"一带一路"倡议的框架中,实现国家战略与全球发展的无缝衔接,在对自贸试验区进行研究时,不能局限于一时一域,也不能将着眼点局限于被动适应国际经贸规则,应该从全球化视角审视自贸试验区在服务国家对外开放、将中国规则国际化、提升国家竞争力方面所承担的使命和责任;五是我国自贸试验区在投资、贸易、金融等方面发挥示范作用,但在经济全球化遭遇倒流逆风、传统贸易保护主义和新贸易保护主义盛行等背景下,如何充分利用自贸试验区的制度优势,适应新形势要求快速发展,将自贸试验区打造成集对标国际、营商环境优良、国际化与便利化为一体的试验区,成为新兴自贸试验区的全新挑战[①]。

[①] 王炜,史妍."双循环"下新兴自贸区深化"放管服"改革的路径[J].哈尔滨市委党校学报,2022(2):35-39.

第二章

我国自贸试验区建设的总体背景与发展趋势

第一节 自贸试验区建设面临的宏观背景

一、世界面临百年未有之大变局

当今世界正经历百年未有之大变局[①]。在全球层面，国际环境发生深刻变化，国际经济形势正在经历深刻调整，世界经济重心、世界政治格局、全球化进程、科技与产业、全球治理、世界秩序等面临前所未有大变革，国际政治、经济、科技、产业等正在发生深刻变化，国际投资贸易的规模、结构、形式也发生着深刻变化。第一，世贸多边贸易体制面临边缘化风险。以世界贸易组织为代表的全球多边贸易体系由于涉及成员众多且差异巨大，各经济体的利益无法得到全方位的协调，在推动全球贸易自由化多边体系的发展中存在较大的局限性。尤其是世界贸易组织从乌拉圭回合到多哈回合谈判，历经数十年在一些议题上久拖不决，导致众多世界贸易组织成员对多边协商一直低效率的不满，世界贸易组织存在被弱化、被忽视、被边缘化的风险。第二，区域贸易协定面临逆全球化挑战，欧美日等全球经贸规则的制定者、推动者、受益者日益转变对我国融入全球价值链获取巨大成功的看法，逐步对我国采取遏制的态势。为遏制我国经济的快速发展，

[①] 中共中央宣传部，中华人民共和国外交部. 习近平外交思想学习纲要[M]. 北京：人民出版社，学习出版社，2021：3.

西方国家（尤其是美欧日等国家）加快构建新的多边贸易规则体系，妄图继续掌控国际经贸规则制定的话语权，通过达成新的高水平的贸易投资协定安排（如TPP、TTIP等）来削弱中国话语权，试图在全球经济格局中将我国排除在外。第三，双边自贸协定面临单边主义威胁。在过去二三十年期间，区域贸易协定一直是世界发展的主流，但随着英国脱欧，全球最大的区域贸易组织受到严重挑战，也挫伤了区域一体化发展的信心。尤其是以美国为首的单边主义者把自身所设定的贸易条件强加其他国家，对双边自由贸易造成一定冲击。世界经济处于深度调整期、增长持续放缓，全球动荡源和风险点显著增多，世界主要经济体经贸摩擦加剧，贸易保护主义和单边主义导致国际经贸形势严峻和经济全球化受阻，发达国家紧锣密鼓推动世界贸易组织改革，通过美加墨协议、日欧自由贸易协定、CPTPP等取代原有贸易原则，经济全球化和"逆全球化"相互角力，世界大变局的特征更趋于明显。第四，国际贸易结构是随着各国产业结构转变而转变，各国产业结构不断升级，国际贸易结构同步升级，由货物贸易向服务贸易转变，服务贸易发展迅速。当前跨国公司成为全球资源配置的核心主体，跨国公司通过在全球范围内组织生产和构建营销网络，推动了国际服务贸易的发展，由此产生一系列深远的影响。总体来看，全球贸易规则体系面临深刻调整且出现巨大的不确定性，对自贸试验区建设带来严峻的挑战。

二、我国经济进入新常态

我国进入"两个一百年"奋斗目标历史交汇期，由全面建成小康社会迈向全面建设社会主义现代化的时期，由中等收入国家总体迈入高收入国家，由高速增长全面转向高质量发展。中国特色社会主义已进入新时代，社会主要矛盾发生关系全局的历史性变化[①]，而且矛盾的主要方面在供给侧。我国处于转变发展方式、优化经济结构、转变增长动力的攻关期，经济体制改革进入攻坚期和深水期，结构性、体制性、周期性问题相互交织，

---

① 党的十九大报告明确指出，我国社会主要矛盾已经转化为人民日益增长的美好生活需要和不平衡不充分的发展之间的矛盾。

"三期叠加"影响持续深化,新旧动能转换、经济平稳增长存在低速的可能。我国实现跨越式发展,成长为世界第二大经济体,但世情国情社情越发复杂,国内发展不平衡不充分的问题越发凸显。国内长期存在的结构体制性矛盾的解决需要一个长期的过程,尤其是在我国经济发展进入新常态的背景下,经济运行面临新的下行压力,实体经济困难仍然较多。一方面,我国面临贸易保护主义和单边主义的威胁,国内制造业面临美国等发达国家的高端打压和一些发展中国家的中低端挤出的双重挤压,存在被脱钩断链的风险;另一方面,国内制造业面临成本快速上升、产能过剩、贸易壁垒等困境。国内固有矛盾与外部不确定性叠加,极易形成共振效应,经济持续稳定发展面临着巨大的困难和挑战。在此大背景下,自贸试验区建设面临经济发展的滞缓压力,实现高标准高质量的改革创新和对外开放将遇到各方面的阻碍和制约。

三、全球信息化新浪潮和第四次科技革命

目前,新一轮科技革命和产业变革加速推进,信息技术迅猛发展,云计算、大数据、互联网、物联网、人工智能、5G、区块链等新一代信息技术层出不穷,新技术正在向各个产业领域渗透并融入产业转型升级的各个环节,主要生产方式由传统向智能化、数字化方向转变,以新一代信息技术为代表的生产力变革正在推动生产关系、社会结构和生活方式根本性变化,对经济社会发展产生巨大的影响。以互联网为代表的信息技术日新月异,引领了社会生产新变革,创造了国际贸易新空间,拓展了国家治理新领域,极大增强经贸合作、实现经济共融的能力,成为促进国际交流、深化区域合作的引擎。在新的技术革新和产业变革作用下,新产业、新业态、新模式不断涌现,数字经济、智能经济等新经济模式广泛渗透并加速发展,新的产业模式、经营模式和组织形态不断涌现。自贸试验区是新产业、新业态、新模式、新平台、新场景的试验场,科技革命和产业变革为实施自贸试验区提升战略提供了新契机。

第二节　我国自贸试验区的发展要求

一、核心任务是制度创新

体制机制束缚是最大的束缚，制度优势是最大的优势。自贸试验区的关键是"试验"（pilot），寓意是先行先试国家扩大开放、推动深化改革的制度性压力测试。党中央、国务院设立自贸试验区的目的就是要让自贸试验区承担改革开放排头兵、创新发展先行者。习近平总书记指出，制度创新是我国建设发展自贸试验区的核心要素，也是自贸试验区发展成效评价的一个基本标志。在 2013 年设立上海自贸试验区后，2014 年政府工作报告就明确提出，建设好、管理好中国（上海）自贸试验区，形成可复制可推广的体制机制，并开展若干新的试点。党的十九大报告对推动形成全面改革开放的新格局提出了要求并作出了部署，明确指出赋予自贸试验区更大改革自主权，探索建设自由贸易港[1]。2021 年 7 月，中央全面深化改革委员会第二十次会议指出，要深入推进高水平制度型开放，赋予自由贸易试验区更大改革自主权，加强改革创新系统集成，统筹开放和安全，及时总结经验并复制推广，努力建成具有国际影响力和竞争力的自由贸易园区，发挥好改革开放排头兵的示范引领作用[2]。习近平总书记强调，"中国将继续鼓励自由贸易试验区大胆试、大胆闯""中国将支持自由贸易试验区深化改革创新，持续深化差别化探索，加大压力测试，发挥自由贸易试验区改革开放试验田作用"[3]。我国自贸试验区的设立及其扩容和扩区，最为强调的是推进制度层面的创新，制度的供给侧结构性改革成为必然要求。

我国设立自贸试验区的根本目的是通过在局部的率先试验，为全国改革开放进行压力测试，积累既进一步深化改革、扩大开放，又有效防控风险的经验。自贸试验区的设立和扩容扩区，其意义绝不仅仅是物理形态和

---

[1] 习近平. 习近平谈治国理政：第 3 卷 [M]. 北京：外文出版社，2020：27.
[2] 张翼. 打造新时代改革开放新高地 [N]. 光明日报，2022-06-21.
[3] 习近平. 习近平谈治国理政：第 3 卷 [M]. 北京：外文出版社，2020：199-213.

经济总量的改变,而是制度层面的创新,强调制度的供给侧结构性改革①。自贸试验区作为我国深化改革和扩大开放的重要实验平台,其主要成绩是形成一套推动我国改革开放的体制机制。由此可知,我国建设自贸试验区的定位不是建设经济特区,其目标也不在于形成区域经济规模,而是致力于经济管理体制的改革探索。坚持把制度创新作为自贸试验区的核心任务,积极开展"首创性"探索,加快推进制度和机制创新,不断形成一批又一批可复制可推广的创新成果。赋予自贸试验区和自由贸易港更大的改革创新自主权,以制度型开放为核心,积极对接国际先进规则及标准,建设高水平开放新平台,为深化改革探索经验、提供示范②。由此可知,体制机制创新是自贸试验区建设发展的基础与核心,通过对标国际先进规则,形成更多具有国际竞争力的制度创新成果,制度创新成为自贸试验区的核心任务。

二、主要使命是开放合作

20世纪80年代初,我国通过开辟特殊的对外开放和开发的区域,以点带面推进对外开放。我国先后设立了深圳、珠海、汕头、厦门、海南经济特区,在取得了成功之后又建立了工业园区、经济技术开发区、高新技术开发区、金融贸易区、出口加工区、保税区等一系列特殊功能的对外开放和经济发展园区,这些园区最大的特点就是比其他区域在一些特殊功能或者领域方面享有更高的对外开放程度,按照世界通行惯例和规则从事贸易投资活动,这些区域在我国经济对外开放上发挥了重要的作用。但是,从我国开放型经济体制的制度建设角度来看,局部特殊政策推动的各类园区所发挥的作用相对有限。在新发展阶段,我国对外开放出现了三大转变(即一般性开放向高水平高质量开放转变、政策型开放向制度型开放转变、

---

① 陆剑宝. 中国自由贸易试验区制度创新体系理论与实践 [M]. 中山:中山大学出版社,2018:12-13.

② 学习贯彻习近平新时代中国特色社会主义经济思想 做好"十四五"规划编制和发展改革工作系列丛书编写组. 推动共建"一带一路"高质量发展 [M]. 北京:中国计划出版社,中国市场出版社有限公司,2020:270.

商品和要素流动型开放向制度型开放转变①），要求在更高层次、更深领域探索开放合作的新模式。

自贸试验区最重要的是通过制度创新的压力测试，为我国对标国际投资贸易规则，构建开放型经济体制提供试验样本②。立足新发展阶段，贯彻新发展理念，构建新发展格局，需要高水平的开放政策措施，基于构建中国特色开放型经济体制的目标要求，党中央决定通过自贸试验区建设，全面推进与国际高水平的开放规则相适应的制度体系建设。2018年10月，习近平总书记对自贸试验区建设作出重要指示，继续解放思想、积极探索，加强统筹谋划、改革创新，把自贸试验区建设成为新时代改革开放新高地。习近平总书记指出，建设自贸试验区是党中央在新时代推进改革开放的一项战略举措，在我国改革开放进程中具有里程碑意义③。全面开放和制度型开放是新发展阶段对外开放的必然要求，构建开放性、水平更高的新经济体制成为自贸试验区建设与发展的基本使命。适应新时代深入推进制度型开放、构建更高水平开放型经济新体制的要求，积极打造对外开放新平台，是自贸试验区（港）推动形成全面开放新格局的重要使命④⑤。从扩大改革开放的角度来看，自贸试验区进行开放压力测试，与非自贸试验区的开放程度相比，自贸试验区的开放程度更高，其优势显著大于其他类型的功能区。由此可知，自贸试验区不是通过优惠政策吸引外资的特殊区域，而是通过制度和体制创新来优化各种资源和要素配置，探索对外开放的新模式和新路径。推进自贸试验区（自由贸易港）建设是"十四五"时期乃至更长时间我国进一步稳定外贸、推动高水平对外开放的重要手段。

---

① 全球制度型开放的主要模式有以美国为代表的国内制度国际化模式、以日本和韩国为代表的对接国际经贸规则模式、以中国为代表的包容性制度开放模式等，自贸试验区是我国探索包容性制度开放模式的排头兵。

② 陆剑宝. 中国自由贸易试验区制度创新体系理论与实践 [M]. 中山：中山大学出版社，2018：14.

③ 张翼. 打造新时代改革开放新高地 [N]. 光明日报，2022-06-21.

④ 冯圆. 制度型开放背景下自贸试验区环境保护机制与实施路径研究 [M]. 北京：清华大学出版社，2022：53-55.

⑤ 东艳，李国学. 国际经贸规则重塑与自贸试验区建设 [M]. 北京：中国社会科学出版社，2021：7-12.

三、基本要求是形成可复制可推广经验

自贸试验区建设是国家战略，是先行先试、深化改革、扩大开放的重大举措，意义深远。习近平总书记指出，要加强统筹谋划和改革创新，不断提高自贸试验区发展水平，形成更多可复制可推广的制度创新成果。自贸试验区是"种苗圃"，不是"栽盆景"，创新举措不能是为个别或少数企业或单位"定制"，而是要着眼于让广大群体受惠，可复制可推广，受益面要广，推广成本要低。建设自贸试验区的首要目的之一就是要对标、对照国际先进规则与做法，加快形成与国际投资、贸易通行规则相衔接的制度创新体系，探索出一批可复制可推广的经验做法。2016年底，习近平总书记对上海自贸试验区建设作出重要指示："大胆试、大胆闯、自主改，力争取得更多可复制推广的制度创新成果，进一步彰显全面深化改革和扩大开放的试验田作用。"2018年11月，习近平主席在首届中国国际进口博览会开幕式发表主旨演讲，郑重承诺"中国将支持自贸试验区深化改革创新，持续深化差别化探索，加大压力测试，发挥自贸试验区改革开放试验田作用"①。国务院及其部委（如商务部）印发自贸试验区改革试点经验复制推广的相关文件（共计七批次），及时将自贸试验区试点成熟的经验向全国复制推广，服务国家对外开放战略大局。

统计数据表明，"十三五"时期，自贸试验区已经累计向全国推广复制260项制度创新成果，其中，在全国范围内复制推广经验为173项，由相关部门自行复制推广经验74项，并形成了43个最佳实践案例②，有效发挥了全面深化改革和扩大开放试验田的作用。支持自贸试验区结合自身特点，进行多层次、差别化探索，为不同发展水平、资源禀赋、开放条件的

---

① 刘曙华，周青. 中国（广西）自贸试验区管理体制建设"五化"建议 [J]. 广西经济, 2019 (9): 16-17.
② 商务部召开"十三五"时期自贸试验区建设情况专题新闻发布会 [EB/OL]. http: //us.mofcom.gov.cn/article/jmxw/202102/20210203036807.shtml, 2021-02-04.

区域开放探索经验①。由此可知,自贸试验区主要通过探索适应贸易投资便利化、自由化、法治化开放的体制机制,在持续进行的改革开放中探索对外开放的新路径和新模式,形成可复制、可推广的改革试点和实践经验。

四、发展目标是新时代高质量发展新高地

中国特色社会主义进入新时代,我国社会主要矛盾已经转化为人民日益增长的美好生活需要和不平衡不充分的发展之间的矛盾,高质量发展是适应我国社会主要矛盾变化的必然要求。党的十九大报告明确指出,我国经济已由高速增长阶段转向高质量发展阶段②。2021年7月,习近平总书记主持召开中央全面深化改革委员会第二十次会议时强调:要围绕实行高水平对外开放,充分运用国际国内两个市场、两种资源,对标高标准国际经贸规则,积极推动制度创新,以更大力度谋划和推进自由贸易试验区高质量发展。党的二十大报告提出,高质量发展是全面建设社会主义现代化国家的首要任务③。高质量发展具有三大特征:一是从数量追赶转向质量追赶;二是从规模扩张转向结构升级;三是从要素投入驱动经济增长转向创新驱动经济增长。高质量发展的关键是提高全要素生产率,自贸试验区作为资源、要素、政策优势高度叠加,经济开放水平最高、体制机制创新最活跃的园区,是我国推进区域经济高质量发展的重要着力点。

为了促进高质量发展,自贸试验区的布局谋划也被赋予了不同的要求,进行了不同的发展定位。充分发挥自贸试验区的示范引领作用,培植战略叠加优势,吸引和催生高端资源要素、顶尖科技人才聚集,有助于建设成为高质量发展的"先行区"。尤其是通过促进自贸试验区在更大范围、更广领域、更深层次的改革探索,激发高质量发展的内生动力,通过更高水平的开放,推动加快构建新发展格局。

---

① 学习贯彻习近平新时代中国特色社会主义经济思想 做好"十四五"规划编制和发展改革工作系列丛书编写组. 建设更高水平开放型经济新体制[M]. 北京:中国计划出版社,中国市场出版社有限公司,2020:207-208.
② 习近平. 习近平谈治国理政:第3卷[M]. 北京:外文出版社,2020:23.
③ 习近平. 习近平著作选读:第1卷[M]. 北京:人民出版社,2023:23.

第三节 我国自贸试验区的发展趋势

一、自贸试验区升级为自由贸易港

2018年4月13日,习近平总书记在庆祝海南建省办经济特区30周年大会上郑重宣布,党中央决定支持海南全岛建设自贸试验区。2018年10月16日,国务院批复同意设立中国(海南)自贸试验区。2019年4月26日,习近平主席在第二届"一带一路"国际合作高峰论坛发表主旨演讲提出,新布局一批自贸试验区,加快探索建设自由贸易港。2020年6月1日,中共中央、国务院印发《海南自由贸易港建设总体方案》,海南开始逐步探索、稳步推进中国特色自由贸易港建设,分步骤、分阶段建立自由贸易港政策和制度体系。短短2年多时间,海南就实现了从自贸试验区升级为自由贸易港,并成为我国内陆第一个自由贸易港。自由贸易港是当今世界最高水平的开放形态[1]。作为自贸试验区的升级版,自由贸易港承担了更大的使命。在构建开放型经济新体制过程中,推动部分现有自贸试验区向自由贸易港升级将是我国进一步扩大开放战略的重要实施途径[2]。随着我国部分自贸试验区的日趋成熟,其在很大程度上具备了升级为自由贸易港的基础和条件,如上海自贸试验区经过多年的探索,已经形成了系统的发展模式,而上海临港新片区的获批,在一定程度上说明上海自贸试验区有潜力升级为自由贸易港。我国部分自贸试验区升级为自由贸易港将成为必然趋势。

二、自贸试验区数量扩容

从2013年至2023年,我国共在22个省区市设立了22个自贸试验区,

---

[1] 习近平. 习近平谈治国理政:第3卷 [M]. 北京:外文出版社,2020:198.
[2] 任春杨,张佳睿,毛艳华. 推动自贸试验区升级为自由贸易港的对策研究 [J]. 经济纵横,2019(3):114-121.

涉及沿海、内陆、沿边各个省（区、市）。目前，我国只有江西、山西、吉林、内蒙古、甘肃、贵州、宁夏、青海、西藏等9个省（自治区）没有设立自贸试验区，这些没有设立自贸试验区的省（区、市）大多在创造条件，积极争取设立自贸试验区。鉴于自贸试验区已经从特惠向普惠转变，以上部分省（区、市）获批自贸试验区的概率大大增加。《中华人民共和国国民经济和社会发展第十四个五年规划和2035年远景目标纲要》提出"完善自由贸易试验区布局"①。基于各省区市的区位条件、经济优势、对外开放水平等因素，贵州、吉林、江西、山西等省份获批自贸试验区的可能性非常大。在"十四五"期间，我国自贸试验区数量将达到25个左右。对于条件成熟的省级行政区，可以批准设立新的自贸试验区（尤其是在内陆和沿边地区设立自贸试验区），通过对自贸试验区进行数量增容，有效调动这些内陆、沿边省级行政区推进制度改革创新、扩大对外开放的积极性和主动性，也进一步向全球展现我国全方位对外开放的姿态。

三、自贸试验区范围扩区

根据国务院的相关文件规定，为了管控风险、提高承载效果和强化用地放权，自贸试验区的区域范围一般控制在120平方公里以内，这在一定程度上限制了自贸试验区的先行先试作用。由于2013年唯一获批的上海自贸试验区面积仅为28.78平方公里，经过一段时间的建设发展，发展空间不足问题日益凸显。自贸试验区发展仍存在空间、规模、承载力及影响力的局限性，对周边辐射带动效应不足②。按照自贸试验区范围基本不超过120平方公里的要求进行扩区也就成为必然。2015年4月，上海自贸试验区正式实施扩区，扩区后面积扩展到120.72平方公里，标志着自贸试验区进行了第一次扩区。2019年8月，设立了上海自贸试验区临港新片区，实施范围为119.5平方公里，标志着自贸试验区第一次建立新片区。由此，上海

---

① 中华人民共和国国民经济和社会发展第十四个五年规划和2035年远景目标纲要[M].北京：人民出版社，2021.

② 赵忠秀，胡旭东，刘鲁浩.我国自贸试验区建设中的地方特色特征研究[J].国际贸易，2021（1）：4-9.

自贸试验区形成了两大区域，自贸试验区总面积达到 240.22 平方公里，由此形成了对已有自贸试验区进行区域扩容的"上海模式"。2020 年 9 月，国务院批准设立浙江自贸试验区拓展区域，涵盖宁波片区、杭州片区、金义片区，实施范围为 119.5 平方公里，由此，浙江省自贸试验区总面积达到 239.45 平方公里。除了上海、浙江、海南、新疆以外，其他自贸试验区的区域范围都在 110～120 平方公里，而 2023 年 10 月获批的新疆自贸试验区的实施范围为 179.66 平方公里，这标志着未来自贸试验区的实施范围可能控制在 180 平方公里内（见表 2-1）。因为单个自贸试验区片区面积过小或者地理空间上过于分散，难以承载系统集成性改革项目和大型新兴产业项目，难以发挥经济活动的聚集效益①。通过设立新片区，实现区域范围扩容，成为这些自贸试验区的重要选择。根据各个自贸试验区发展的实际及其未来发展的需要，广东自贸试验区、四川自贸试验区等都存在实施区域范围扩区的必要性和可能性。

表 2-1　　　　　　　　我国自贸试验区实施范围及面积情况

成立时间	自贸试验区名称	片区分布	总面积（平方公里）
2013 年 9 月	上海自贸试验区	上海外高桥保税区	240.22
		上海外高桥保税物流园区	
		洋山保税港区	
		上海浦东机场综合保税区	
2015 年 4 月		金桥开发片区	
		张江高科技片区	
		陆家嘴金融片区	
2019 年 8 月		临港新片区	
2015 年 4 月	广东自贸试验区	广州南沙新区片区	116.2
		深圳前海蛇口片区	
		珠海横琴新区片区	
2015 年 4 月	天津自贸试验区	天津港片区	119.9
		天津机场片区	
		滨海新区中心商务片区	

---

① 符正平. 探索自贸区差异化发展路径 [J]. 人民论坛, 2020 (27): 23-25.

续表

成立时间	自贸试验区名称	片区分布	总面积（平方公里）
2015年4月	福建自贸试验区	福州片区	118.04
		厦门片区	
		平潭片区	
2017年3月	辽宁自贸试验区	大连片区	119.89
		沈阳片区	
		营口片区	
2017年3月	浙江自贸试验区	舟山离岛片区	119.95
		舟山岛北部片区	
		舟山岛南部片区	
2020年9月		宁波片区	119.5
		杭州片区	
		金义片区	
2017年3月	河南自贸试验区	郑州片区	119.77
		开封片区	
		洛阳片区	
2017年3月	湖北自贸试验区	武汉片区	119.96
		宜昌片区	
		襄阳片区	
2017年3月	重庆自贸试验区	两江片区	119.98
		西永片区	
		果园港片区	
2017年3月	四川自贸试验区	成都天府新区片区	119.99
		成都青白江铁路港片区	
		川南临港片区	
2017年3月	陕西自贸试验区	中心片区	119.95
		西安国际港务区片区	
		杨凌示范区片区	
2018年10月	海南自贸试验区（海南自贸易港）	海南岛全岛	3.54万
2019年8月	山东自贸试验区	济南片区、青岛片区、烟台片区	119.98

续表

成立时间	自贸试验区名称	片区分布	总面积（平方公里）
2019年8月	江苏自贸试验区	南京片区	119.97
		苏州片区	
		连云港片区	
2019年8月	广西自贸试验区	南宁片区	119.99
		钦州港片区	
		崇左片区	
2019年8月	河北自贸试验区	雄安片区	119.97
		正定片区	
		曹妃甸片区	
		大兴机场片区	
2019年8月	云南自贸试验区	昆明片区	119.86
		红河片区	
		德宏片区	
2019年8月	黑龙江自贸试验区	哈尔滨片区	119.85
		黑河片区	
		绥芬河片区	
2020年9月	北京自贸试验区	科技创新片区	119.68
		国际商务服务片区	
		高端产业片区	
2020年9月	湖南自贸试验区	长沙片区	119.76
		岳阳片区	
		郴州片	
2020年9月	安徽自贸试验区	合肥片区	119.86
		芜湖片区	
		蚌埠片区	
2023年10月	新疆自贸试验区	乌鲁木齐片区	179.66
		喀什片区	
		霍尔果斯片区	

四、建立自贸试验区协同区

我国自贸试验区基本上都包括至少三个片区,甚至覆盖更多,各自贸试验区经济发展虽然取得一定成效,但对周边地区经济增长的辐射带动作用不强,尤其是位于中西地区和东北地区的自贸试验区,经济增长溢出效应不明显,短期内自贸试验区的虹吸效应大于溢出效应。自贸试验区的投资贸易自由化便利化制度和完善的配套设施对周边地区企业形成吸引力,跨国公司等外向型企业更加倾向于将公司总部设置或转移至自贸试验区,导致资本、人才、技术等生产要素进一步向自贸试验区集聚。自贸试验区对生产要素的"虹吸效应",进一步拉大了自贸试验区与周边地区的经济发展差距[1]。在短时间内无法进行扩区的情况下,部分自贸试验区在不违背国家相关文件规定的前提下,通过制定出台协同创新区建设实施方案等方式[2],探索建立自贸试验区协同区,如浙江、四川、重庆、陕西、安徽、天津、云南、山东、广西等自贸试验区都建立了协同创新区(协同改革先行区、协同创新区、联动创新示范基地),形成了"自贸试验区+协同创新区"联动发展"一盘棋"局面,最大限度扩大自贸试验区改革试点的范围(见表2-2)。从自贸试验区建设协同区的实际来看,将周边的海关特殊监管区、经开区、高新区、港口和产业园区等功能区逐步纳入自贸试验区协同区的范围成为必然趋势。由此可知,按照优先在自贸试验区毗邻区、国家级开发区、海关特殊监管区等功能区域的原则设立自贸试验区协同区,可以实现自贸试验区效益的最大化,更大限度扩大自贸试验区片区的改革成果和溢出效应,其已成为自贸试验区与其他国家级功能区实现优势叠加、政策互动的重要选择。

---

[1] 王旭阳,肖金成,张燕燕. 我国自贸试验区发展态势、制约因素与未来展望[J]. 改革,2020(3):126-139.

[2] 国内许多省份出台文件推进自贸试验区片区对外协同发展,如四川省人民政府办公厅印发《中国(四川)自由贸易试验区协同改革先行区建设实施方案》、中国(重庆)自由贸易试验区工作领导小组办公室印发《中国(重庆)自由贸易试验区联动创新区建设方案》、陕西省人民政府办公厅印发《陕西自贸试验区协同创新区建设实施方案》、山东省人民政府办公厅印发《中国(山东)自由贸易试验区联动创新区建设实施方案》、中国(广西)自由贸易试验区工作办公室印发《关于设立中国(广西)自由贸易试验区协同发展区的指导意见》、辽宁省人民政府办公厅印发《关于推进中国(辽宁)自由贸易试验区与重点产业园区协同发展的指导意见》等。

表 2-2　　　　　　　　我国自贸试验区建立协同区的情况

自贸试验区名称	协同区名称
浙江自贸试验区	杭州、宁波、温州、嘉兴、金华、台州等6个区域为浙江自贸试验区联动创新区
四川自贸试验区	成都市温江区、德阳市、自贡市、资阳市、眉山市、南充市、内江市、宜宾市等8个区域为四川自贸试验区协同改革先行区
重庆自贸试验区	重庆高新区、重庆经开区、长寿经开区、万州经开区、永川高新区、涪陵高新区、重庆公路物流基地、黔江正阳工业园区、垫江高新区、云阳工业园区等10个区域为重庆自贸试验区联动创新区
陕西自贸试验区	宝鸡高新区、铜川市新区、渭南高新区、延安高新区、安康高新区、韩城高新区和经开区6个区域为陕西自贸试验区协同创新区
安徽自贸试验区	亳州、阜阳、滁州、马鞍山、宣城、安庆等6个区域为第一批安徽自贸试验区联动创新区；淮北、宿州、淮南、六安、铜陵、池州、黄山等7个区域为第二批安徽自贸试验区联动创新区
天津自贸试验区	中新天津生态城、滨海高新区为天津自贸试验区联动创新区；天津排放权交易所、天津（滨海）海外人才离岸创新创业基地、泰达综合保税区为天津自贸试验区联动创新示范基地
云南自贸试验区	昆明高新区、曲靖经开区、大理经开区、普洱国家绿色经济试验示范区、中国老挝磨憨—磨丁经济合作区等5个区域为云南自贸试验区联动创新区
山东自贸试验区	泰安高新区、德州经开区、菏泽经开区、淄博高新区、济宁高新区、东阿经开区、潍坊滨海经开区、阳谷经开区、邹平经开区、滕州经开区、日照综合保税区、临沂综合保税区、东营高新区、日照经开区、威海经开区、威海经开区、威海火炬高技术产业开发区、威海南海经开区等17个区域为山东自贸试验区联动创新区
黑龙江自贸试验区	哈经开区协同发展先导区
广西自贸试验区	南宁片区协同发展区、钦州港片区协同发展区、崇左片区协同发展区、北海协同发展区、防城港协同发展区

五、自贸试验区制度集成创新

我国自贸试验区在推进制度创新方面形成了大量可复制、可推广的改革试点经验，但仍存在制度创新系统协同性、集成度不够，"碎片化"和"重复性"显现，企业获得感不强，部分政府部门政策之间"蜂窝煤"现象依然存在等问题①。尤其是自贸试验区"碎片化"改革多而集成性、系统性的改革少，系统集成创新、跨部门协同创新等方面有待加强。习近平总书记指出，中国将支持自由贸易试验区深化改革创新，持续深化差别化探索，加大压力测试，发挥自由贸易试验区改革开放试验田作用②。《中华人民共和国国民经济和社会发展第十四个五年规划和2035年远景目标纲要》提出，赋予自由贸易试验区更大改革自主权，深化首创性、集成化、差别化改革探索，积极复制推广制度创新成果③。2023年，国务院印发《关于在有条件的自由贸易试验区和自由贸易港试点对接国际高标准推进制度型开放若干措施的通知》，率先在上海、广东、天津、福建、北京5个具备条件的自贸试验区和海南自由贸易港开展试点。由此可知，实施自贸试验区提升战略的一个发力点是试点对接国际高标准推进制度型开放，率先构建与国际高标准经贸规则相衔接的制度体系和监管模式，在投资和服务贸易领域进一步加大压力测试，推进制度系统集成、协同创新。积极推进含金量较高的制度集成创新，并突出各个自贸试验区的首创性、差别化、特色化的制度集成创新探索，成为未来很长一段时期自贸试验区（自由贸易港）的首要任务。

六、自贸试验区法治化

改革创新对立法供给提出较高要求，法治保障体系的建设对于自贸试验区深化改革开放、构筑稳定的市场环境、防范风险具有重要意义④。在国家层面，我国自贸试验区基本采取以全国人大"授权决定" + 国务院"总体方案"为顶层设计，相对比较松散。2021年3月12日公布的《中华人民共和国国民经济和社会发展第十四个五年规划和2035年远景目标纲要》提出，制定出台海南自由贸易港法，初步建立中国特色自由贸易港政

---

① 蔡振伟. 自贸试验区制度创新要做到"四个瞄准"[N]. 中国贸易报，2019 - 12 - 19.
② 习近平. 习近平著作选读：第2卷[M]. 北京：人民出版社，2023：216.
③ 中华人民共和国国民经济和社会发展第十四个五年规划和2035年远景目标纲要[M]. 北京：人民出版社，2021.
④ 李善民，毛艳华，符正平，等. 中国自由贸易试验区发展蓝皮书（2018—2019）[M]. 中山：中山大学出版社，2019.

策和制度体系。2021年6月10日,第十三届全国人民代表大会常务委员会第二十九次会议就审议通过了《中华人民共和国海南自由贸易港法》,标志着自由贸易港法先于自贸试验区法而出台,也充分说明我国在推进自由贸易港(自贸试验区)法治化建设方面的紧迫性和超高效率。由于各省(区、市)自贸试验区发展情况各异、定位目标差异明显,制定自贸试验区法存在很大的难度,但已经显得尤为重要。在地方层面,各省(区、市)通过制定自贸试验区条例以及决定、暂行办法(试行办法)、规定等方式,对管理机构、运营机制、建设任务与目标、责任分工等进行规范。在22个设立自贸试验区的省(区、市)中,除云南、黑龙江、新疆外,其他19个省(区、市)都制定了自贸试验区条例,部分自贸试验区还制定了片区条例(见表2-3)。总体而言,自贸试验区立法已经成为地方政府贯彻落实党中央决策部署的必然要求,自贸试验区条例聚焦制度创新的重点领域和关键环节,通过立法的方式对自贸试验区建设过程中的探索创新作出授权,确保自贸试验区改革于法有据。自贸试验区立法的"破旧立新"或"除旧布新",作为动态的制度调整,对整体法治的动态统一进程尤其具有重要影响[①]。未来,云南、黑龙江、新疆将制定自贸试验区条例,部分自贸试验区片区条例也会陆续出台,由此形成比较系统全面的自贸试验区立法体系。

表2-3　　　　　　　　我国自贸试验区立法情况

省份	立法情况
上海	《中国(上海)自由贸易试验区条例》《中国(上海)自由贸易试验区临港新片区条例》《上海市人民代表大会常务委员会关于在中国(上海)自由贸易试验区暂时调整实施本市有关地方性法规规定的决定》等
广东	《中国(广东)自由贸易试验区条例》《广东省人民代表大会常务委员会关于在中国(广东)自由贸易试验区和复制推广"证照分离"改革试点具体做法的区域调整实施本省有关地方性法规规定的决定》《深圳经济特区前海蛇口自由贸易试验片区条例》《深圳经济特区前海深港现代服务业合作区条例》《前海合作区条例》《前海管理局暂行办法》《前海保税港区暂行办法》等
天津	《中国(天津)自由贸易试验区条例》《天津市人民代表大会常务委员会关于修改〈中国(天津)自由贸易试验区条例〉的决定》《天津市滨海新区人民代表大会常务委员会关于促进和保障中国(天津)自由贸易试验区管理机构改革创新的决定》等

① 张守文."破旧立新":改革试验区建设的法治问题[J].法学杂志,2023(5):1-13.

续表

省份	立法情况
福建	《中国（福建）自由贸易试验区条例》《福建省人民代表大会常务委员会关于在中国（福建）自由贸易试验区暂时调整实施本省有关地方性法规规定的决定》《厦门经济特区促进中国（福建）自由贸易试验区厦门片区建设规定》等
辽宁	《中国（辽宁）自由贸易试验区条例》
浙江	《中国（浙江）自由贸易试验区条例》
河南	《中国（河南）自由贸易试验区条例》《中国（河南）自由贸易试验区管理试行办法》等
湖北	《中国（湖北）自由贸易试验区条例》
重庆	《中国（重庆）自由贸易试验区条例》
四川	《中国（四川）自由贸易试验区条例》
陕西	《中国（陕西）自由贸易试验区条例》
海南	《中华人民共和国海南自由贸易港法》《海南自由贸易港海口国家高新技术产业开发区条例》《中国（海南）自由贸易试验区商事登记管理条例》《海南自由贸易港免税购物失信惩戒若干规定》《中国（海南）自由贸易试验区重点园区极简审批条例》《海南自由贸易港海口江东新区条例》等
山东	《中国（山东）自由贸易试验区条例》《青岛市人民政府关于赋予中国（山东）自由贸易试验区青岛片区和中国—上海合作组织地方经贸合作示范区部分行政权力事项的决定》等
江苏	《中国（江苏）自由贸易试验区条例》
广西	《中国（广西）自由贸易试验区条例》
河北	《中国（河北）自由贸易试验区条例》
云南	《中国（云南）自由贸易试验区管理条例》
黑龙江	《中国（黑龙江）自由贸易试验区管理试行办法》
北京	《中国（北京）自由贸易试验区条例》
湖南	《中国（湖南）自由贸易试验区条例》《中国（湖南）自由贸易试验区管理办法（试行）》
安徽	《中国（安徽）自由贸易试验区条例》

第四节 本章小结

在百年未有之大变局的背景下，我国自贸试验区面临机遇与挑战并存的局面，化危为机，方能彰显自贸试验区的使命和担当。我国经济进入新常态，亟须培育新动能、形成新动力，自贸试验区可以成为重要载体。国家对自贸试验区提出了一系列发展要求，其既体现了自贸试验区不同于其他国家级功能区的特点，更是自贸试验区保持旺盛生命力的关键所在。在巨变的现实与强大的要求之间，加快推进实施自贸试验区提升战略，需要以制度集成创新为驱动力，实施升级（即自贸试验区升级为自由贸易港）、扩容（即自贸试验区的数量进一步增加）、扩区（即现有自贸试验区增加新片区）、扩围（即设立自贸试验区拓展区域、联动创新区或协同改革先行区等）四大工程（见图2-1）。自贸试验区只有审时度势、处变不惊，通过深入推进转型升级、扩容扩区扩围、开放创新等一系列措施，提升对外开放和制度创新的系统性、集成性、精准性和协同性，为国家试制度，形成更高级别的升级版本，才能有效联通国内国际两个市场、两种资源，更好服务多双边自由贸易区谈判。

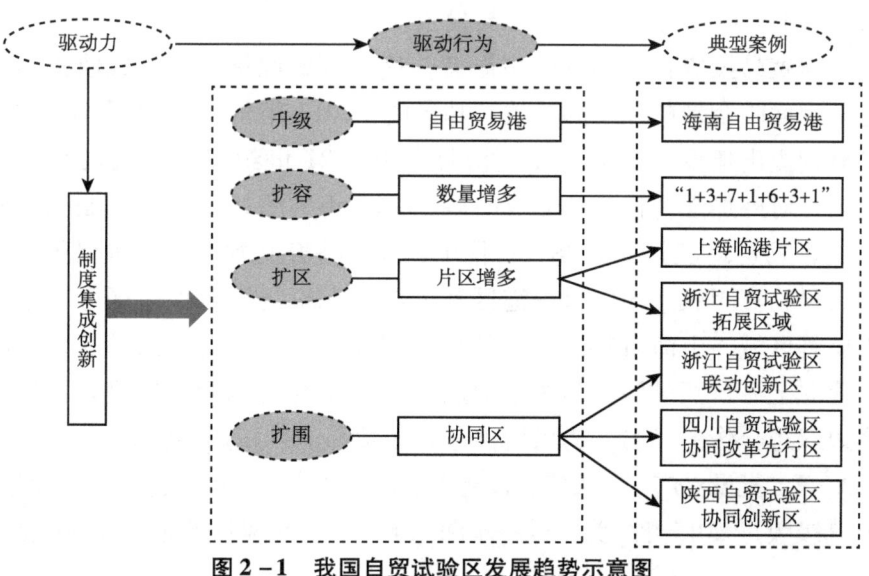

图2-1 我国自贸试验区发展趋势示意图

第三章

我国自贸试验区的区位分布和未来布局

第一节 自贸试验区的区位分布

一、自贸试验区的区位分布

(一) 发展轨迹

1. 第一批设立上海自贸试验区：开启沿海布点试验（1.0 版本）。自 2008 年全球金融危机和 2011 年欧债危机爆发后，全球经济进入深度转型调整期，世界经济复苏步履蹒跚。为此，发达国家试图通过跨太平洋伙伴关系协定（TPP）和跨大西洋贸易与投资伙伴协议（TTIP）等谈判，形成新一轮全球贸易投资自由规则的主导者，这些区域性集团的形成使我国在国际竞争中面临全新的障碍和挑战。基于此，2013 年 9 月和 10 月国家主席习近平分别提出建设"丝绸之路经济带"和"21 世纪海上丝绸之路"的合作倡议，对外加强合作意愿非常明显。2013 年 9 月 29 日，上海自贸试验区正式挂牌成立，划定面积 28.78 平方公里，涵盖上海市外高桥保税区、外高桥保税物流园区、洋山保税港区和上海浦东机场综合保税区等 4 个海关特殊监管区域。上海自贸试验区的设立，标志着我国自贸试验区建设的开启。建立上海自贸试验区是为了对新的国际贸易规则和标准进行试验，积累多边双边合作的经验，为以后推进区域贸易谈判积累经验。

2. 第二批设立广东、天津、福建 3 个自贸试验区：开启沿海由点到线试验（1.0 升级版）。2015 年，为了进一步深化上海自贸试验区改革开放的试点，同时为了与上海自贸试验区形成对比试验、互补试验①，党中央、国务院决定扩展上海自贸试验区的范围，并在广东、天津、福建新设3个自贸试验区。2015年4月，广东、天津、福建自贸试验区挂牌成立，上海自贸试验区扩展区域启动建设，我国沿海自贸试验区的探索和建设进入快速发展时期。

3. 第三批设立辽宁等7个自贸试验区：开启由沿海拓展到内地试验（2.0版本）。为了向全球展现我国四大区域全面对外开放的态度，2017年4月，辽宁、浙江、河南、湖北、重庆、四川、陕西等7个自贸试验区正式挂牌成立，覆盖东部、中部、西部和东北地区，在全国范围推进更高层次、更广泛领域实施改革试验，自贸试验区的体量和区域带动性大幅提升。

4. 第四批设立海南自贸试验区：开启全域建设自贸试验区的先河（3.0版本）。为了分步实施自由贸易港建设步伐，积累自贸试验区向自由贸易港升级的经验，2018年4月，党中央、国务院发布《关于支持海南全面深化改革开放的指导意见》，明确以现有自贸试验区试点内容为主体，结合海南特点，建设海南自贸试验区，实施范围为海南岛全岛。2018年10月，国务院批复同意设立中国（海南）自贸试验区，并印发《中国（海南）自贸试验区总体方案》。

5. 第五批设立广西等6个自贸试验区，开启由沿海、内地拓展到沿边的试验（2.0升级版）。2018年以来，中美贸易摩擦持续升级，从贸易领域延伸到产业领域和科技领域，中国面临严峻挑战。2019年8月，国务院批准新设山东、江苏、广西、河北、云南、黑龙江等6个自贸易试验区。在我国东部沿海省份基本实现自贸试验区全覆盖的情况下，第一次设立广西、黑龙江、云南等沿边自贸试验区，沿边自贸试验区重点发展跨境贸易、跨境物流、跨境金融等跨境经贸合作新模式，为全方位开放和改革试验做好准备。

6. 第六批设立海南自由贸易港并设立北京等3个自贸试验区：开启建设自由贸易港的深度开放试验（3.0升级版）。随着我国人口、资源、能源等要素红利的衰减以及对外开放程度的提高，我国产品受到了发达国家重振制造业生产的中高端产品和发展中国家承接国际产业转移形成的低成本的双重挑战，我国经济发展方式要从要素驱动向效率驱动、创新驱动转变，

---

① 王哲. "一带一路"战略中的自贸区机遇［J］. 中国报道，2015（5）：16－19.

经济发展要从规模扩张向提质增效转变,不断推进对外开放,深化体制改革和优化升级经济结构。基于此,习近平总书记提出构建新发展格局,而自贸试验区(自由贸易港)成为有效的支撑。2020年6月,中共中央、国务院正式公布《海南自由贸易港建设总体方案》,明确海南自由贸易港的实施范围为海南岛全岛,成为我国内地第一个自由贸易港,具有中国特色的自由贸易港启动建设。2020年9月,国务院批复设立北京、湖南、安徽等3个自贸试验区,浙江自贸试验区扩展区域也获得批复,标志着我国东部地区实现自贸试验区的全覆盖、中部地区基本实现自贸试验区的全覆盖。

7. 第七批设立新疆自贸试验区:开启自贸试验区提升战略(4.0版本)。2023年10月,国务院印发《中国(新疆)自由贸易试验区总体方案》,标志着国家将扩大自贸试验区数量作为加快实施自贸试验区提升战略的重要手段。

由此可知,我国自贸试验区经历了由点到线、由线再扩展到面的发展历程,即从东部地区开放到西部地区开放,从沿海地区到内陆地区再到沿边地区的纵深推进态势(即由上海试点→沿海布局→腹地推进→沿边拓展),逐步形成由南到北、由东至西、由沿海向内陆再转向沿海—内陆—沿边全面布局的自贸试验区发展框架(见表3-1)。随着试点布局的不断优化、试点任务的不断深化、试点领域的不断拓展,自贸试验区建设的质量和水平不断提升,改革开放的试验田作用也日益凸显,对我国构建"陆海内外联动、东西双向互济"的开放发展新格局,具有十分重要的意义。

表3-1　　　　　　　我国自贸试验区设立的基本情况

时间	批次	获批自贸试验区
2013年	第一批(1个)	上海自贸试验区
2015年	第二批(3个)	广东自贸试验区、福建自贸试验区、天津自贸试验区
2017年	第三批(7个)	上海自贸试验区扩区、辽宁自贸试验区、河南自贸试验区、浙江自贸试验区、湖北自贸试验区、重庆自贸试验区、四川自贸试验区、陕西自贸试验区
2018年	第四批(1个)	海南自贸试验区
2019年	第五批(6个)	上海自贸试验区临港新片区、山东自贸试验区、江苏自贸试验区、广西自贸试验区、河北自贸试验区、云南自贸试验区、黑龙江自贸试验区
2020年	第六批(3个)	海南自由贸易港、浙江自贸试验区拓展区域、北京自贸试验区、湖南自贸试验区、安徽自贸试验区
2023年	第七批(1个)	新疆自贸试验区

(二) 区位分布

1. 区域分布差异明显。从全国四大经济区域来看，东部地区（共 10 个省级行政区）有 10 个自贸试验区，中部地区（6 个省级行政区）有 4 个，西部地区（12 个省级行政区）有 6 个，东北地区（3 个省级行政区）有 2 个，东部地区省级行政区实现自贸试验区的全覆盖，中部地区、东北地区省级行政区实现基本覆盖，而西部地区省级行政区自贸试验区的数量比较少（见表 3-2）。从沿海、内陆和沿边地区来看，沿海地区有 11 个自贸试验区，内陆地区有 7 个，沿边地区有 4 个，沿海地区实现自贸试验区的全覆盖，内陆地区基本实现全覆盖，沿边地区才刚刚起步（见表 3-3）。

表 3-2　　　　　　　　我国四大地区自贸试验区对比情况

分布	要求	发展前景与问题
东部地区	吸引外资、经济带动	东部沿海地区各省级行政区均设有自贸试验区，然而由于空间有限，需要进行进一步扩容和升级
中部地区	人口迁徙、城镇化	中部地区已经有河南、湖北等 4 个自贸试验区，不足以支撑中部崛起和区域协调发展战略的深入实施
西部地区	边境安全、生态保护	西部地区包含省级行政区最多，设立自贸试验区有 6 个，跨境物流、跨境金融、跨境贸易、跨境旅游等发展前景广阔，但西部沿边地区已有的自贸试验区不足以支撑新时代西部大开发和西部陆海新通道建设
东北地区	产业振兴、边境安全	东北地区有辽宁、黑龙江 2 个自贸试验区，产业转型升级成为重要任务

表 3-3　　　　　　　　我国自贸试验区空间分布特点

地区	自贸试验区	运输方式便利性	国际市场覆盖范围	国内腹地
沿海地区	辽宁、天津、上海、河北、山东、江苏、浙江、福建、广东、广西、海南自贸试验区	优良的海港、便捷的出海通道和海洋运输条件	面向全方位的全球开放合作，区域合作范围相对较广，涵盖"一带一路"共建国家和其他国家或地区，但"海上丝绸之路"合作伙伴是其重点开放合作对象	全国

续表

地区	自贸试验区	运输方式便利性	国际市场覆盖范围	国内腹地
内陆地区	河南、四川、陕西、重庆、湖南、湖北、安徽自贸试验区	自身陆港与沿海沿边地区海港和边境口岸,依托内陆无水港、空港等综合交通优势	以向西开放为重点方向,对外开放合作对象是丝绸之路经济带合作伙伴	中西部地区
沿边地区	广西、云南、黑龙江、新疆自贸试验区	依托与周边国家毗邻、分布众多口岸和通往国际便捷的陆路大通道的地缘优势	以向西开放为重点方向,对外开放合作对象是丝绸之路经济带合作伙伴。广西自贸试验区对外开放合作的重点对象是东南亚国家;云南自贸试验区对外开放合作的重点对象是南亚和东南亚国家;黑龙江自贸试验区对外开放合作的重点对象是俄罗斯和东北亚国家;新疆自贸试验区对外开放合作的重点对象是中亚国家	中西部地区

资料来源:张鑫,杨兰品.沿海、内陆、沿边自贸试验区开放优势特色与协同开放研究[J].经济体制改革,2021(3):59–64.

2. 分布指向特征明显。根据运输方式便利性、国际市场发展对象、国内腹地覆盖范围等因素,自贸试验区分布的指向特征非常显著。一是沿长江经济带(共11个省级行政区)分布有9个自贸试验区(上海、湖北、重庆、四川、浙江、云南、湖南、安徽、江苏等自贸试验区),江西、贵州两省暂无自贸试验区。二是沿"一带一路"国内省级行政区分布有12个自贸试验区(陕西、黑龙江、辽宁、广西、云南、上海、福建、浙江、广东、海南、重庆、新疆等自贸试验区),自贸试验区成为我国推动"一带一路"建设的重要抓手。三是沿两纵两横经济带(陇海铁路、京九铁路、京广铁路、沿江铁路)分布有14个自贸试验区(江苏、安徽、河南、陕西、北京、河北、湖北、湖南、广东、天津、山东、河南、重庆、四川等自贸试验区)。分析自贸试验区的交通区位特征可以看出,空港、水港和铁路港对自贸试验区的发展起着重要的引领作用。水港和铁路港(普铁)主要是针对物流,铁路港(高铁)主要是服务人流,空港则两者兼而有之,各自贸试验区片区因交通区位不同而其侧重点也有所不同。交通枢纽为货物的进出和中转提供有效支撑,直接带动货物贸易的发展,同时为服务贸易所需的高端人才提供便捷的出行条件,促进服务贸易的积极发展,交通便利性成为自贸试验区布局的重要因素。

二、自贸试验区片区的区位分布

我国对自贸试验区主要采取分片区的方式,在对自贸试验区分布的基础上对各片区的分布进行分析,显得尤为必要。通过对22个自贸试验区片区的分布情况进行分析,发现具有一系列特征。一是依托综合保税区、保税港区、保税物流园区、保税物流中心等功能区建立自贸试验区片区,22个自贸试验区的片区中,有50余个片区是在各类保税功能区载体上进行建设(如上海自贸试验区上海市外高桥保税区、广东自贸试验区深圳前海蛇口片区、广西自贸试验区南宁片区等),充分体现了自贸试验区是综合保税区的升级版。二是依托出口加工区、高新区、经开区、工业园区等开发区建立自贸试验区片区(如上海自贸试验区扩区、福建自贸试验区福州片区等),22个自贸试验区的片区中,有近10个是在开发区上进行建设,尤其是依托出口加工区的态势十分明显,其按照"境内关外"的思路,享受减免各种地方征税的优惠,其与在各类保税功能区上设立自贸试验区是同一思路。三是依托城市中央商务区建立自贸试验区片区(如江苏自贸试验区南京片区、山东自贸试验区济南片区等),这主要是考虑提高吸引外资企业(尤其是知名总部企业)的需要,通过各类外向型企业的集聚来实现规模经济和集聚经济,从而促进自贸试验区片区的高质量发展。四是依托国家级新区建立自贸试验区片区(如广东自贸试验区广州南沙新区片区和珠海横琴新区片区、四川自贸试验区成都天府新区片区等),这说明两者在产业发展方向方面具有一定的相似性。此外,还有一个显著的特征,即自贸试验区所在省级行政区都在省会城市设立了自贸试验区片区,这在一定程度上体现了其所具有的政治属性。

表3-4 我国自贸试验区片区分布情况

自贸试验区	自贸试验区片区
上海自贸试验区	上海外高桥保税区、外高桥保税物流园区、洋山保税港区和上海浦东机场综合保税区等4个海关特殊监管区域;上海自贸试验区扩区(包括陆家嘴金融片区、金桥开发片区、张江高科技片区);上海临港新片区
广东自贸试验区	广州南沙新区片区(含广州南沙保税港区)、深圳前海蛇口片区(含深圳前海湾保税港区)、珠海横琴新区片区
福建自贸试验区	平潭片区、厦门片区(含象屿保税区、象屿保税物流园区、厦门海沧保税港区)、福州片区(含福州保税区、福州出口加工区、福州保税港区)
天津自贸试验区	天津港片区(含东疆保税港区)、天津机场片区(含天津港保税区空港部分、滨海新区综合保税区)、滨海新区中心商务片区(含天津港保税区海港部分和保税物流园区)
辽宁自贸试验区	大连片区(含大连保税区、大连出口加工区、大连大窑湾保税港区)、沈阳片区、营口片区
河南自贸试验区	郑州片区(含河南郑州出口加工区A区、河南保税物流中心)、开封片区、洛阳片区
浙江自贸试验区	舟山离岛片区(含舟山港综合保税区区块二)、舟山岛北部片区(含舟山港综合保税区区块一)、舟山岛南部片区;浙江自贸试验区拓展区域(涵盖宁波片区、杭州片区、金义片区)
湖北自贸试验区	武汉片区(含武汉东湖综合保税区)、襄阳片区(含襄阳保税物流中心)、宜昌片区
重庆自贸试验区	两江片区(含重庆两路寸滩保税港区)、西永片区(含重庆西永综合保税区、重庆铁路保税物流中心)、果园港片区
四川自贸试验区	成都天府新区片区(含成都高新综合保税区区块四[双流园区]、成都空港保税物流中心)、成都青白江铁路港片区(含成都铁路保税物流中心)、川南临港片区(含泸州港保税物流中心)

续表

自贸试验区	自贸试验区片区
陕西自贸试验区	中心片区（含陕西西安出口加工区A区和B区、西安高新综合保税区、陕西西咸保税物流中心）、西安国际港务区片区（含西安综合保税区）、杨凌示范区片区
海南自贸试验区（海南自由贸易港）	海南岛全岛
山东自贸试验区	济南片区、青岛片区（含青岛前湾保税港区、青岛西海岸综合保税区）、烟台片区（含烟台保税港区区块二）
江苏自贸试验区	南京片区、苏州片区（含苏州工业园区综合保税区）、连云港片区（含连云港综合保税区）
广西自贸试验区	南宁片区（含南宁综合保税区）、钦州港片区（含钦州保税港区）、崇左片区（含凭祥综合保税区）
河北自贸试验区	雄安片区、正定片区（含石家庄综合保税区）、曹妃甸片区（含曹妃甸综合保税区）、大兴机场片区
云南自贸试验区	昆明片区（含昆明综合保税区）、红河片区、德宏片区
黑龙江自贸试验区	哈尔滨片区、黑河片区、绥芬河片区（含绥芬河综合保税区）
北京自贸试验区	科技创新片区、国际商务服务片区（含北京天竺综合保税区）、高端产业片区
湖南自贸试验区	长沙片区（含长沙黄花综合保税区）、岳阳片区（含岳阳城陵矶综合保税区）、郴州片区（含郴州综合保税区）
安徽自贸试验区	合肥片区（含合肥经济技术开发区综合保税区）、芜湖片区（含芜湖综合保税区）、蚌埠片区
新疆自贸试验区	乌鲁木齐片区（含乌鲁木齐综合保税区）、喀什片区（含喀什综合保税区）、霍尔果斯片区（含霍尔果斯综合保税区）

资料来源：各自贸试验区总体方案。

第二节 自贸试验区区位选择的驱动力

具有中国特色的自贸试验区既体现了国家层面应对外部冲击的政治考量，又体现了推进高水平对外开放的经济考虑，自贸试验区是内因和外因综合作用的产物，更是我国全面融入全球化的必然选择。自贸试验区的区位选择是多元主体利益博弈和协调均衡的结果，主要影响因素有产业基础、交通条件、市场功能、区位优势、资源禀赋、社会文化和外向型经济发展水平[1][2][3]。多重因素驱使我国自贸试验区在数量（从无到有、从1个到22个）、范围（扩区、新片区）和能级（从自贸试验区到自由贸易港）等方面不断取得新的突破。

一、政治考量

（一）全球层面

国际环境持续复杂多变。21世纪以来，中美战略博弈深度演化，随着世界权力结构的演变和单边主义的兴起，不确定因素持续增多，全球化在曲折中前行，国家竞争格局正在深刻改变，国际政治处于大重塑、大调整，全球治理体系面临严峻挑战。国际贸易保护主义、单边主义、民粹主义等逆全球化暗流涌动，贸易摩擦下全球经济体增长出现分化。自贸试验区的设立及其数量的扩大充分向全球展示了我国扩大开放、深入推进全球化的坚强意志，这也赢得了致力于互利合作、互贸共赢的广大国家的赞誉。从对外开放视角来看，"一带一路"倡议是新时代改革开放的重要组成部分，自贸试验区作为"一带一路"倡议的支点，有效推进了与"一带一路"共建国家间的政治沟通、经济往来、文化交流等，通过制度融通化解"一带

---

[1] 孟广文，王洪玲，杨爽. 天津自由贸易试验区发展演化动力机制 [J]. 地理学报. 2015（10）：1552-1565.
[2] 殷为华，杨荣，杨慧. 美国自由贸易区的实践特点透析及借鉴 [J]. 世界地理研究，2016（2）：30-39.
[3] 白仲林，孙艳华，未哲. 自贸区设立政策的经济效应评价和区位选择研究 [J]. 国际经贸探索，2020（8）：4-22.

一路"倡议实施过程中的民族歧见、消减贸易摩擦、打破文化壁垒并且扫清诸多制度障碍,强有力地提高我国在国际政治经济事务和规则制定中的影响力与话语权。

（二）国家层面

出于对百年未有之大变局的判断,国家需要作出重大回应,设立自贸试验区成为主动融入全球经济治理新格局、对接国际贸易投资新规则的重大战略举措。中央层面,我国地域范围广、区域差异大、情况复杂,不可能让一个自贸试验区承担所有的试验任务,需要选择和新增不同的地区进行差异化探索①。作为推动自贸试验区的主体部门,商务部有自身的使命和担当,其在推进自贸试验区设立时是基于对全球发展大局的考量,并结合全国各省（区、市）对外贸易的总体情况,采取先沿海地区、再中部地区、最后沿边地区的方式设立自贸试验区。一是充分展示国家在初期阶段具有区域倾向性的战略谋划,中期阶段具有普惠性的战术决策,后期阶段具有全局性的政治考量,这也是我国自贸试验区发展轨迹非常明显的原因。中央在选择自贸试验区试点时并不依赖单个条件,而是综合考量地理位置、产业发展水平、对外开放水平、生产要素、市场规模、区域中心度等多个因素,中央在选择内陆自贸试验区试点时更着重产业基础、市场潜力和区域经济的辐射能力②。二是在确定了在哪个省级行政区设立自贸试验区后,商务部会与所在省级行政区的政府部门进行充分的协商,就自贸试验区片区选址进行充分沟通论证,国家层面与地方层面建立了高效的协同机制。三是采取自上而下的方式,赋予相关省（区、市）自贸试验区这个国家级战略平台,调动地方改革创新的积极性。地方政府可以创造性地用足用活中央赋予的有关自贸试验区与自由贸易港改革与开放权限,在内外两个市场无缝对接上探索新的路子和措施③,这也是我国自贸试验区数量增加、范围扩大以及向自由贸易港升级的重要原因。不难得知,在自贸试验区建

---

① 武义青,刘海云,李清.中国自贸试验区的实践与探索[M].北京:经济日报出版社,2021.
② 熊芳,郑慧娟,林学军.我国内陆自贸试验区试点的区位选择——基于 fs QCA 方法的分析[J].学术探索,2023（2）:102-110.
③ 赵伟.国家战略视阈的自贸港、自贸区着力点与地方政府选择[J].云南社会科学,2023（5）:74-82.

设发展的过程中，政治因素与经济因素具有一致性的作用。

（三）地方层面

国家级战略平台在集聚各类生产要素方面的作用十分突出，其对于地方政府具有强大的吸引力，许多省区市热衷于申报或创建国家级战略平台。由于各省（区、市）处于不同的发展阶段、面临不同的发展问题，其他地区成功的经验不一定能在本地发挥作用，各地都希望拥有自贸试验区这一开放创新载体，探索适合自己的创新发展道路①。对于省级政府而言，某个省级行政区得到国家层面批复设立自贸试验区，意味着国家层面在政策措施方面会予以大力支持（尤其是先行先试政策），向外展示本地的发展潜力。对于省级行政区内相关政府部门而言（尤其是商务部门），获批自贸试验区就意味着政绩的增加，其后通过不断的努力，还会提供源源不断的政绩加分。此外，体制机制形成的竞争优势最全面、最稳定、最持久，但是体制机制的差距也是造成地区之间开放水平差距的重要原因，探索和完善与地区开放特点相适应的开放新机制，破解制约地区开放的体制障碍，是构建开放型经济体制的必然要求，也是以开放促改革战略思路的重要体现②。作为不同于其他国家战略平台的自贸试验区，其在破解机制体制障碍方面的作用非常明显，这对于内在潜能已经充分挖掘而只能依靠制度改革创新才能获得新动能的地方政府而言，所产生的吸引力不可小觑。

二、经济考虑

（一）应对国际经贸环境变化的需要

自贸试验区是在我国构建开放型经济、对接国际投资贸易规则、融入全球新格局的外在压力背景下产生③。在国际经贸规则加速重构的背景下，我国提出自贸试验区战略，是在对国际经贸形势的深刻研判下，积极主动

---

① 武义青，刘海云，李清. 中国自贸试验区的实践与探索 [M]. 北京：经济日报出版社，2021.
② 杜国臣，徐哲潇，尹政平. 我国自贸试验区建设的总体态势及未来重点发展方向 [J]. 经济纵横，2020（2）：73-80.
③ 陆剑宝. 中国自由贸易试验区制度创新体系理论与实践 [M]. 广州：中山大学出版社，2018：27.

应对新形势、新挑战、新风险的重大举措，是我国参与国际经贸体系重构、积极参与全球治理的重大战略布局①②。随着我国深度参与国际经济分工，原有经济体制的缺陷不断凸显，急需进行改革创新，建立与国际贸易规则相适应的制度体系，加快融入新时代经济全球化治理当中，而自贸试验区成为探索路径的尖兵。与此同时，随着我国对外贸易广度的拓展和经济地位的提高，美元体系对我国经济的束缚力越来越大，成为我国经济发展的不稳定因素之一，推动人民币国际化，才能逐步消除美元霸主地位带来的不利影响，自贸试验区承担着推进人民币国际化的重要功能。

（二）适应经济增长动力转变的需要

2013年以来，我国经济增长速度持续下降，这里面既有周期性因素，又有结构性因素。从经济增长驱动力来看，过去靠要素投入拉动的增长模式已经不可持续，资本红利、人口红利、资源红利释放即将殆尽，急需寻找新的增长动力，这就需要通过建立自贸试验区来深化改革，消除制约经济发展的体制机制障碍，营造良好的营商环境，从制度上保障各类市场主体能够获得公平参与市场竞争的机会，激发市场主体的活力，向改革要"红利"。基于培育面向全球的竞争新优势、构建与各国合作发展的新平台和拓展经济增长的新空间，自贸试验区应运而生并不断发展壮大。我国自贸试验区将培育产业集群作为适应经济增长动力转变的重要手段，积极推动优势产业集聚发展，例如，上海自贸试验区的集成电路、广东自贸试验区的现代金融、天津自贸试验区的融资租赁、福建自贸试验区的航空维修、浙江自贸试验区的油气产业、江苏自贸试验区的生物医药、湖南自贸试验区的工程机械等，这些优势产业集群充分体现了自贸试验区推动经济增长动力转变的强大功能。

---

① 刘益星，李清. 双循环经济下中国（河北）自贸试验区发展策略研究 [J]. 对外经贸实务，2022（6）：74 – 79.
② 王旭阳，肖金成，张燕燕. 我国自贸试验区发展态势、制约因素与未来展望 [J]. 改革，2020（3）：126 – 139.

(三) 受经济基础与发展需求的驱使

经济基础是指经济发展规模是否支持自贸试验区的设立。如果一个城市的产业领先发展，那么该城市就有了雄厚的经济积累，能够应对对外开放所带来的冲击，在自贸试验区发展的过程中也有较强的抗风险及解决困难的能力。发展需求是指设立自贸试验区的需求，即是否有必要设立自贸试验区。一个城市持续发展与永葆活力的关键在于不断探索新的发展模式，而对外开放、制度创新是转型升级的重要方式，设立自贸试验区是这类城市探索的主要路径。自贸试验区满足经济发达地区的发展需求，经济发达地区为自贸试验区提供发展的基础。我国自贸试验区的发展历程充分体现了经济基础决定上层建筑、发展需求驱动制度设计，这也是具有中国特色社会主义市场经济的生动体现。

(四) 促进区域经济协调发展的需要

目前，自贸试验区涵盖了东部、中部、西部、东北四大板块，沿海、内陆、沿边省级行政区统筹兼顾，自贸试验区的试点与其选址是一种互惠互利的关系。同时，自贸试验区的设立综合考虑了区域平衡发展，实现了与国家区域发展战略的有机衔接。建设内陆与沿边自贸试验区对我国探索内陆地区管理体制机制转变、促进沿海与内地经济协调发展具有重要的意义[1]。通过交通互联、信息互通等方式，打破物理空间界限形成的自贸试验区体系，将助推国内东北振兴、中部崛起、西部大开发等区域协同发展新格局的形成，从而扭转以往渐进式改革开放带来的区域发展不平衡、"市场失灵"、资源错配、价格扭曲以及收入分配不均、社会福利损失等积弊[2]。自贸试验区的区位选择是以区域协调为先导，协调好自贸试验区与其他片区、园区和城区的关系。大部分省级行政区的自贸试验区均包含三个片区以及不同的战略定位与功能划分，这既是对国家战略的积极响应，

---

[1] 孙久文，唐泽地. 我国内陆沿边地区建设自贸区的路径探讨[J]. 上海经济研究，2016 (10)：100-107, 115.

[2] 杨陈静，刘航. 自贸区协同发展的研究综述[J]. 四川行政学院学报，2019 (2)：89-98.

也是各自贸试验区形成自身特色的重要抓手。而从自贸试验区的区位来看，其周边通常分布着各具特色的产业园区，这些园区也是自贸试验区赖以发展区域特色产业的重要基础。总之，自贸试验区的区位选择满足了国家区域经济协调发展的战略需求（见图3–1）。

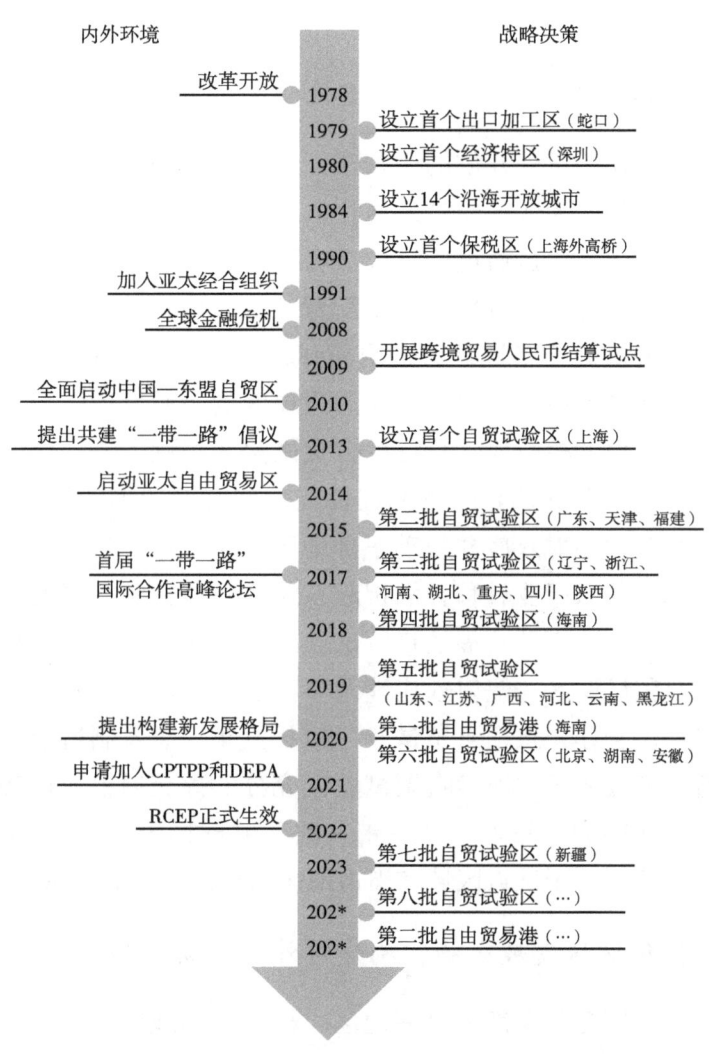

图3–1　我国自贸试验区发展的背景及其演进历程

第三节　自贸试验区区位选择的意义价值

一、内在意义

（一）发挥辐射带动作用，促进区域经济发展

自贸试验区作为对外开放的桥头堡，是一种新的发展尝试，通过制度创新释放制度红利，为区域经济发展注入活力，并极大地带动周边区域的发展。自贸试验区不再是通过优惠政策吸引外资的特殊区域，而是通过制度和体制创新来优化各种资源和要素配置，从而达到结构升级、经济发展方式转型的目的。处于不同地区的自贸试验区通过差异化、特色化发展，形成以自贸试验区为中心、辐射带动周边地区的区域发展格局。辐射功能是自贸试验区建设的核心要义，各批自贸试验区被赋予差异化的辐射效应任务。例如，上海自贸试验区将促进长三角城市群的创新要素自由流动，对长三角地区产生辐射效应并带动东部地区和长江经济带发展；天津自贸试验区积极承接北京产业转移，承担起京津冀一体化的协同发展战略，推动要素在京津冀合理流动；福建自贸试验区的辐射效应集中在台湾和大陆地区；广东自贸试验区的辐射效应涉及粤港澳大湾区，有利于粤港澳三地经济进一步深化合作；陕西自贸试验区依托汽车、装备制造业，与欧俄韩建设国际合作产业园区；河南自贸试验区充分发挥交通枢纽优势，开通中欧班列，极大地促进了我国与"一带一路"共建国家的互联互通。因此，自贸试验区的建设对于试点区域和周边地区的经济发展具有重要的意义[①]。

（二）优化区域发展布局，构建对外开放新格局

自贸试验区覆盖了全部的沿海地区、部分内陆地区和沿边地区，形成了陆海统筹、内外联动的对外开放格局。由于我国各个自贸试验区的区位

[①] 韩振国，朱洪宇. 自由贸易试验区：制度优势或政策陷阱——基于夜间灯光数据的时空分析[J]. 经济学家，2022（4）：89-98.

条件不同,经济基础和发展优势存在巨大的差异,通过充分发挥制度创新和地缘优势,因地制宜地推动差异化发展,可以进一步优化全国区域经济发展格局。建设自贸试验区不仅有利于货物和服务出口,也有利于刺激国内对于进口商品和服务消费,吸引外资进驻。自贸试验区设立以来,其在使用外资方面所发挥的作用越来越大,占全国总额的比重由2016年的10.8%增长到2022年的18.1%,期间增长7.3个百分点,基本保持增长的态势(见图3-2)。由此可知。相比国内其他地区,自贸试验区更具发展优势,更具集聚高端要素的能力和抵御风险的能力,是对接国际经贸规则、构建开放型经济新体制、参与全球经济治理制度制定的重要平台,更是对内呼应区域发展战略、对外承接共建"一带一路"倡议的重要平台①。

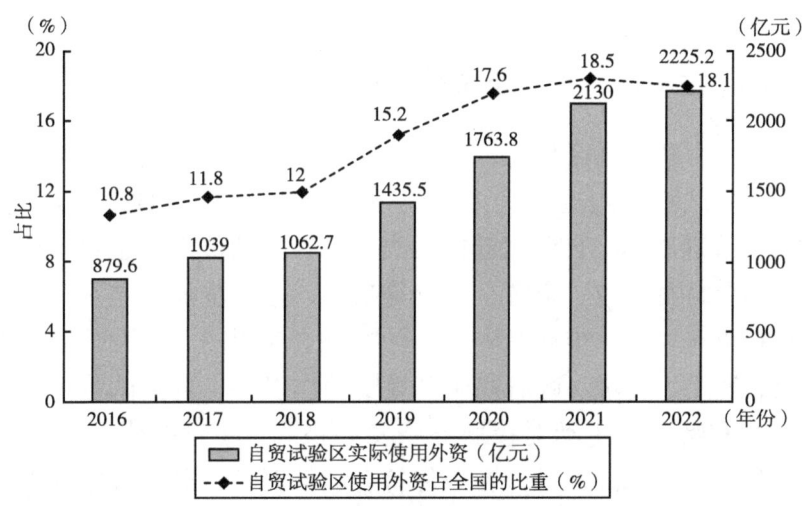

图3-2 我国自贸试验区实际使用外资情况(2016—2022年)

注:相关数据来自历年《中国自由贸易试验区发展报告》。

(三)发挥重要节点作用,服务"一带一路"建设

"一带一路"共建国家多为发展中国家和新兴经济体,经济发展水平普遍较低,大多数企业不具备国际竞争力,我国自贸试验区相对于周边区

---

① 王旭阳,肖金成,张燕燕. 我国自贸试验区发展态势、制约因素与未来展望[J]. 改革,2020(3):126-139.

域具有明显的制度优势和良好的营商环境，可以吸引"一带一路"共建国家的企业进入自贸试验区开展投资贸易活动，帮助其获得我国巨大国内市场机会，同时也为自贸试验区内企业的发展带来合作机遇。与此同时，自贸试验区通过制度创新，可以突破"一带一路"倡议的制度障碍、贸易壁垒和文化隔膜，增进"一带一路"国际经贸合作，构筑"一带一路"倡议的重要支点。自贸试验区作为新时代对外开放高地，通过发挥地缘优势作用，成为衔接"一带一路"倡议自由贸易网络的最佳支点，对共建"一带一路"倡议自由贸易网络起到重要支撑作用。此外，"一带一路"倡议将各自贸试验区串联成线，形成对外开放的整体合力，可以进一步提升自贸试验区的对外开放水平。

二、延伸价值

（一）挖掘特色，内在价值外在化

与国外自由贸易园区相比，我国自贸试验区有相同点也有不同点，相同点在于自贸试验区的选址大多都集中在沿海地区，同样实行"境内关外"的海关管理原理，自贸试验区种类繁多，其功能定位也并不单一。自贸试验区结合自身区位、资源、产业等条件，进一步加大差别化探索，更加主动地在重点领域、难点领域、痛点领域"大胆闯、大胆试、自主改"。除了投资、贸易、金融、政府职能等规定动作以外，自贸试验区可以根据各自的优势和特点，主动对接服务新发展格局，主动探索更多"自选动作"的先行先试。除此之外，在条件符合的情况下，通过有序推进自贸试验区扩区，提高自贸试验区承担探索任务的试验承载能力，克服已有的自贸试验区片区存在的狭小、分散、碎片化等问题，在一个整体连片的完整行政地域内探索系统集成创新，从而更好地发挥自贸试验区的辐射带动作用。

（二）创新制度，成果成效外部化

不同于欧美等国家设立自贸区之初的目的是促进经济发展，我国自贸试验区是以促进对外贸易、实现贸易和投资自由化为目的，以小范围的改革带动全国范围内的发展,这在世界上都是少有的①。自贸试验区制度创新的重点要从市场配置和循环的便利化向自由化升级,制度创新不能为创新而创新,而是要以制度创新和政策供给,加速建设具有国际竞争力的开放型产业体系和经济功能。自贸试验区要积极探索"双自联动(自贸试验区+自主创新示范区)"的升级版,以系统集成的制度创新和政策供给,促进核心产业的发展,解决"卡脖子"的核心关键环节,培育一批把关键核心技术牢牢掌握在自己手里的企业,占据新一轮国际竞争合作的制高点。自贸试验区进一步对接国家战略,以相互间的联动协同发展,成为构建新发展格局的核心增长极。

(三)承担使命,影响范围全球化

自贸试验区具备成为新发展格局重要连接点的天然优势,也承担着服务构建新发展格局的重要使命。自贸试验区成为"双循环"的重要连接点,在"双循环"产品市场、要素市场和服务市场集聚优势的基础上,进一步加强在"双循环"中的全球核心资源配置能力,进一步助力中国提升在全球产业链、供应链和价值链的中心节点地位,对标国际经贸最高规则,以制度型公共产品的供给来加快经验的复制推广,同时为积极参与并完善全球治理作出贡献②。

第四节 未来我国自贸试验区的布局建议

一、推动自贸试验区实现全覆盖

作为全面开放新格局、开放型世界经济的国内制度支撑和区域协同发展战略的着力点之一,自贸试验区不仅应有数量的合理追加,更要求其改革能有质的蝶变跃迁,为新一轮改革开放、区域协同发展与全球经济贸易

---

① 左诗. 中外自由贸易区的比较研究——兼论我国自由贸易区发展的政策建议 [J]. 商业时代, 2014 (29): 41-42.

② 尹晨. 双循环新发展格局下的自贸试验区发展 [J]. 新金融, 2020 (11): 11-14.

一体化等提供强大动能①。基于国家层面对设立自贸试验区存在政治考量、经济考虑等，尤其是进一步推进内陆和沿边地区改革开放的要求，2017—2020年，我国每年都设立有自贸试验区。截至2023年底，我国贵州、吉林、江西、甘肃、山西、内蒙古、宁夏、青海、西藏等9个省（区）尚未设立自贸试验区。建议按照分批次的原则，启动设立新的自贸试验区。先行启动设立贵州、吉林、江西、甘肃等自贸试验区的可行性研究，研究提出重点发展领域和制度创新的突破口，重点依托综合保税区、保税物流中心、国家级新区、跨境电商综试区等，建立自贸试验区片区（见表3-5）。通过进一步增加自贸试验区的数量，加快实现自贸试验区的全覆盖，充分展示我国进一步深化对外开放、加快融入全球化的态度，有效阻击正在发展的逆全球化态势。

表3-5　拟新设立自贸试验区的功能载体及其发展方向

省级行政区	自贸试验区功能载体与发展方向
贵州	依托贵阳综合保税区、贵安综合保税区、遵义综合保税区、中国（贵阳）跨境电商综合试验区、中国（遵义）跨境电商综合试验区以及国家大数据综合试验区、国家级贵安新区等国家级平台，建立贵州自贸试验区，大力发展先进装备制造、电子信息、现代金融、跨境电商以及数字经济、数字贸易等
吉林	依托长春兴隆综合保税区、珲春综合保税区以及长春新区、中韩（长春）国际合作示范区等国家级平台，建立吉林自贸试验区，大力发展金融服务、跨境电商、商贸流通、新一代信息技术等
江西	依托南昌综合保税区、赣州综合保税区、井冈山综合保税区、九江综合保税区以及南昌红谷滩新区等，建立江西自贸试验区，大力发展保税维修、跨境电商、现代金融、智慧物流、现代商贸等
甘肃	依托兰州新区综合保税区、甘肃（兰州）国际陆港保税物流中心、武威保税物流中心、甘肃天水保税物流中心以及国家级兰州新区、兰州临空经济示范区等，建立甘肃自贸试验区，大力发展先进装备制造、科技研发、生物医药、电子信息、国际贸易、跨境电商等
山西	依托太原武宿综合保税区、山西方略保税物流中心、山西兰花保税物流中心、大同国际陆港物流中心、中国（太原）跨境电商综合试验区，建立山西自贸试验区，大力发展保税加工、保税物流、保税服务、跨境电商、融资租赁、外汇结算等

---

① 杨陈静，刘航．自贸区协同发展的研究综述［J］．四川行政学院学报，2019（2）：89-98.

续表

省级行政区	自贸试验区功能载体与发展方向
内蒙古	依托满洲里综合保税区、呼和浩特综合保税区（出口加工区）、鄂尔多斯综合保税区、巴彦淖尔市保税物流中心、包头保税物流中心、赤峰保税物流中心、七苏木保税物流中心等，建立内蒙古自贸试验区，大力发展跨境物流、跨境加工、跨境贸易、跨境旅游、跨境金融、跨境电商等
宁夏	依托银川综合保税区、石嘴山保税物流中心等，建立宁夏自贸试验区，大力发展电子信息、生物医药、新能源、跨境电商、跨境贸易等
青海	依托西宁综合保税区、青海曹家堡保税物流中心等，建立青海自贸试验区，大力发展保税加工、销售服务、物流分拨、检测维修、研发设计等

注：西藏由于情况比较特殊，暂不纳入分析。

二、推动自贸试验区进行扩区

自贸试验区的物理空间有限，必须打破区域界限，把改革创新的经验、制度创新、政策红利等复制、推广和外溢到更广大的地区，对自贸试验区进行扩区势在必行。近年来，自贸试验区发展成效明显，但面临诸多挑战，自贸试验区之间、自贸试验区内部各片区之间发展不平衡、不协调，因此推动自贸试验区之间的协同开放发展，对于自贸试验区及周边地区，乃至全国都具有重要的意义[1]。依托自贸试验区先行先试的制度创新优势，许多自贸试验区进行了扩区的尝试并取得初步成效。对已有自贸试验区进行扩区的发展模式，不但打破了地域的局限，还让更多的创业者能够以最低的价格"拎包创业"。自贸试验区扩区有很强的溢出效应，对区域发展具有很强的带动效应。通过构建"自贸试验区片区＋联动发展区＋辐射带动区"三区一体的渐进式扩区模式，有助于自贸试验区的制度创新成果在更广范围被复制推广[2]。更为重要的是，自贸试验区扩区的尝试是自贸试验区改革成效的重要举措，为自贸试验区发展注入了新的活力。对自贸试验区扩区可以采取以下三条路径：一是采取小步走的方式，进一步推进沿海地区自贸试验区进行扩区，有效扩大自贸试验区的区域范围，近期可以重

---

[1] 李清，孙佳欣. 中国自贸试验区协同促进地区间发展分析 [J]. 商业经济，2022（6）：8–11.
[2] 李善民，符正平，李胜兰，等. 中国自由贸易试验区发展蓝皮书（2020—2021）[M]. 广州：中山大学出版社，2021.

点推进广东、福建等自贸试验区进行扩区，增设自贸试验区新片区；二是鉴于自贸试验区与其他国家级战略平台（如国家级新区、临空经济示范区等）在空间上存在部分重叠的现象，可以将其他国家级战略平台的范围纳入自贸试验区的范畴，有效避免存在的多头管理、职权不分等问题，如有的自贸试验区片区涵盖经济技术开发区或者高新技术产业开发区的部分区域，可以视情况将涉及的经济技术开发区或者高新技术产业开发区全域纳入自贸试验区的范围；三是采取大步走的方式，在自贸试验区已发展到比较高级的阶段，可以将部分对外开放程度非常高的城市行政区全域作为自贸试验区的范围，如将上海自贸试验区的范围拓展到上海市全域，为上海自贸试验区升级为上海自由贸易港创造更加有利的条件。

三、推动自由贸易港进行扩容

面对世界百年未有之大变局，特别是贸易保护主义逆势，习近平总书记强调要以更大力度谋划和推进自贸试验区的高质量发展。当前，我国正加快构建新发展格局，作为有效联通国内国际两个市场的关键节点，自贸试验区在促进自由贸易、扩大对外开放等方面发挥着不可替代的重要作用[①]。自贸试验区的建设是为了进一步扩大改革开放，实现经济高质量发展。自由贸易港是全世界开放水平最高的经济特殊功能区，探索建设自由贸易港是顺应经济全球化治理新格局、对标国际贸易投资新规则的重要举措。目前，我国内陆地区只有海南自由贸易港，海南也是最特殊的自贸试验区，面积最大且全境实行自贸试验区和自由贸易港政策。自由贸易港的探索建设作为高水平高质量建设自由贸易区的升级版，担负着通过形成更高层次开放水平，以实现我国经济高质量持续增长的重大历史使命[②]。自由贸易港的建设重点在于自由贸易、自由投资、自由人员进出、自由运输以及开放数据等，许多人对自由贸易港建设持有更多的期待，自由贸易港是我国经济对外开放的大势所趋，也是民心所向。在全国扩大自由贸易港的建设范围，分步骤选择有条件的自贸试验区升级为自由贸易港，探索建设一批沿海海港型自由贸易港和一批内

[①] 高峰. 推动自贸试验区高质量发展 扩大高水平对外开放[J]. 中国科技产业，2022（3）：9.
[②] 杜金岷. 开放蓝本——自由贸易试验区[M]. 重庆：重庆大学出版社，2018.

陆空港型自由贸易港①。分析现有自贸试验区的发展基础、经济发达地区优先试验、中央政府对各自贸试验区试点要求的异同等因素，在"十五五"时期可以新设立上海自由贸易港，重点围绕货物、资金、人员和数据四大要素的自由流动，开展制度创新和先行先试。与此同时，鼓励和支持贸易量大、背靠经济发达地区、区位优势明显并拥有保税港区的自贸试验区设立自由贸易港区，如天津自由贸易港区、宁波自由贸易港区、钦州港自由贸易港区等，形成与自由贸易港齐头并进的发展格局。

第五节　本章小结

在政治、经济等一系列因素的驱动下，具有中国特色的自贸试验区出现并不断增多，形成了东部地区省级行政区全覆盖、中部地区和东北地区省级行政区基本覆盖、西部地区省级行政区部分覆盖的局面，而自贸试验区片区主要依托综合保税区、出口加工区、高新技术产业开发区、经济技术开发区、工业园区、国家级新区以及省会城市中央商务区等功能区，空间分布也就具有特定的指向特征。自贸试验区所具有的空间分布指向是国家层面和地方层面相关部门综合权衡的产物，其兼具政治属性和经济属性。由于自贸试验区在推动改革开放、制度创新、要素集聚等方面所具有的强大功能，其内在的意义和延伸的价值驱使自贸试验区不断发展演变。突出我国自贸试验区在补齐产业链短板和提高国际竞争力方面的角色定位，并以集聚全球高端要素和提升创新能力为目标推进制度创新②。在我国加快构建新发展格局的背景下，未来自贸试验区在空间分布、涵盖范围、能级提升等方面将出现质的变化，具体体现为自贸试验区的数量不断增加、自贸试验区的范围不断拓展、新的自由贸易港的出现等。正是在这种不断发展变化中，自贸试验区（自由贸易港）持续保持旺盛的生命力。蓝图已经绘就，广西自贸试验区将在这场变革中展现生机与活力。

---

①　金锋. 中国自由贸易试验区发展研究报告（2022）[M]. 北京：经济管理出版社，2022.
②　于津平，方初. 经济全球化的新格局与中国自贸试验区的角色定位 [J]. 江海学刊，2020 (6)：81-87，254.

第四章

广西自贸试验区面临的总体环境和发展使命

截至 2023 年底,我国先后六批次共设立了 22 个自贸试验区,形成了东西南北中协调、陆海统筹的开放态势。2019 年 8 月,《国务院关于印发 6 个新设自由贸易试验区总体方案的通知》公布,《中国(广西)自由贸易试验区总体方案》正式进入实施阶段①,广西开启了自贸试验区建设的征程。广西自贸试验区是广西继中国—东盟博览会、北部湾经济区开放开发、中马"两国双园"、四大海关特殊监管区、沿边开放开发试验区、面向东盟的金融开放门户、中国—东盟信息港、西部陆海新通道等系列国家区域开放合作平台之后的又一国家战略平台。广西自贸试验区是国家赋予广西开放程度最高、改革自主权最大、牵引集成功能最强的开放平台,对于广西改革创新和开放发展,具有里程碑的意义。广西自贸试验区面临哪些机遇和挑战?承担哪些使命?试点试验什么?成功标准是什么?这些是广西自贸试验区建设发展必须回答的问题。

第一节 广西自贸试验区面临的发展机遇

一、高水平高质量对外开放对广西自贸试验区提出新要求

2019 年 11 月,习近平主席在第二届中国国际进口博览会开幕式主旨

---

① 《中国(广西)自由贸易试验区总体方案》在加快转变政府职能、深化投资领域改革、推动贸易转型升级、深化金融领域开放创新、推动创新驱动发展、构建面向东盟的国际陆海贸易新通道、形成"一带一路"有机衔接的重要门户等 7 个方面提出了 120 项主要任务和措施。

演讲提出，中国将继续鼓励自由贸易试验区大胆试、大胆闯，加快推进海南自由贸易港建设，打造开放新高地①。2020年11月，习近平主席在第三届中国国际进口博览会开幕式主旨演讲提出，中国将有效发挥自由贸易试验区、自由贸易港引领作用，出台跨境服务贸易负面清单，在数字经济、互联网等领域持续扩大开放，深入开展贸易和投资自由化便利化改革创新，推动建设更高水平开放型经济新体制②。2021年11月，习近平主席在第四届中国国际进口博览会开幕式上的主旨演讲提出，中国将在自由贸易试验区和海南自由贸易港做好高水平开放压力测试，出台自由贸易试验区跨境服务贸易负面清单③。从构建中国特色开放型经济体制的目标和要求出发，党中央决定通过自贸试验区来推进全面与国际高水平的开放规则相适应的制度体系建设。可以认为，高水平对外开放是"十四五"时期乃至21世纪中叶的一项重大决策，推进自贸试验区（自由贸易港）建设也就成为"十四五"时期乃至更长时间我国进一步稳定外贸、推动对外开放高质量发展的重要手段。自贸试验区成为我国对外开放的主要窗口和平台，在国家层面试验全新的对外开放方式与对外合作模式过程中，发挥着不可替代的作用。高水平对外开放赋予广西自贸试验区一系列新的使命和责任，具体表现为：一是广西自贸试验区需要进一步探索扩大对外开放的新方法和新途径，形成具有推广示范和借鉴价值的新模式，为更高水平对外开放发挥引领带动作用；二是广西自贸试验区需要在机制、体制和制度创新等方面进一步大胆尝试，破解制约高水平对外开放的桎梏，形成全国可复制可推广的经验；三是面对百年未有之大变局，国际经贸规则体系面临重构，国际体系在各种制度、体制、机制的不断蜕变中呈现新的面貌，广西自贸试验区需要在贸易和投资自由化便利化方面探索新道路；四是新一轮科技革命和产业革命孕育新动能，全球新一轮科技革命和产业革命步伐加快，互联网、物联网、云计算、大数据、人工智能、5G、区块链、生物科技等新技术层出不穷，在新的技术革新和产业变革作用下，新产业、新业态、新模式不断涌现，数字经济、智能经济、平台经济、共享经济、分享经济等新

---

① 习近平. 习近平谈治国理政：第3卷 [M]. 北京：外文出版社，2020：208-213.
② 习近平. 在第三届中国国际进口博览会开幕式上的主旨演讲 [N]. 人民日报，2020-11-05.
③ 习近平. 习近平谈治国理政：第4卷 [M]. 北京：外文出版社，2022：235-238.

经济模式广泛渗透并加速发展，广西自贸试验区需要在数字经济、互联网以及数据流动安全有序等方面探求与全球经贸规则对接的新机制，为我国进一步融入全球化提供更为便利的条件。

二、构建新发展格局为广西自贸试验区带来新契机

2020年5月，中共中央政治局常委会召开会议首次提出，构建国内国际双循环相互促进的新发展格局。基于对国际、国内发展环境的新变化，以习近平同志为核心的党中央提出了加快形成以国内大循环为主体、国内国际双循环相互促进的新发展格局（以下简称新发展格局），这是应对世界百年未有之大变局、实现中华民族伟大复兴的重大战略决策。2021年4月，习近平总书记在广西考察时也指出，广西要完整、准确、全面贯彻新发展理念，在服务和融入新发展格局上展现新作为，广西要融入共建"一带一路"，高水平共建西部陆海新通道，大力发展向海经济，促进中国—东盟开放合作，把独特的区位优势更好转化为开放发展优势。国内许多省区市进行了紧锣密鼓的战略谋划，根据各省（区、市）第十四个五年规划和2035年远景目标纲要的相关谋划，广东省提出"打造新发展格局的战略支点"，四川省提出"着力建强支撑国内大循环的经济腹地、畅通国内国际双循环的门户枢纽"，湖南省提出"打造国内大循环和国内国际双循环重要节点"，重庆市提出"打造联结国内国际双循环的战略枢纽"，云南省提出"推动成为强大国内市场与南亚东南亚国际市场之间的战略纽带、'大循环、双循环'的重要支撑"，《广西国民经济和社会发展第十四个五年规划和2035年远景目标纲要》提出"积极融入新发展格局，打造国内国际双循环重要节点枢纽"。《广西壮族自治区人民政府关于印发进一步深化中国（广西）自由贸易试验区改革开放方案的通知》明确提出"大力实施自由贸易试验区提升战略，将广西自贸试验区打造成服务国内国际双循环市场经营便利的核心区"。

国际市场是国内市场的延伸，国内大循环为国内国际双循环提供坚实基础。自贸试验区的制度创新与新发展格局的要求高度契合，核心都是促进循环，加强市场化的资源配置。从新发展格局的视角看，自贸试验区既

是推动我国高质量发展的试验田和有力抓手,又是我国参与国际大循环的开放桥头堡和重要窗口,在链接国内国际双循环的过程中,发挥着重要的关键枢纽作用。推动双循环必须坚持实施更大范围、更宽领域、更深层次对外开放,自贸试验区作为我国对外开放的重要载体,理所当然成为高质量构建新发展格局的主要平台,由此带来一系列发展契机,具体表现为:一是在构建新发展格局的过程中,广西自贸试验区具有位处国内、联通世界(尤其是东盟)的优势,其定位将是国内国际双循环市场经营便利地核心区,其地位和作用将上升,面临难得的发展机遇;二是构建新发展格局要求广西自贸试验区对标国际高水平经贸规则,探索以制度型开放为引领的开放型经济新体制,打造法治化、国际化、便利化的营商环境和制度体系,国家层面将进一步赋予广西自贸试验区更多的先行先试权限和支持政策措施,这对自贸试验区而言将是重大利好;三是构建新发展格局将为新时期广西自贸试验区的发展提供系统化的、最新的强大动力,促使自贸试验区加大制度创新的力度,以系统集成的制度创新和政策供给,加速建设具有国际竞争力的开放型产业体系和经济功能,这对广西自贸试验区本身的高质量发展而言意义重大。"十四五"乃至更长一段时期,广西应抓住国家推进全方位扩大对外开放的机遇,积极推动将广西自贸试验区等一系列国家级战略平台,打造成为国内与国际(尤其是东盟)资源和要素双方流动的核心节点,为国家构建新发展格局贡献"广西力量"。

三、中国—东盟自贸区升级版建设为广西自贸试验区提供有利的外部条件

30多年来,中国—东盟关系蓬勃发展,成为亚太区域最为成功、最具活力的合作典范,也是东亚地区繁荣发展的重要引擎。我国与东盟经贸往来不断增多、合作持续深化,中国—东盟命运共同体更为紧密。中国—东盟博览会和中国—东盟商务与投资峰会连续举办二十届,升级版建设正促使平台功能从服务"10+1"合作向服务RCEP和"一带一路"共建国家拓展。广西自贸试验区最有利的条件之一就是广西作为中国—东盟开放合作的前沿和门户,中国—东盟自由贸易区升级版建设将带来

更多潜在需求。

中国和东盟对话始于 1991 年，1996 年中国成为东盟的全面对话伙伴国，2010 年中国—东盟自由贸易区正式全面启动，是目前世界人口最多的自由贸易区，也是发展中国家间最大的自由贸易区。2021 年 11 月，我国在中国—东盟建立对话关系 30 周年纪念峰会上提出，要全面发挥《区域全面经济伙伴关系协定》的作用，启动中国—东盟自由贸易区 3.0 版建设。2022 年是中国东盟全面战略伙伴关系开局之年，双方经贸往来更加密切，东盟继续保持我国第一大贸易伙伴地位。海关总署数据显示，我国与东盟贸易总值达 6.52 万亿元，增长 15%，占我国外贸比重达到 15.5%，较 2021 年上升了 1%。其中，对东盟出口 3.79 万亿元，增长 21.7%；自东盟进口 2.73 万亿元，增长 6.8%。按美元计价，我国与东盟贸易总值达 9753.4 亿美元，增长 11.2%。其中，出口 5672.9 亿美元，增长 17.7%；进口 4080.5 亿美元，增长 3.3%。一是正在进行联合可研的中国—东盟自由贸易区 3.0 版建设将集中在贸易投资自由化便利化、数字经济、绿色经济、产业合作等方面①，中国—东盟自由贸易区升级版建设所积累的经验，将为广西自贸试验区开展建设提供动力。二是中国—东盟自由贸易区尚未解决的问题和困难（如双边和区域自由贸易协定冲突需要予以妥善处理；数字贸易所带来的跨境数据流动存在安全风险，跨境数据流动规制不统一），将为广西自贸试验区开展制度创新提供动力，并使广西自贸试验区成为名副其实推动中国—东盟自由贸易区建设先行先试的试验田。

四、全面融入次区域合作进一步激发广西自贸试验区发展潜力

世界经济处于深度调整期，次区域合作成为大部分国家的应选之策。2020 年 11 月，东盟 10 国和中国、日本、韩国、澳大利亚、新西兰共 15 个国家签署《区域全面经济伙伴关系协定》（RCEP），该协定于 2022 年 1 月 1 日正式生效。2021 年 9 月，我国正式申请加入《全面与进步跨太平洋伙伴关系协定》（CPTPP）。2021 年 10 月，在二十国集团领导人峰会上，我

---

① 李世泽. 在助推中国—东盟自由贸易区 3.0 版上聚焦发力 [EB/OL]. https：//www.ddgx.cn/show/59245.html，2022-09-18.

国决定申请加入《数字经济伙伴关系协定》（DEPA）。以上一系列动作充分表明我国深入参与次区域合作的态度和决心。

作为开放创新的重要载体，通过在国家层面试验全新的对外开放方式与对外合作模式，自贸试验区已经成为我国参与次区域合作的排头兵，其内在的潜力将不断得到释放，具体表现为：一是 RCEP、CPTPP 和 DEPA 有许多经贸规则（如 CPTPP 经贸规则就包括竞争中性、数据跨境流动、数字服务贸易跨境交付，还有政府采购，以及知识产权保护、投资争端、集体工资谈判等），这需要自贸试验区进行先行对接，了解其所带来的影响，自贸试验区在我国具有引领国际贸易新规则的功能，通过在货物贸易、服务贸易、投资等领域有序推进对接以及在原产地制度、海关程序、检验检疫等方面统一规则，其将获得国内其他园区无法匹敌的竞争优势；二是次区域合作将促使自贸试验区承担比其他园区更多的国家先行先试任务，实现区域层面自贸试验区向次区域层面自贸试验区的跨越，深入推进与"一带一路"共建国家的多层次、多领域合作；三是随着我国参与次区域合作的深度和广度的拓展，其将逐步由参与向主导转变，这种转变要求我国在推进与国际贸易规则对接的同时，推动制定公平、公正、合理的国际贸易新规，在全球普遍实施国际贸易投资新规则时，自贸试验区承担尝试引入国际贸易投资新规则的内容，通过进行压力测试，避免我国出现准备不足、无法实施等问题；四是广西依托对东盟国家的独特的区位、通道与人文优势，积极推动与东盟的经贸与产业合作，广西自贸试验区可成为重要的空间载体。RCEP 协定生效后，成员国对货物贸易关税减免作出承诺（见表 4-1），将显著提高 RCEP 区域货物贸易自由化水平，这将放大广西自贸试验区的区位优势，推动信息、产业、资金、人才等更多资源加速流动，有助于吸引更多高能级产业项目落地，进一步提升产业集群竞争力。但也要看到，RCEP 生效实施，广西面临东亚区域产业链供应链重构的大趋势以及越南等东盟国家加速成为 RCEP 制造业中心的格局变化，这对广西自贸试验区实现既定目标提出了更高的要求。广西自贸试验区不仅需要充分利用协定优惠政策，而且还需要加大改革创新的力度，进一步将对东盟合作的优势提升为对 RCEP 合作的优势，在更大范围、更高水平挖掘广西与 RCEP 成员经贸合作潜力。

表 4-1　　　　　RCEP 成员国相互间承诺关税情况

成员国	东盟	中国	日本	韩国	澳大利亚	新西兰
中国承诺	90.5%	—	86%	86%	90.5%	90%
日本承诺	88%	86%	—	81%	88%	88%
韩国承诺	90.7%	86%	83%	—	90.5%	90.6%
澳大利亚承诺	98.3%	98.3%	98.3%	98.3%	—	98.3%
新西兰承诺	98.3%	98.3%	98.3%	98.3%	98.3%	—
东盟承诺	整体达到 90%					

五、治理体系和治理能力现代化为广西自贸试验区带来新动力

2019 年 10 月，中国共产党第十九届中央委员会第四次全体会议通过的《中共中央关于坚持和完善中国特色社会主义制度推进国家治理体系和治理能力现代化若干重大问题的决定》明确提出："健全外商投资准入前国民待遇加负面清单管理制度，推动规则、规制、管理、标准等制度型开放。健全促进对外投资政策和服务体系。加快自由贸易试验区、自由贸易港等对外开放高地建设。推动建立国际宏观经济政策协调机制。"我国治理体系和治理能力建设将出现质的飞跃。我国推进国家治理体系和治理能力现代化为自贸试验区提供新的发展动力，具体表现为：一是自贸试验区的基本定位决定其在国家治理现代化中的特殊地位，自贸试验区承担培育、参与和引领国际经贸新秩序以及构建中国开放型经济新体制的重任，意味着国家治理体系中将更多地感知与回应国际社会的压力，更多地参与其他国家沟通交往，共同推动与完善全球治理结构的合理化；二是自贸试验区的基本目标与基本治理框架决定其在国家治理中的试验性质，自贸试验区在政府职能转化、市场自由化与社会合作等方面形成基本治理框架，而这些符合国际通行的治理规则在全国的复制推广，将有效带动全社会治理能力的现代化；三是国家治理体系和治理能力现代化对转换政府职能提出了更高的要求，意味着简政放权，实现全能政府向有限政府转变，这种转变在全国层面无法一蹴而就，但在自贸试验区内则可予以全面推进，探索一条适应我国国情的开放型经济新体制。

六、广西自贸试验区与其他国家战略叠加形成多层效应

目前,广西拥有西部陆海新通道、中国—东盟信息港、面向东盟的金融开放门户以及综合保税区(保税港区)、跨境电商综试区、南宁市国家加工贸易产业园等国家级平台。其中,西部陆海新通道重点是强化西部地区物流领域的合作,通过推进内外贸规则的一体化,将充分释放广西物流产业发展潜力;面向东盟的金融开放门户重点是加强与东盟国家金融领域的合作,广西逐步成为我国金融走向东盟、扩大金融影响力的重要枢纽,通过深化金融领域制度型开放,为区域现代金融业发展和金融对外开放提供发展机遇;中国—东盟信息港是推动国内与东盟在基础设施、信息共享、技术合作、经贸服务、人文交流等领域合作,可以推进构建面向东盟的数字贸易规则,为区域与产业数字化、数字产业化尤其是数字经济发展和信息对外开放注入新动力;南宁、崇左跨境电子商务综合试验区通过构建以跨境电商为代表的新型数字贸易政策制度和标准规则体系,将不断促进外贸转型升级、内贸提质增效;南宁市国家加工贸易产业园通过推进国际投资贸易服务的自由化便利化一体化,将成为南宁片区推动外贸高质量发展的重要平台。广西自贸试验区与这些国家级战略平台在空间上存在重叠,在具体任务方面也密切相关,如广西自贸试验区南宁片区与中国—东盟信息港南宁核心区、南宁跨境电商综合试验区、南宁市国家加工贸易产业园、南宁综合保税区存在空间重叠。广西自贸试验区在"深化金融领域开放创新"方面提出了17条主要任务和措施,也包括"加快推进中国—东盟信息港建设,与东盟国家加强北斗导航、大数据、人工智能等产业合作"等主要任务和措施(具体见附件);西部陆海新通道建设将为广西自贸试验区的互联互通、港口发展、物流发展、产业发展提供新的动力和支撑;面向东盟的金融开放门户是广西自贸试验区金融创新的源泉和园地;中国—东盟信息港建设为广西自贸试验区信息化以及信息产业、智能制造业发展等提供技术信息和支撑。广西自贸试验区是以开放促进改革、以改革带动开放的最佳平台,具有集成性特征和牵引性作用,广西自贸试验区要通过推动国家战略平台的系统集成,

实现以高水平开放引领高质量发展。

2022年11月,国家层面出台建设壮美广西的文件(国家"1010"文件),更是将以上一系列国家战略平台提升到新的发展高度。针对广西自贸试验区在改革创新、政策落地、产业发展、对外开放等方面的共性需求,提出促进相互之间融合推进、互动发展的措施和方案,广西将打造成为物流互促、金融互动、网络互联、信息互通、技术互享、经贸互惠的"东盟通道"。广西自贸试验区将与西部陆海新通道、中国—东盟信息港、面向东盟的金融开放门户等国家战略平台形成优势互补,依托重点区域和关键节点(如五象新区、钦州保税港、中马钦州产业园、广西凭祥综合保税区、南宁市国家加工贸易产业园、中国—东盟信息港南宁核心基地、面向东盟的金融开放门户南宁核心区等),促进战略整合和优势叠加,从而实现"1+1>2"的效果。

第二节 广西自贸试验区面临的挑战

一、国际形势不确定性不稳定性带来严峻挑战

世界经济处于深度调整期,国际形势日趋错综复杂,全球不稳定、不确定性因素明显增多,全球经济发展面临重大挑战并进入低谷期。传统贸易保护主义和新贸易保护主义盛行,国际经贸规则体系面临重构,国际体系在各种制度、体制、机制的不断蜕变中呈现新的面貌,国际经济格局深刻变化。国家产业分工与竞争格局正在深刻改变,大国战略博弈全面加剧,经济全球化遭遇倒流逆风,贸易保护主义、单边主义持续蔓延,多边主义和自由贸易体系受到巨大冲击,国家之间的无序竞争更为激烈,全球价值链主导权的竞争明显加剧。全球力量格局继续向新兴市场国家倾斜,中美贸易摩擦更是加速了美国等跨国资本直接到这些新兴国家投资设厂或将中国工厂迁至越南、马来西亚、印度尼西亚、印度等新兴国家。此外,新冠疫情对全球产业链造成的严重破坏,对国际经济产生负面影响,尤其对全球产业组织形式、产业链布局、全球治理方式等产生重大影响,进一步凸

显了和平时期全球化模式没能暴露出来的短板和薄弱环节，不仅对全球经济有当期冲击和影响，更会对未来国际环境及产业链全球分工模式产生明显的中长期影响。全球治理体系加速演变，主要国家争夺国际规则主导权的竞争日趋激烈。自贸试验区的建设使我国企业有了一个熟悉国际规则的场所，自贸试验区的制度都是朝着国际最先进、最开放的目标看齐①。但国际形势出现的以上一系列不确定性和不稳定性，导致外部风险挑战明显上升，广西自贸试验区建设不可避免地遇到各种不确定性，甚至复杂严峻的风险挑战。

二、周边自贸试验区带来巨大压力和挑战

国家批复设立的前四批 12 个自贸试验区在推进改革创新、先行先试方面积累了丰富的经验，并具备了强大的竞争优势，而第四批设立的海南自贸试验区更是被国家赋予了重任，海南自贸试验区（海南自由贸易港）带来竞争压力重重。国家给予了海南自贸试验区一系列的政策支持，2019 年以来国家 10 余个部委出台了一系列政策措施支持海南自贸试验区（海南自由贸易港）建设发展（见表 4-2），尤其是 2019 年 11 月商务部等国家 18 个部委联合印发的《关于在中国（海南）自由贸易试验区试点其他自贸试验区施行政策的通知》提出适用于海南自贸试验区的其他自贸试验区施行政策，涉及投资贸易便利化、金融领域开放、航运领域发展以及其他方面共计 30 项政策，政策支持力度空前。此外，中组部两批次分别选派 44 名和 131 名精英人才到海南挂职驰援海南自由贸易港建设，力度之大前所未有②。海南自贸试验区（海南自由贸易港）建设对广西自贸试验区形成了正面冲击。

---

① 陈雄根. 国有企业竞争政策研究——以自贸试验区和 RCEP 为视角 [M]. 长沙：中南大学出版社，2023：244-245.

② 王祝华. 中组部选派 131 名精英人才助力海南自贸区建设. 科技日报，2019-10-24.

表 4-2　国家层面支持海南自贸试验区（海南自由贸易港）政策体系

政策体系	政策名称
"1"	《中共中央 国务院关于支持海南全面深化改革开放的指导意见》（2018 年 4 月）
"N"	总体设计：《国务院关于印发中国（海南）自由贸易试验区总体方案的通知》（2018年 10 月）、中共中央 国务院《海南自由贸易港建设总体方案》（2020 年 6 月）、《中华人民共和国海南自由贸易港法》（2021 年 6 月）、《海南自由贸易港制度集成创新行动方案（2020—2022 年）》（2020 年 10 月）
	税收政策：《财政部关于支持海南省全面深化改革开放有关财税政策的实施方案》（2018 年 10 月）、《财政部 税务总局关于海南自由贸易港企业所得税优惠政策的通知》（2020 年 6 月）、《财政部 税务总局关于海南自由贸易港高端紧缺人才个人所得税政策的通知》（2020 年 6 月）、《财政部 海关总署 税务总局关于海南离岛旅客免税购物政策的公告》（2020 年 6 月）、《财政部 交通运输部 税务总局关于海南自由贸易港国际运输船舶有关增值税政策的通知》（2020 年 9 月）、《财政部 海关总署 税务总局关于海南自由贸易港原辅料"零关税"政策的通知》（2020 年 11 月）、《财政部 海关总署 税务总局关于海南自由贸易港交通工具及游艇"零关税"政策的通知》（2020 年 12 月）、《财政部 海关总署 税务总局关于海南自由贸易港试行起运港退税政策的通知》（2021 年 1 月）、《财政部 海关总署 税务总局关于海南自由贸易港内外贸同船运境内船舶加注保税油和本地生产燃料油政策的通知》（2021 年 2 月）、《财政部 海关总署 税务总局关于海南自由贸易港自用生产设备"零关税"政策的通知》（2021 年 3 月）、《财政部 海关总署 税务总局关于中国国际消费品博览会展期内销售的进口展品税收优惠政策的通知》（2021 年 4 月）、《海关总署关于印发〈海关对洋浦保税港区加工增值货物内销税收征管暂行办法〉的通知》（2021 年 7 月）、《财政部 海关总署 税务总局 民航局关于海南自由贸易港进出岛航班加注保税航油政策的通知》（2021 年 7 月）
	人才政策：《教育部 海南省人民政府关于支持海南深化教育改革开放实施方案》（2019 年 6 月）
	贸易政策：海关总署《中华人民共和国海关对洋浦保税港区监管办法》（2020 年 6 月）、《国务院关于同意在全面深化服务贸易创新发展试点地区暂时调整实施有关行政法规和国务院文件规定的批复》（2021 年 9 月）、商务部等 20 部门《关于推进海南自由贸易港贸易自由化便利化若干措施的通知》（2021 年 4 月）、商务部《海南省服务业扩大开放综合试点总体方案》（2021 年 4 月）、商务部《海南自由贸易港跨境服务贸易特别管理措施（负面清单）（2021 年版）》（2021 年 7 月）
	投资政策：国家发展改革委、商务部《海南自由贸易港外商投资准入特别管理措施（负面清单）（2020 年版）》（2020 年 12 月）、国家发展改革委《重大区域发展战略建设（推进海南全面深化改革开放方向）中央预算内投资专项管理办法》（2021 年 1 月）、《国家发展改革委 商务部关于支持海南自由贸易港建设放宽市场准入若干特别措施的意见》（2021 年 4 月）

续表

政策体系	政策名称
"N"	金融政策：《国家外汇管理局海南省分局关于支持海南自由贸易港建设外汇创新业务政策的通知》（2020年2月）、《国家外汇管理局海南省分局关于开展贸易外汇收支便利化试点工作的通知》（2020年6月）、国家外汇管理局海南省分局《海南自由贸易港内公司境外上市登记试点管理办法》（2020年11月）、《中国人民银行 中国银行保险监督管理委员会 中国证券监督管理委员会 国家外汇管理局关于金融支持海南全面深化改革开放的意见》（2021年3月）、《国家外汇管理局海南省分局关于开展优质企业贸易外汇收支便利化试点的指导意见（2022年版）》（2022年7月）
	运输政策：《交通运输部贯彻落实〈中共中央 国务院关于支持海南全面深化改革开放的指导意见〉实施方案》（2018年7月）、《中国民航局关于加快海南民航业发展支持海南全面深化改革开放的实施意见》（2019年8月）、中国民用航空局《海南自由贸易港试点开放第七航权实施方案》（2020年6月）、《海关总署关于调整海南进出境游艇有关管理事项的公告》（2020年7月）、《国务院关于同意在海南自由贸易港暂时调整实施〈中华人民共和国船舶登记条例〉有关规定的批复》（2022年5月）、交通运输部、商务部、海关总署《推进海南邮轮港口海上游航线试点落地实施》（2023年2月）
	产业政策：《国家发展改革委 财政部 国家税务总局关于印发〈海南自由贸易港鼓励类产业目录（2020年本）〉的通知》（2021年1月）
	法律法规规章：《国务院关于在中国（海南）自由贸易试验区暂时调整实施有关行政法规规定的通知》（2020年6月）、《交通运输部关于在中国（海南）自由贸易试验区深化改革开放调整实施有关规章规定的公告》（2020年9月）、全国人大常委会《中华人民共和国海南自由贸易港法》（2021年6月）、《国务院关于同意在天津、上海、海南、重庆暂时调整实施有关行政法规规定的批复》（2022年9月）、《国务院关于同意在海南省暂时调整实施有关行政法规规定的批复》（2023年3月）

三、国家层面对外开放新平台涌现形成激烈竞争

2020年来，我国先后布局建设了一大批改革创新发展平台，包括国家级新区、自贸试验区、综合配套改革试验区、国家自主创新示范区、承接产业转移示范区、沿边重点开发开放试验区、临空经济示范区、海洋经济发展示范区等，成为现代化经济体系建设和高质量发展的先锋[1]。尤其是

---

[1] 学习贯彻习近平新时代中国特色社会主义经济思想 做好"十四五"规划编制和发展改革工作系列丛书编写组. 实施区域发展战略 [M]. 北京：中国计划出版社，中国市场出版社有限公司，2020：283-284.

为了构建新发展格局、推动高质量发展,我国全力打造新一轮更高水平对外开放的平台和体系,国家层面推出了深圳中国特色社会主义先行示范区、虹桥国际开放枢纽①、浦东社会主义现代化建设引领区②、国家服务贸易创新发展示范区③、国家服务业扩大开放综合示范区④、开发开放先导区⑤、国家进口贸易促进创新示范区⑥、国家加工贸易产业园⑦等一系列对外开放新平台,这些平台都是试点先行的主要载体,其与自贸试验区形成竞争关

---

① 2021年2月,国务院批复原则同意《虹桥国际开放枢纽建设总体方案》,明确到2035年,虹桥国际开放枢纽全面建成,成为推动长三角一体化发展、提升我国对外开放水平、增强国际竞争合作新优势的重要载体。

② 2020年11月,商务部、国家发展改革委、财政部等九部门和单位在全国设立10个进口贸易促进创新示范区,具体有上海市虹桥商务区、辽宁省大连金普新区、江苏省昆山市、浙江省义乌市、安徽省合肥经济技术开发区、福建省厦门湖里区、山东省青岛西海岸新区、广东省广州南沙区、四川省天府新区、陕西省西安国际港务区,其功能定位为贸易创新(即政策创新、服务创新、模式创新)。

③ 国家服务贸易创新发展示范区瞄准服务贸易竞争力不足的短板,着力打造服务业高水平开放的平台,以开放促进服务贸易创新发展和高质量发展,提升中国服务国际竞争力。目前,商务部正在抓紧制定完善国家服务贸易创新发展示范区总体方案,做好示范区创建工作。

④ 国家服务业扩大开放综合示范区具体为北京、天津、上海、海南、重庆、沈阳、南京、杭州、武汉、广州、成都等11个省市,主要紧紧围绕本地区发展定位,进一步推进服务业改革开放,加快发展现代服务业,塑造国际竞争和合作新优势,为加快构建新发展格局、推动高质量发展作出贡献。

⑤ 开发开放先导区具体有长吉图开发开放先导区、长春长东北开放开发先导区。

⑥ 国家进口贸易促进创新示范区主要瞄准我国货物贸易领域的进口短板,通过打造进口贸易促进创新示范区,充分发挥我国货物贸易进口的功能和作用,带动国内消费,形成内外贸一体化和国内国际双循环相互促进的格局。具体有上海市虹桥商务区、辽宁省大连金普新区、江苏省昆山市、浙江省义乌市、安徽省合肥经济技术开发区、福建省厦门湖里区、山东省青岛西海岸新区、广东省广州南沙、四川省天府新区、陕西省西安国际港务区、北京首都国际机场临空经济区、天津经济技术开发区、河北唐山曹妃甸区、山西转型综合改革示范区、内蒙古七苏木国际物流枢纽产业园、辽宁营口经济技术开发区、吉林长春汽车经济技术开发区、黑龙江牡丹江绥芬河市、上海淮海新天地进口贸易功能区、江苏张家港市、江苏无锡新吴区、浙江温州瓯海区、安徽芜湖经济技术开发区、福建泉州晋江市、江西赣州国际陆港、山东烟台经济技术开发区、河南郑州航空港经济综合实验区、湖北武汉东湖新技术开发区、湖南长沙雨花区、广东深圳前海蛇口自贸片区、广东广州黄埔区、广西北海铁山港区、海南洋浦经济开发区、重庆两江新区、四川成都青白江区、贵州贵阳综合保税区、云南中国老挝磨憨—磨丁经济合作区、甘肃兰州新区、新疆博尔塔拉蒙古自治州阿拉山口。

⑦ 2021年9月,商务部印发《关于发布首批国家加工贸易产业园认定名单的通知》,山西省太原市国家加工贸易产业园、安徽省亳州市国家加工贸易产业园、河南省济源市国家加工贸易产业园、湖北省荆州市国家加工贸易产业园、湖南省长沙市国家加工贸易产业园、广西壮族自治区南宁市国家加工贸易产业园、重庆市高新技术产业开发区国家加工贸易产业园、四川省眉山市国家加工贸易产业园、贵州省贵阳市国家加工贸易产业园、陕西省西安市国家加工贸易产业园、新疆维吾尔自治区博尔塔拉蒙古自治州国家加工贸易产业园、黑龙江省哈尔滨市国家加工贸易产业园、辽宁省大连市国家加工贸易产业园等获批为首批国家加工贸易产业园。

系。自贸试验区与其他对外开放新平台都在进行竞赛，所有对外开放新平台都在吸引全球技术、人才、创新资源和要素，完善支撑高质量发展的体系和环境（包括营商环境、投资环境、市场环境以及完善的金融体系和多层次资本市场等），在制度开放方面大胆闯、先行先试，争取探索出新的模式，掌握发展主动权。由此可知，自贸试验区等对外开放新平台都在积极争取成为全球开放层次最高的特殊区域，这也是自贸试验区的升级版自由贸易港出现的重要原因。

四、自贸试验区边际效应存在递减趋势

我国自贸试验区的数量不断增多，基本形成了东西南北中协调、陆海统筹的发展版图。各自贸试验区基于自身的资源禀赋和国家赋予的战略定位，按照国家批复的总体方案推进各项工作。但从实际情况来看，各自贸试验区在贸易、金融、具体产业和税收方面具有明显的同质化竞争趋势。具体来看，在国际贸易领域，各自贸试验区均强调推进贸易转型升级、完善并拓展新型贸易方式、创新高效监管服务模式等，实质内容方面差异性不大；在金融领域，强调推动人民币跨境结算、拓展或增强金融服务功能、建立健全风险防控体系；在具体产业领域，几乎均包含航运服务、物流体系、高端装备制造等；在税收领域，天津、福建和广东自贸试验区税收政策原则上实行和上海自贸试验区一样的税收政策，其他自贸试验区也基本强调推动税收服务创新，包括一窗国地办税、一厅自助办理、培训辅导点单、缴纳方式多元、业务自主预约、税银信息互动、税收遵从合作、创新网上服务等举措。产业定位、政策体系、服务内容等方面的同质性无法从根本上区分各自贸试验区在发展过程中的主要特色，不仅使企业在进驻自贸试验区时陷入选择困难，同时也不利于国内产业结构的重新布局与调整。自贸试验区之间的同质化竞争明显，导致制度创新的边际效果出现递减现象。

五、自贸试验区建设发展考验改革创新能力

国家授权不足是全国各自贸试验区普遍存在的一个重大问题。目前，

自贸试验区试点任务落实和管理需要通过"前置审批"条件，仍需要获得有关部委的授权。《中国（广西）自由贸易试验区总体方案》明确的120项试点任务中，涉及中央事权的共92项，地方无权自行开展，须再次协调国家有关部委才能进行。涉及南宁海关的33项改革试点任务中，共有23项试点任务需要海关总署授权，如广西特色跨境劳务合作试点任务"开展跨境劳务谈判，规范边境地区外籍劳务人员试点工作"已完成试点，仍需要获得国家移民局和人力资源社会保障部授权才能进行复制推广。由此可知，自贸试验区的建设考验广西的决策力、行动力和执行力，尤其需要在营商环境优化、产业发展模式转变、对外沟通渠道搭建、人才引进培养、政策法规制定等方面予以大胆突破、先行先试，才能将国家战略平台优势转化为广西经济高质量发展的动力。目前，广西自贸试验区只局限于南宁、钦州港、崇左三大片区，如何将自贸试验区的红利辐射到广西其他地区，如何将广西自贸试验区的改革试点经验尽快在全区推广，这考验广西全区各级政府部门的执政能力和管理智慧。如果不打破现有思维定式，自贸试验区发展机遇将会转瞬即逝，广西将成为自贸试验区的陌路过客。

第三节　广西自贸试验区承担的使命

一、促进广西区域经济高质量发展

广西自贸试验区为广西通过改革创新、试点探索来激发现代服务业、战略性新兴产业发展活力提供了契机。《中国（广西）自由贸易试验区总体方案》明确提出"建设面向东盟的国际陆海贸易新通道和形成'一带一路'有机衔接的重要门户"方面的一系列措施，这为广西进一步提升与东盟的互联互通，通过陆海门户港的建设和临港产业的发展，进一步辐射带动服务西部中部地区产品出口和产业联动发展，并通过与西部陆海新通道形成联动作用，提升陆海服务水平与质量，为广西加快形成"一带一路"有机衔接的重要门户带来新机遇，全面提升广西"门户"建设质量和水平。广西自贸试验区在贸易、投资和人员方面的自由化便利化优势，将吸引广西与东盟以及其他国家地区的双向贸易投资蓬勃发展，成为具有广西特色产业链、供应链、价值链的主导区，成为现代智慧物流枢纽、加工贸易产业集聚新高地、新动能新优势的发源地，将在广西高质量发展中发挥引领作用。广西自贸试验区等将为广西"十四五""十五五"时期经济社会高质量发展带来一系列机会。

二、推动广西全方位对外开放

广西自贸试验区最大的特点是面向东盟，最大的使命是为中国—东盟深化合作、建设中国—东盟命运共同体探索发展路径、提供广西方案。广西自贸试验区是盘活广西毗连东盟、沿边及陆海联动的区位优势的一个着力点和突破口，抓住东盟成为我国第一大贸易伙伴、中国—东盟自由贸易区升级《议定书》全面生效的有利时机，紧紧围绕《中国—东盟战略伙伴关系2030年愿景》《区域全面经济伙伴关系协定》提出的新方向新领域，加快构建公平开放、竞争有序的投资贸易新机制，实现广西自贸试验区与中国—东盟自由贸易区升级版建设的有效对接，为促进中国—东盟经贸合作升级发展探索新路径、积累新经验①。广西自贸试验区与"南向"发展有关，与广西构建"南向、北联、东融、西合"全方位开放发展新格局高度一致、相互统一，成为广西促进新时代对外开放高质量发展的具体实践。《中国（广西）自由贸易试验区总体方案》把建设对东盟合作先行先试示范区作为重点目标，在面向东盟的大宗特色商品交易、国际产业链培育以及临港石化产业、新能源汽车产业、医药产业等产业发展方面给予了一系列支持措施，这将为广西进一步深化与东盟的国际产能合作带来新的动力。广西自贸试验区可突出开放引领，坚持内聚外合、纵横联动，促进重大开放平台的系统集成，发挥平台协同效应，全力激发广西经济对外开放发展活力，全面提升广西开放合作水平。

三、推进广西机制体制全面改革创新

广西自贸试验区核心目标之一是全力探索建立市场化、法治化、国际

---

① 刘华新，庞革平. 建好自贸区平台 助推中国—东盟开放合作 [N]. 人民日报，2019-11-21.

化的营商环境等机制体制，试验区的建设将推动广西进一步深化市场化改革，破除不合理体制机制障碍，更大激发市场活力和社会创造力；推进法治化治理，实现规则公开透明、监管公平公正、依法保护各类所有制企业合法权益。提升国际化，持续扩大开放，加强与国际通行经贸规则对接，促进提高国际竞争力。广西自贸试验区将在对标国际贸易投资规则、衔接中国—东盟自贸试验区、创新开放型经济发展等方面为全区制度规则政策创新提供标杆和引领。促进营商环境全面优化，《中国（广西）自由贸易试验区总体方案》明确提出"转变政府职能"方面的16条具体措施，着力推进国际一流营商环境建设和行政管理职能与流程优化，广西将以自贸试验区为支点，撬动全区全面破除惯性思维和路径依赖、摆脱条条框框束缚和突破体制机制障碍，为广西发展注入源源不断的活力。与此同时，国家层面一系列支持营商环境优化的措施陆续出台，国家对自贸试验区的支持力度有增无减[①]。广西自贸试验区已经成为广西制度创新（尤其是经贸规则）的主阵地，将持续引领全区体制机制的改革创新。

四、助力广西实现中央赋予广西重大方略

2015年3月，习近平总书记在参加全国人大会议广西代表团审议时，要求广西构建面向东盟的国际大通道、打造西南中南地区开放发展新的战略支点、形成"一带一路"有机衔接的重要门户，由此赋予广西"三大定位"新使命。2017年4月，习近平总书记视察广西时要求广西扎实推动经济持续健康发展、扎实推进现代特色农业建设、扎实推进民生建设和脱贫攻坚、扎实推进生态环境保护建设、扎实建设坚强有力的领导班子（"五个扎实"新要求）。2022年10月，习近平总书记在参加党的二十大广西代表团讨论时，对做好广西工作提出了"五个更大"（更大力度发展现代服

---

① 2019年10月，《全国人民代表大会常务委员会关于授权国务院在自由贸易试验区暂时调整适用有关法律规定的决定》明确六部法律有关规定自2019年12月1日起在自贸试验区暂时调整适用，将进一步加快政府职能转变，进一步优化营商环境，激发市场活力和社会创造力。2019年11月，国务院印发的《关于在自由贸易试验区开展"证照分离"改革全覆盖试点的通知》明确自2019年12月1日起在全国自贸试验区开展"证照分离"改革全覆盖试点，将全面激发微观主体活力，推动经济高质量发展。

务业、更大力度推进开放型经济、更大力度发展现代农业、更大力度保护生态环境、更大力度促进民族团结进步）重要要求。"三大定位""五个扎实""五个更大"明确了新时代广西发展的目标和方向，广西发展的潜力在开放，后劲也在开放，有条件在"一带一路"建设中发挥更大作用①。广西自贸试验区建设是落实"三大定位"新使命和"五个扎实""五个更大"新要求的重要手段，通过充分释放"海"的潜力，激发"江"的活力，做足"边"的文章，不断提高广西开放型经济发展水平。2023年12月，习近平总书记在广西考察时提出"解放思想、创新求变、向海图强、开放发展"重要要求。以习近平总书记关于广西工作论述的重要要求为指引，全面推进高水平对内开放和对外开放，广西自贸试验区的区位优势、开放优势、制度优势、流通优势、产业优势将得到淋漓发挥。

五、服务广西融入"一带一路"建设

以习近平同志为核心的党中央作出新一轮高水平对外开放重大决策，"一带一路"倡议深入推进并获得越来越多国家的认可，其影响力不断增强，已成为促进我国新一轮高水平对外开放的主要抓手。根据海关总署的数据，2013—2022年，我国与"一带一路"共建国家进出口年均增长8.6%。2022年我国与"一带一路"共建国家进出口13.83万亿元，增长19.4%，高出整体增速11.7个百分点。广西自贸试验区的推进实施与共建"一带一路"高度契合，已成为广西参与"一带一路"建设的重要抓手。当前，中国与东盟国际贸易合作更加深入，多双边合作在国际贸易体系中的地位越来越重要，东盟是"一带一路"倡议实施的重点区域，在我国企业"走出去"过程中举足轻重，而广西在其中扮演着越来越重要的角色，正成为国内企业走出国门、开辟东盟市场的前沿和窗口，更是未来国际产能合作的重要基地，在中国—东盟开放合作中不可或缺②。中国与东盟双边贸易额持续增长，东盟已成为中国第一大贸易伙伴，东盟也成为中国企

---

① 刘华新，庞革平. 建好自贸区平台 助推中国—东盟开放合作 [N]. 人民日报，2019-11-21.
② 刘曙华，张鹏飞，周青，等. "一带一路"背景下中越跨境经济合作区支持政策研究 [J]. 广西社会科学，2021（9）：71-79.

业对外投资的重点地区，广西是我国唯一与东盟国家既有陆地接壤又有海上通道的省级行政区，北部湾港是中国西南中南最便捷的出海口，是国际陆海贸易新通道的门户港，良好的区位优势和开放条件将在中国—东盟经贸合作中发挥重要作用。广西自贸试验区在未来的发展中必须面向东盟，突出贸易便利化、跨境投融资便利化，突出通道物流合作、国际产能合作，加快实现我国与东盟要素、资金、人员等跨区域自由流动，构建更为紧密的中国—东盟命运共同体。

第四节　广西自贸试验区竞争力"五力"模型

基于对自贸试验区建设背景、承担使命、发展趋势等方面的综合判断，可以从产业竞争力、制度竞争力、协同竞争力、体制竞争力、政策竞争力等五个方面，构建广西自贸试验区"五力"竞争模型（见图4–1）。

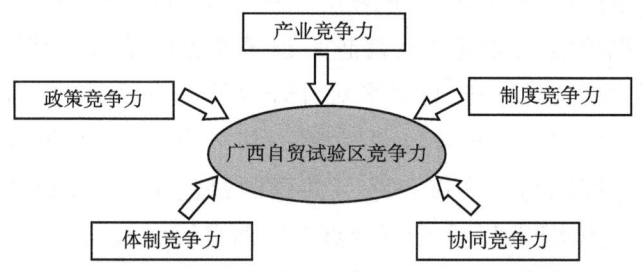

图4–1　广西自贸试验区"五力"竞争模型

一、提高产业竞争力是核心目标

根据《中国自由贸易试验区发展报告2020》，我国自贸试验区正在通过各种方式加速产业链发展，维护产业链、供应链安全，并在某些领域形成了具有国际竞争力的产业体系①。产业竞争力是自贸试验区建设的终极

---

① 李晓喻. 中国自贸试验区在某些领域已形成具有国际竞争力的产业体系［EB/OL］. https：//baijiahao. baidu. com/s?id = 1686042846099139732&wfr = spider&for = pc，2020 – 12 – 14.

目标，具体表现为：一是自贸试验区是新产业、新业态集聚的高地。我国自贸试验区将现代服务业、战略性新兴产业等作为发展方向，通过培育新业态和探索新模式，注重构建更具国际竞争力的现代产业体系。广西自贸试验区产业发展的方向有现代金融、现代物流、数字经济、文化传媒、新兴制造业、电子信息、生物医药等，其发展所带来的产业竞争力提升是其他地区所无法匹敌的。二是自贸试验区是外向型产业发展的加速器。广西自贸试验区的一项核心任务是进一步对标国际经贸新规则，大力推动优势外向型产业发展，集聚更多国内外人才、资本、技术和数据要素，由此成为外向型经济的前沿阵地。三是制度创新的落脚点是产业发展。自贸试验区制度创新的需求来自产业，制度创新的成果也体现在产业①。截至2021年7月，我国自贸试验区在278项向全国或特定地区推广的制度创新成果中，直接服务于产业发展的改革试点经验有61项，直接和间接服务于产业发展的改革试点经验共141项，制度创新为产业发展注入了源源动力。广西自贸试验区应该将产业竞争力的培育和提升作为核心目标，注重培育外向型产业集群，加速构建面向东盟的跨境产业链供应链价值链。

二、提升制度竞争力是根本任务

自贸试验区的建立是我国应对国际形势的重要战略举措，自贸试验区制度创新是国家经济发展、融入国际经济格局的重要支撑②。自贸试验区要进一步开展制度创新，建设开放高地，服务国家战略，辐射带动周边和有效防控风险，对标国际高水平、高标准的贸易投资规则③。自贸试验区建设的关键是制度创新，我国注重以自贸试验区为载体，加强与"一带一路"共建国家制度和规则对接，积极开展相关制度创新合作，构建"一带一路"自贸试验区网络体系，由此成为制度创新的高地。制度创新是自贸试验区深化改革开放的核心任务，制度竞争力是自贸试验区的核心竞争力，

---

① 金锋. 中国自由贸易试验区发展研究报告（2022）[M]. 北京：经济管理出版社，2022.

② 张咏华. 中国自贸区制度创新的实践与理论基础——以上海自由贸易试验区为例[J]. 行政科学论坛，2017（10）：8-11.

③ 冯宗宪. 自贸试验区与"一带一路"融合发展的新路径[J]. 人民论坛，2020（27）：38-41.

具体表现为：一是所有自贸试验区将制度创新作为主要任务。根据我国自贸试验区方案，大部分设置了以政府行政管理体制改革、深化投资领域改革、推动贸易转型升级、深化金融领域开放创新、推动创新驱动发展为主的五个方面的共性制度创新内容[①]。自贸试验区在制度创新方面"大胆试、大胆闯、自主改"上被赋予神圣使命，高质量制度创新成果成为衡量自贸试验区建设成效的核心指标。二是具有复制推广价值的制度创新成果体现自贸试验区"试验田"的作用。国内自贸试验区每年公布最新的制度创新成果并在全国、全省区市予以复制推广，这进一步提升了自贸试验区制度创新的成效，尤其是首创性、集成式、差别化制度改革创新探索所带来的影响，无不彰显自贸试验区的价值。

三、增强协同竞争力是主要手段

由于我国有22个自贸试验区，各个自贸试验区包括多个片区，各个片区在产业发展、制度创新、政策措施等方面存在很大的不同，自贸试验区之间、自贸试验区各片区之间以及自贸试验区与周边区域之间的协同成为提升自贸试验区竞争力的重要手段，具体表现为：一是自贸试验区之间、自贸试验区各片区之间进行协同发展，这种协同发展表现为协同改革、协同创新、制度对接、产业协同、平台共建等，并对重大改革创新任务进行联合集中攻坚、集成突破。二是自贸试验区及其片区将周边功能区作为协同创新区（或协同改革区）并实现联动发展，这种联动发展为规划对接、产业协同、制度创新外溢、人员交流等，尤其在现代政府治理、双向投资管理、贸易监管服务、金融开放创新、产业集聚创新等制度创新体系方面形成联动关系。自贸试验区之间协同联动发展的模式包括合作联盟、协同创新、相互投资、政策联动、协同改革等模式，自贸试验区对外则通过建立协同创新示范区、协同改革先行区等方式，有效破解自贸试验区空间受限的问题，实现自贸试验区制度创新成果的加速外溢、区域生产要素的优化配置。

---

① 金锋. 中国自由贸易试验区发展研究报告（2022）[M]. 北京：经济管理出版社，2022.

四、构筑体制竞争力是重要保障

国家层面批复设立自贸试验区后,在管理体制方面比较通行的做法是自贸试验区片区设立管理委员会,部分自贸试验区片区采取片区管理委员会与其他国家级功能区(如国家级新区、经济技术开发区等)管理委员会合署办公的方式。在运行机制方面,普遍的做法是按照省级指导机构——片区管理机构的方式,形成纵向垂直的运行架构。管理体制和运行机制的高效运转对于自贸试验区的高质量发展具有强大的支撑作用,具体表现为:一是保障自贸试验区按照既定的发展方向(如产业发展方向、制度创新方向等)而不出现偏离,这是体现管理体制最大价值所在。二是确保政府不出现缺位的问题,尤其在鼓励和推进政府层面的制度创新方面,需要自贸试验区管理机构予以统筹规划和沟通协调。三是自贸试验区在产业发展、制度创新等方面的政策需要自贸试验区管理机构主导制定,尤其是那些专业性强、创新性强的政策文件更需要自贸试验区管理机构才能予以推进。四是制度型开放是自贸试验区的重点方向,构建自贸试验区制度型开放体系(贸易自由、投资自由、资金自由、运输自由、人员从业自由以及信息的快捷联通等)需要专业性的管理体制予以保障,这充分体现自贸试验区管理体制与其他类型功能区管理体制的差别。

五、培植政策竞争力是基础条件

不同于国内其他功能区,当前的自贸试验区不再是政策"洼地",但既然是局部试验或者系统创新,尤其是集成创新,肯定会与普通地区的政策有所区别。自贸试验区的政策不是优惠政策(如用地、财政、税收等),而是围绕制度创新的具体支持政策和先行先试政策,具体表现为:一是国家、省级等层面出台自贸试验区建设方案以及一批含金量较高的政策文件,部署和推进改革试点任务,由此形成较为完善、特色明显的自贸试验区政策制度框架体系。二是国家、省级等层面赋予自贸试验区先行先试的权限和改革自主权,这些与其他功能区的优惠政策相比,被国家赋予更大的政策优势，其所产生的效应更为明显。三是自贸试验区聚焦投资、贸易、金融、运输往来、要素资源、人员流动、数据流动、事中事后等领域，形成一批基础性制度和核心制度创新，由此建立与国际经贸通行规则相衔接的制度体系、与开放型经济体制相适应的风险压力测试体系、与治理能力现代化要求相适应的政府治理体系、与国家战略要求相适应的改革协同体系。四是自贸试验区在政策方面的突破（尤其是制度创新以及面向国际市场的开放政策突破），可以复制并推广到全国其他自贸试验区或者其他类型的功能区，甚至是全国所有地区，这充分体现自贸试验区培育政策竞争力的价值所在。

第五节　本章小结

作为全国第一批沿边自贸试验区，广西自贸试验区面临的环境既有与其他自贸试验区相同之处，也有不同之处，机遇与挑战并存，化危机为机遇，化机遇为动力，才能后来居上、勇立潮头。高水平对外开放、构建双循环新发展格局、中国—东盟自贸区升级版建设、全面融入次区域合作、国家治理体系和治理能力现代化是我国自贸试验区建设面临的发展机遇，广西自贸试验区需要从中找到自身的出发点和落脚点。广西自贸试验区与西部陆海新通道、中国—东盟信息港、面向东盟的金融开放门户以及综合保税区（保税港区）、跨境电商综试区、南宁市国家加工贸易产业园等国家级平台在空间上的叠加，有利于实现优势互补，成为广西自贸试验区建设效益倍增的动力来源。与此同时，国际形势不确定不稳定、自贸试验区边际效应递减等是自贸试验区必须面对的挑战，国家层面针对高水平对外开放而推出的一系列对外开放新平台更是与自贸试验区形成激烈的竞争关系，而广西自贸试验区还面临周边自贸试验区（尤其是海南自由贸易港）带来的竞争压力。自贸试验区只有找准定位，完成国家赋予的深化改革、扩大开放的主要"试验田"的使命，才能占得先机，当好全国改革开放排头兵。广西自贸试验区需要在促进广西区域经济高质量发展、全方位对外开放、机制体制改革创新等方面承担重要使命，并为广西实现"三大定位"新使命、全面融入"一带一路"建设作出贡献。

　　自贸试验区如何完成国家赋予的使命？关键在于提高自身的核心竞争力。在广西自贸试验区竞争力培育和提升的过程中，产业竞争力是出发点和落脚点，由此成为自贸试验区建设的核心目标；制度竞争力是着力点和切入点，由此成为自贸试验区建设的根本任务；协同竞争力是重要抓点和触点，由此成为自贸试验区建设的主要手段；体制竞争力是发动机和动力源，由此成为自贸试验区建设的重要保障；政策竞争力是支撑点和关键点，由此成为自贸试验区建设的基础条件。基于以上五大竞争力，可以构建自贸试验区"五力"竞争模型。在产业、制度、协同、体制和政策等方面加快培育核心竞争力，是广西自贸试验区高质量建设的必然路径。

第五章

产业竞争力：广西自贸试验区产业发展的总体状况与竞合路径

第一节 我国自贸试验区产业发展总体方向

一、三大经济带自贸试验区产业发展方向的特征

自贸试验区的最初出发点和最终落脚点是通过制度创新来激发产业发展的活力，形成各具特色的产业经济增长引擎。我国自贸试验区按照国家层面总体方案的要求，通过制定自贸试验区建设实施方案、产业发展规划、产业发展支持政策等方式，明确本区域产业发展的重点方向和具体措施。与此同时，聚焦构建产业发展全链条，积极开展改革试点，打通产业发展的堵点，实现产业发展的新突破。由于我国自贸试验区横跨东中西部，各地区的区位条件、自然禀赋、产业基础等各异，在产业发展方向选择方面也存在一定的差别（见表5-1）。例如，处于东部地区沿海经济带上的自贸试验区区（即沿海型自贸试验区）主要发展战略性新兴产业、海洋经济、数字经济、现代服务业（如金融、贸易、航运和专业服务）等；处于内陆经济带上的自贸试验区（即内陆型自贸试验区）主要发展可体现自身特色的高端制造业（如汽车制造、高端装备、生物医药等）；处于西部地区沿边经济带上的自贸试验区（即沿边型自贸试验区）主要依托陆地边境口岸和通道优势，强化与周边国家的互联互通，大力发展边境贸易、跨境物流、跨境旅游、跨境金融和跨境劳务合作等。可以认为，我国自贸试验区将成为现代产业的集聚基地和产业高质量发展的示范区。

表5–1　我国三大经济带内自贸试验区的产业发展方向

经济带	自贸试验区	自贸试验区产业发展方向
沿海经济带	辽宁、天津、上海、河北、山东、江苏、浙江、福建、广东、广西、海南自贸试验区	战略性新兴产业、海洋经济、数字经济、现代服务业和高新技术产业等特色优势产业
内陆经济带	河南、四川、陕西、重庆、湖南、湖北、安徽自贸试验区	承接东部产业转移,重点发展加工贸易和部分先进技术制造业以及汽车制造、高端装备、生物医药等
沿边经济带	广西、云南、黑龙江、新疆自贸试验区	边境贸易、跨境物流、跨境旅游、跨境金融和跨境劳务合作等

二、自贸试验区片区产业发展方向的特点

国家层面印发的自贸试验区总体方案明确了各片区产业发展的方向,对此进行分析可以发现,我国自贸试验区在产业发展方向方面具有一系列特点。

一是在行业选择数量方面,选择3~6个行业是自贸试验区片区的普遍状态,其中,选择5个行业的片区个数最多(达到22个),选择3个行业的片区个数次之(为11个)。部分片区产业类型趋于多元化,例如,选择8个、9个和11个行业的片区各有1个,选择10个行业的片区有3个,选择12个行业的片区有3个(见图5–1)。与之形成鲜明的对比,部分片区产业选择比较集中,甚至有2个片区就选择1个重点行业,例如,天津自

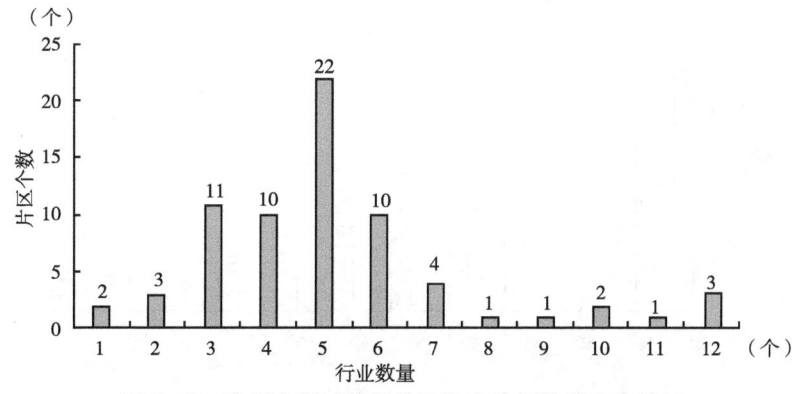

图5–1　我国自贸试验区片区行业选择数量分布情况

贸试验区滨海新区中心商务片区就选择金融作为唯一的重点产业发展方向；陕西自贸试验区杨凌示范区片区将现代农业作为唯一的重点产业发展方向。由此可知，我国自贸试验区片区在重点产业发展数量上存在很大的差别，这种差别从侧面反映了各片区产业发展基础、潜在条件等方面的巨大差异。

二是在行业选择类型方面，我国自贸试验区盯紧全球产业发展的趋势，将现代服务业（尤其是生产性服务业）和先进制造业（尤其是战略性新兴产业）作为自贸试验区片区产业发展的重点。据初步统计，在 22 个自贸试验区中，有超过 50 个片区将现代服务业作为重点发展方向，其中，选择物流（包括现代物流、智慧物流、国际物流、冷链物流、航运物流、航空物流、港航物流、保税物流等）的有 36 个片区；选择金融（包括特色金融、跨境金融、现代金融、金融服务、金融科技、贸易金融、产业金融等）的有 30 个片区；选择旅游（包括文化旅游、海洋旅游、跨境旅游等）的有 13 个片区；选择航运（包括航运物流、航运服务、国际航运等）的有 11 个片区；选择商贸（包括现代商贸、国际商贸、商贸物流等）的有 10 个片区；选择跨境电商、文化（包括文化科教、文化传媒、文化创意、文化贸易、文化展示等）的有 9 个片区；选择会展（包括商务会展、旅游会展等）的各有 6 个片区。超过 37 个片区将先进制造业作为重点发展方向，其中，选择装备制造（包括高端装备制造、智能装备制造等）的有 14 个片区；选择生物医药的有 13 个片区；选择新材料的有 11 个片区；选择电子信息、汽车（包括汽车制造、新能源汽车等）的各有 6 个片区；选择智能制造的有 5 个片区；选择集成电路的有 3 个片区（见图 5-2）。此外，考

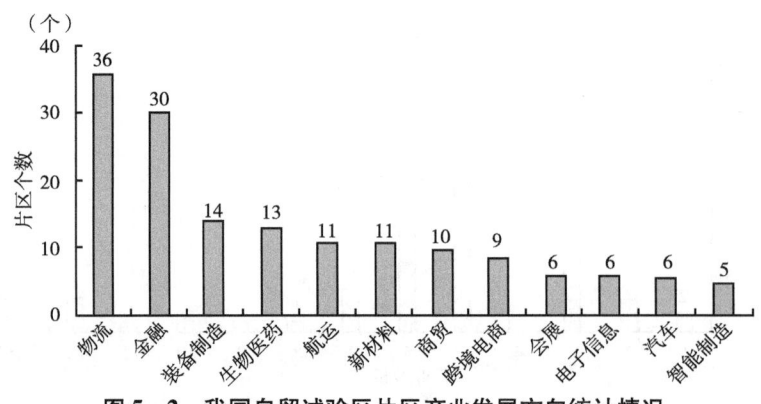

图 5-2　我国自贸试验区片区产业发展方向统计情况

虑到自身在农业方面的发展优势，有 4 个自贸试验区片区将农业及其相关延伸产业（包括现代农业、绿色生态农业、农业科技、农副产品精深加工）作为重点产业发展方向，尤其是陕西自贸试验区杨凌示范区片区将现代农业作为片区唯一的重点产业发展方向。

三是在特色产业选择方面，部分自贸试验区片区突出特色产业发展，选择了极具特色的产业发展方向。例如，上海市外高桥保税区、外高桥保税物流园区、洋山保税港区和上海浦东机场综合保税区等 4 个海关特殊监管区域选择医美作为重点产业发展方向；上海自贸试验区上海临港新片区、天津自贸试验区天津机场片区将航空航天作为重点产业发展方向；广西自贸试验区钦州港片区将绿色化工作为重点产业发展方向；黑龙江自贸试验区哈尔滨片区将寒地冰雪经济作为重点产业发展方向；辽宁自贸试验区大连片区将循环经济作为重点产业发展方向，等等。具体如表 5-2 所示。

表 5-2　　　　　　我国自贸试验区片区的产业发展方向

自贸试验区名称	片区名称	产业发展方向
上海自贸试验区	上海市外高桥保税区、外高桥保税物流园区、洋山保税港区和上海浦东机场综合保税区等 4 个海关特殊监管区域	保税展示交易、跨境电商、医美
	陆家嘴金融片区	金融、航运服务、现代商贸、旅游、会展
	金桥开发片区	现代汽车、智能制造、移动视讯、金融科技
	张江高科技片区	新一代信息技术、高端装备制造、生物医药、节能环保、新材料
	上海临港新片区	集成电路、智能制造、生物医药、航空航天、新材料
广东自贸试验区	广州南沙新区片区（含广州南沙保税港区）	航运物流、特色金融、国际商贸、高端制造
	深圳前海蛇口片区（含深圳前海湾保税港区）	金融、现代物流、信息服务、科技服务
	珠海横琴新区片区	旅游休闲健康、商务金融服务、文化科教、高新技术产业

续表

自贸试验区名称	片区名称	产业发展方向
福建自贸试验区	平潭片区	旅游、电子信息、海洋生物及医药、智能装备制造
	厦门片区（含象屿保税区、象屿保税物流园区、厦门海沧保税港区）	国际航运、国际贸易、跨境金融、高端制造、现代服务
	福州片区（含福州保税区、福州出口加工区、福州保税港区）	电子信息、海洋生物及医药、智能装备、海产品加工贸易、冷链物流
天津自贸试验区	天津港片区（含东疆保税港区）	航运物流、国际贸易、融资租赁
	天津机场片区（含天津港保税区空港部分、滨海新区综合保税区）	航空航天、装备制造、新一代信息技术、研发设计、航空物流
	滨海新区中心商务片区（含天津港保税区海港部分和保税物流园区）	金融
辽宁自贸试验区	大连片区（含大连保税区、大连出口加工区、大连大窑湾保税港区）	港航物流、金融商贸、先进装备制造、高新技术、循环经济、航运服务
	沈阳片区	装备制造、汽车及零部件、航空装备、金融、科技、物流
	营口片区	商贸物流、跨境电商、金融、新一代信息技术、高端装备制造
河南自贸试验区	郑州片区（含河南郑州出口加工区A区、河南保税物流中心）	智能终端、高端装备、汽车制造、生物医药、现代物流、国际商贸、跨境电商、现代金融服务、服务外包、创意设计、商务会展、动漫游戏
	开封片区	服务外包、医疗旅游、创意设计、文化传媒、文化金融、艺术品交易、现代物流
	洛阳片区	装备制造、机器人、新材料、研发设计、电子商务、服务外包、国际文化旅游、文化创意、文化贸易、文化展示

续表

自贸试验区名称	片区名称	产业发展方向
浙江自贸试验区	舟山离岛片区	绿色石化、大宗商品储运、中转、贸易、保税燃料油供应
	舟山岛北部片区	大宗商品贸易、保税燃料油供应、石油石化产业配套装备、保税物流、仓储、制造
	舟山岛南部片区	大宗商品贸易、航空制造、零部件物流、研发设计、水产品贸易、海洋旅游、海水利用、现代商贸、金融服务、航运、信息咨询、高新技术
	宁波片区	国际航运、油气资源配置、国际供应链、新材料科创、智能制造
	杭州片区	人工智能、金融科技、跨境电商
	金义片区	国际小商品、数字贸易、国际物流、制造创新
湖北自贸试验区	武汉片区（含武汉东湖综合保税区）	新一代信息技术、生命健康、智能制造、国际商贸、金融服务、现代物流、检验检测、研发设计、信息服务、专业服务
	襄阳片区（含襄阳保税物流中心）	高端装备制造、新能源汽车、大数据、云计算、商贸物流、检验检测
	宜昌片区	先进制造、生物医药、电子信息、新材料、研发设计、总部经济、电子商务
重庆自贸试验区	两江片区（含重庆两路寸滩保税港区）	高端装备、电子核心部件、云计算、生物医药、总部贸易、服务贸易、电子商务、展示交易、仓储分拨、专业服务、融资租赁、研发设计
	西永片区（含重庆西永综合保税区、重庆铁路保税物流中心）	电子信息、智能装备、保税物流分拨
	果园港片区	国际中转、集拼分拨
四川自贸试验区	成都天府新区片区（含成都高新综合保税区区块四［双流园区］、成都空港保税物流中心）	现代服务业、高端制造业、高新技术、临空经济、口岸服务
	成都青白江铁路港片区（含成都铁路保税物流中心）	国际商品集散转运、分拨展示、保税物流仓储、国际货代、整车金融、特色金融、信息服务、科技服务、会展服务
	川南临港片区（含泸州港保税物流中心）	航运物流、港口贸易、教育医疗、装备制造、现代医药、食品饮料

续表

自贸试验区名称	片区名称	产业发展方向
陕西自贸试验区	中心片区（含陕西西安出口加工区A区和B区、西安高新综合保税区、陕西西咸保税物流中心）	战略性新兴产业、高新技术产业、高端制造、航空物流、贸易金融
	西安国际港务区片区（含西安综合保税区）	国际贸易、现代物流、金融服务、旅游会展、电子商务
	杨凌示范区片区	现代农业
海南自贸试验区（海南自由贸易港）	海南岛全岛	旅游业、现代服务业、高新技术产业
山东自贸试验区	济南片区	人工智能、产业金融、医疗康养、文化产业、信息技术
	青岛片区（含青岛前湾保税港区、青岛西海岸综合保税区）	现代海洋、国际贸易、航运物流、现代金融、先进制造
	烟台片区（含烟台保税港区区块二）	高端装备制造、新材料、新一代信息技术、节能环保、生物医药、生产性服务业
江苏自贸试验区	南京片区	集成电路、生物医药、新金融
	苏州片区（含苏州工业园区综合保税区）	新一代信息技术、高端装备制造、生物医药、纳米技术应用、人工智能
	连云港片区（含连云港综合保税区）	医药健康、港航物流
广西自贸试验区	南宁片区（含南宁综合保税区）	现代金融、智慧物流、数字经济、文化传媒、新兴制造业
	钦州港片区（含钦州保税港区）	港航物流、国际贸易、绿色化工、新能源汽车关键零部件、电子信息、生物医药
	崇左片区（含凭祥综合保税区）	跨境贸易、跨境物流、跨境金融、跨境旅游、跨境劳务合作

续表

自贸试验区名称	片区名称	产业发展方向
河北自贸试验区	雄安片区	新一代信息技术、现代生命科学和生物技术、新材料、高端现代服务业、绿色生态农业
	正定片区（含石家庄综合保税区）	临空产业、生物医药、国际物流、高端装备制造
	曹妃甸片区（含曹妃甸综合保税区）	国际大宗商品贸易、港航服务、能源储配、高端装备制造
	大兴机场片区	航空物流、航空科技、融资租赁
云南自贸试验区	昆明片区（含昆明综合保税区）	高端制造、航空物流、数字经济、总部经济
	红河片区	加工贸易、大健康服务、跨境旅游、跨境电商
	德宏片区	跨境电商、跨境产能合作、跨境金融
黑龙江自贸试验区	哈尔滨片区	新一代信息技术、新材料、高端装备、生物医药、科技、金融、文化旅游、寒地冰雪经济
	黑河片区	跨境能源资源综合加工利用、绿色食品、商贸物流、旅游、健康、沿边金融
	绥芬河片区（含绥芬河综合保税区）	木材、粮食、清洁能源等进口加工业、商贸服务、现代物流
北京自贸试验区	科技创新片区	新一代信息技术、生物与健康、科技服务等
	国际商务服务片区（含北京天竺综合保税区）	数字贸易、文化贸易、商务会展、医疗健康、国际寄递物流、跨境金融等
	高端产业片区	商务服务、国际金融、文化创意、生物技术和大健康等
湖南自贸试验区	长沙片区（含长沙黄花综合保税区）	高端装备制造、新一代信息技术、生物医药、电子商务、农业科技等
	岳阳片区（含岳阳城陵矶综合保税区）	航运物流、电子商务、新一代信息技术等
	郴州片区（含郴州综合保税区）	有色金属加工、现代物流等
安徽自贸试验区	合肥片区（含合肥经济技术开发区综合保税区）	高端制造、集成电路、人工智能、新型显示、量子信息、科技金融、跨境电商等
	芜湖片区（含芜湖综合保税区）	智能网联汽车、智慧家电、航空、机器人、航运服务、跨境电商等
	蚌埠片区	硅基新材料、生物基新材料、新能源等

续表

自贸试验区名称	片区名称	产业发展方向
新疆自贸试验区	乌鲁木齐片区（含乌鲁木齐综合保税区）	国际贸易、现代物流、先进制造业、纺织服装业及生物医药、新能源、新材料、软件和信息技术服务等新兴产业；科技教育、文化创意、金融创新、会展经济等现代服务业
	喀什片区（含喀什综合保税区）	农副产品精深加工、纺织服装制造、电子产品组装等劳动密集型产业；国际物流、跨境电商等现代服务业
	霍尔果斯片区（含霍尔果斯综合保税区）	跨境物流、跨境旅游、金融服务、展览展示等现代服务业；特色医药、电子信息、新材料等产业

资料来源：根据各自贸试验区总体方案。

第二节 广西自贸试验区产业发展规划情况

一、发展定位

作为我国首次在沿边地区布局的自贸试验区之一，广西自贸试验区肩负着建设西南中南西北出海口、面向东盟的国际陆海贸易新通道、加强与东南亚等相关国家经贸合作等职责，注重全面落实中央关于打造西南中南地区开放发展新的战略支点的要求，发挥广西与东盟国家陆海相邻的独特优势，着力建设西南中南西北出海口、面向东盟的国际陆海贸易新通道，形成21世纪海上丝绸之路和丝绸之路经济带有机衔接的重要门户。根据《中国（广西）自由贸易试验总体方案》，三大片区具有不同的发展定位（见表5-3）。

表 5-3　　　　　　　　广西自贸试验区三大片区发展定位

片区名称	发展定位
南宁片区	面向东盟的金融开放门户核心区、区域性先进制造业基地、数字经济协同发展集聚区、国际陆海贸易新通道重要节点
钦州港片区	国际陆海贸易新通道门户港、中国—东盟开放合作示范区、向海经济集聚区
崇左片区	跨境产业合作示范区、国际陆海贸易新通道陆路门户

资料来源:《中国(广西)自由贸易试验区总体方案》。

二、功能布局

广西自贸试验区实施范围119.99平方公里,涵盖三个片区,其中,南宁片区46.80平方公里(含南宁综合保税区2.37平方公里);钦州港片区58.19平方公里(含钦州保税港区8.81平方公里);崇左片区15.00平方公里(含凭祥综合保税区1.01平方公里)。根据《中国(广西)自由贸易试验区总体方案》,三大片区具有不同的功能布局(见表5-4)。

表 5-4　　　　　　　　广西自贸试验区三大片区功能布局

片区名称	功能布局
南宁片区	重点发展现代金融、智慧物流、数字经济、文化传媒等现代服务业,大力发展新兴制造产业,打造面向东盟的金融开放门户核心区和国际陆海贸易新通道重要节点
钦州港片区	重点发展港航物流、国际贸易、绿色化工、新能源汽车关键零部件、电子信息、生物医药等产业,打造国际陆海贸易新通道门户港和向海经济集聚区
崇左片区	重点发展跨境贸易、跨境物流、跨境金融、跨境旅游和跨境劳务合作,打造跨境产业合作示范区,构建国际陆海贸易新通道陆路门户

资料来源:《中国(广西)自由贸易试验区总体方案》。

第三节　广西自贸试验区三大片区产业发展情况

广西自贸试验区三大片区在重点产业发展方向上差异明显,由此带来片区各具特色的产业发展,片区在推动产业集聚和链式发展方面取得了初步成效,正在逐步成为现代产业聚集高地和经济高质量发展示范区。

一、南宁片区

(一) 现代金融业集聚发展初见成效

依托建设面向东盟的金融开放门户南宁核心区,广西举全区之力加快把五象新区打造成为全国知名的金融集聚区。金融资源和要素集聚态势良好,金融业态不断丰富,中国—东盟金融城入驻金融机构(企业)352家,集聚中银香港东南亚业务营运中心、中国太平东盟保险服务中心、中国—东盟跨境金融服务中心、中国—东盟金融合作学院五象校区等一批重大跨境金融平台,共设立了金融创新联合实验室等5个政金共建创新智库孵化平台,中国银行后台运营中心、工商银行跨境金融中心、交通银行离岸金融业务中心(南宁)等一批重大金融项目稳步推进,初步形成了银行、保险、证券、基金等多类金融业态同步发展的局面。跨境人民币结算、跨境融资、跨境金融区块链等业务取得新突破,交通银行广西分行完成首笔跨境资产转让业务,建设银行完成首笔跨境人民币贸易融资资产转让业务并开立广西自贸试验区首个跨境人民币备付金账户,中国银行"中越通汇达"成功实现首笔跨境贸易人民币付款业务,保险创新综合试验区、离岸金融中心及金融后台服务基地建设取得阶段性成果;出台合格境外有限合伙人(QFLP)试点办法,落地6只基金。金融业务运行顺畅,银行存贷款余额、保险业保费收入、金融机构资产总额稳步增长,金融市场规模不断发展壮大。

(二) 数字经济发展新高地快速崛起

依托中国—东盟信息港南宁核心基地,抢抓数字经济机遇,大力推进招商引资和项目建设,广西数字经济产业基地、广西东盟信息交流中心一期、中国电信东盟国际信息园、中国移动(广西)数据中心、中国—东盟地理信息与卫星应用产业园等重大项目投入使用,其中,中国移动(广西)数据中心成功入选2022年国家新型数据中心典型案例名单,成为广西首个入选的大型数据中心项目;蜂巢信息数据产业园等项目在建,浪潮集团东盟运营总部、中国—东盟智能制造产业园、中国—东盟智慧城市示范产业园等项目正加快推进开工前期工作。数字经济风生水起,中国移动、中国电信、中国联通、华为、浪潮、科大讯飞、数字金服及阿里云计算、360安全、奇安信等一批细分行业领军企业纷纷入驻,云计算、大数据、跨境电商、智慧城市、北斗导航应用、科技创新等领域数字资源和要素快速集中,数字产业集聚效应渐显,初步形成了数字产业多业并举的发展格局。

(三)物流发展软硬件环境基本完善

依托中国—东盟国际物流基地,积极参与西部陆海新通道建设,南宁综合保税区实现封关运营,入驻企业90余家,南宁跨境电商综试区正式开区运营,中国邮政东盟跨境电商监管中心、南宁市跨境贸易电子商务综合服务平台等投入使用,德国邮政DHL等国际物流供应链龙头企业已入驻。南宁现代化建材加工及物流配送中心一期工程、广西超大玉洞物流园等一批重大物流项目建成,中新南宁国际物流园新中智慧园投入运营,综合服务能力大幅提升;跨境电商综试区核心园区、招商局集团广西物流中心、中国—东盟供销云仓储智能信息园、东盟多式联运智慧产业城等项目建设有序推进。南宁市国家加工贸易产业园获批,广西自贸试区南宁片区与其空间重叠。现代物流业快速发展,物流节点和枢纽作用不断增强,为加快物流板块发展奠定了良好软硬件基础。

(四)文体医疗产业发展载体基本健全

广西体育产业城和文化产业城选址五象新区。广西体育中心已相继举办中国杯国际足球锦标赛、苏迪曼杯世界羽毛球混合团体锦标赛、体操世锦赛等高等级国际体育赛事,体育产业发展物理空间良好。广西文化艺术中心具备承办国际一流水平文艺活动的能力,为开展国际艺术表演、演艺合作、文化艺术品展示交易等提供了可靠载体。广西新媒体中心一期(中国—东盟网络视听产业基地)举行2019年中国—东盟广播电视及新媒体论坛,网络视听产业链正加速成型,为中国—东盟在网络人文发展领域合作搭建了新平台。广西国际壮医医院、广西医科大学附属五象新区医院、东盟国际生物科技谷等为开展重大疾病新药临床试验、干细胞临床前沿医疗技术研究等拓展了新渠道。

（五）各类平台（企业）加速集聚

依托中国—东盟博览会、桂台经贸文化合作论坛、中国—东盟智慧城市国际合作论坛、中国—东盟信息港论坛等对外沟通交流平台，新成立中银香港东南亚业务营运中心、太平保险东盟保险服务中心、中国—东盟新型智慧城市协同创新中心和中国—东盟互联网应用技术联合创新中心，新入驻东盟货运物流联合总会广西代表处，新开通南宁至胡志明往返全货机航线，南宁片区与东盟间全方位、多渠道和多层次的对外开放合作不断深化，片区整体吸引力和竞争力不断提升。内外资企业新增注册量和投资规模实现快速增长，南宁片区建设成效初步显现。

（六）产业开放基础进一步夯实

经过前期大规模开发建设，南宁片区初步具备了完善的现代城市框架。片区对外全面连通机场、高铁站和高速公路，"铁、空"口岸体系和综合保税区等海关特殊监管区完备，具备联通国际国内市场的便利交通与通商条件。面向东盟金融开放门户、人文交流合作、先进制造业基地、国际陆海贸易新通道、自由便利化投资环境以及国际一流营商环境等领域32项试点改革创新任务顺利推进，形成了海关监管、外籍人员便利、行政审批等7项可复制推广经验。产业项目"带方案出让"模式、"拿地即发证"改革、"最多跑一次"和"多测合一"改革等取得初步成效。海关、检验检疫、外汇监管模式、项目审批流程不断优化，投资自由化便利化、贸易便利化、金融服务现代化、结算便利化的营商环境日益完善。南宁市先后出台支持自贸试验区和跨境电商发展、西部陆海新通道、中新南宁国际物流园和面向东盟金融开放门户核心区建设等一系列政策文件，宜商宜业宜居环境对高素质人才和高端产业的吸引力不断增强。

二、钦州港片区

（一）产业重大项目建设如火如荼

钦州港片区已入驻华谊、泰嘉等一批广西自贸试验区标志性项目（其中产业类项目14个、基础设施类项目9个),总投资达700亿元。其中华谊一期竣工;二期正在加快开展基础施工。总投资100亿元的广西泰嘉超薄玻璃基板深加工项目、总投资24亿元的川桂国际产能合作产业园项目均开工建设,钦州港东航道扩建二期工程已完工,国际集装箱码头7-8#泊位自动化改造工程等海铁联运项目已投入使用。第一批广西自贸试验区标志性项目相继落地,绿色石化、装备制造、新能源产业、电子信息产业初具规模,形成全国独有的"油、煤、气、盐"四头并进的绿色石化产业体系,中船钦州大型海工修造及保障基地实现10万吨级修船、万吨级造船并举,大型海工装备、海上风电产业基地项目落户建设,天源电池级氢氧化锂等一批汽车产业配套项目加快建设,建成鑫德利、浦晶光学等一批电子信息制造业项目。

(二)港口实现高效运营

2023年,钦州港港口货物吞吐量1.93亿吨,同比增长11.3%;集装箱吞吐量621万标箱,同比增长4.8%。集装箱吞吐量更为突出,入列全国海港前10、全球前35位。西部陆海新通道海铁联运班列开行9580列,运量47.92万标箱,同比增长8.6%,累计开行突破3万列。海铁联运班列网络覆盖18省70市144个站点,其中西部12个省份全覆盖,首次拓展至中部、华北地区。钦州港跨境集装箱服务的集约度、可控度、透明度不断提高,综合物流成本和中介服务收费大幅下降,海铁联运自动化一体化建设位列全国领先水平①。共开通内外贸集装箱航线47条,通达全球83个国家的203个港口。"一单制""一口价""一箱到底"以及国际贸易"单一窗口"(智慧湾)升级版等试点政策在钦州港片区全面落地实施②。新开通"RCEP—北部湾港—河南""阿联酋—钦州—兰州""印度—钦州—贵阳"等特色外贸线路,落地实施全国首个陆路启运港退税试点政策,持续探索优化"一口价""一箱到底"和"一企一策"等运输模式。2023年,钦州

---

① 钦州港港口. 钦州港吞吐量接近2亿吨,货物和集装箱吞吐量均创历史新高 [EB/OL]. http://qzftz.gxzf.gov.cn/zwgk/sjkf/zxsj/t17980040.shtml, 2024-02-19.
② 钦州港片区:强化制度创新"一港两区"建设成效显著 [EB/OL]. http://district.ce.cn/newarea/roll/202009/10/t20200910_35716256.shtml, 2020-09-10.

港口岸外贸货物吞吐量达到 5841 万吨，增长 31.6%，进出口总值达 1827.6 亿元，再创历史新高①。

（三）"两国双园"取得新突破

设立联合理事会秘书处，深化"两国双园"日常联络和互动发展。升级"两国双园"产能合作规划，重点推进汽车等国际产能合作规划、打造燕窝跨境产业链等试点任务落实。马来西亚中小企业集聚区为马来西亚企业入驻提供产业服务平台，积极推进跨境产业链、供应链建设。《中马钦州产业园区金融创新试点方案》获得中国人民银行总行批复，顺利开展人民币信贷资产跨境转让等业务，中马钦州产业园区金融创新试点业务量突破170 亿元。

三、崇左片区

（一）跨境物流产业发展

凭祥拥有连接国内和东盟国家便捷快速的物流网络，全国各地经凭祥的跨境铁路班列已达 9 条，已开行中欧班列 126 列、3510 标箱，全国各地经凭祥物流线路累计开通近 20 条，可达东盟 20 多个主要城市。目前正加大力度引进建设物流分拨中心，强化物流集散中心功能。深化与西南中南地区合作，扩大西部陆海新通道物流规模，做大做实做稳渝桂、蓉桂、滇桂等海铁联运班列线路。加快专业市场发展建设，推动中国边贸第一城高效运营，加快美洋海产品加工项目、凭祥综保区二期智能公路港及冷链产业园项目、中国—东盟水果城二期建设，推动中国东盟国际中药材调味品产业城项目全面开工建设，加快推动广西东盟农副产品智慧交易中心建设，推动商贸物流产业全面升级。凭祥（铁路）口岸成为全国第一个铁路口岸水果进境指定监管场地，成功开通并常态化运营中越、中泰进境水果班列，入境时间由 1 天压缩至 1 小时，实现当天入境当天通关。崇左跨境电商综试区已有 20 多家跨境电商企业入驻园区，

---

① 赖昕，杨栋皓. 钦州港口岸进出口总值超 1800 亿元 [N]. 钦州日报，2024 - 02 - 19.

跨境电商出口业务、跨境电商企业对企业出口业务、跨境电商出口海外仓业务、保税电商业务四种新模式全面推行。友谊关在全国沿边口岸首个实现"提前申报""两步申报"并行，保税物流、跨境电商业务实现24小时进出凭祥综保区。

（二）跨境加工产业发展

凭祥综保区位于中国连接东盟国家的枢纽位置，是中国—东盟陆路主通道，不但拥有直接承接东部产业转移的优势，还拥有直接利用中国—东盟跨国产业链的优势。借助东部地区产业转移契机，鼓励企业参与东盟各国企业的分工与合作，积极融入中国—东盟的国际产业链，不断完善"中国—东盟"产业集群与国际产业链协同机制，促进国家间的产业集聚和产业链协同作用，实现国家间的互利共赢。同时，凭祥综保区已经形成了与越南的产业梯度，这在一定程度上优化了招商环境。凭祥综保区已有浙江俊堡坚果深加工、广西其佳智能复印机维修再生产加工、广州同康药业道地中药（凭祥市）国际产业园、广东佛山双欣内衣加工、东莞普世饰品加工、浙江传奇服饰服装加工等项目入驻；出口加工产业园已成功引进了广西电子信息产业龙头企业广西三诺音频及智能终端产品制造与销售、江西洪裕源手机配件制造、广西润格数据线加工、广西贝斯塔高端板材加工、广西尚英金风电动车配装等项目竣工投产，东莞普世饰品加工、东莞美娜利莎鞋业制造、江西洪裕手机配件制造等一批出口加工项目落户，部分项目实现投产。开展边民互市贸易进口商品落地加工模式创新改革，实施"委托申报""手机App申报""直通式通关"等措施，实现互市通关时间压缩超75%[①]。

（三）跨境贸易产业发展

根据《国务院关于促进综合保税区高水平高质量发展的若干意见》（国发〔2019〕3号），凭祥综合保税区要建设成为国际陆海贸易新通道陆路物流分拨中心，一期功能定位为国际贸易、跨境物流、保税物流、保税

---

① 周剑峰，任仕美. 广西自贸试验区晒出三年发展成绩单[J]. 当代广西，2022-09-01.

加工、沿边金融、跨境电商；二期功能定位为沿边加工制造工业、东盟特色产品加工业、跨境劳务。广西凭祥综合保税区关于贯彻落实《国务院关于促进综合保税区高水平开放高质量发展的若干意见》实施方案中也提出，打造贴边跨境电商中心，将友谊关公共服务平台作为凭祥跨境电商公共服务平台，同时将该平台接入国家跨境电商零售进出口检验检疫信息化管理系统，实现与该系统的数据对接，完成广西凭祥综合保税区跨境贸易电子商务检验检疫信息化建设等。崇左片区贸易、物流业态已经发展涵盖了一般贸易、边境小额贸易、边民互市贸易、保税物流、保税维修、跨境电商、市场采购贸易等。

（四）跨境旅游产业发展

近年来，凭祥市依托得天独厚的区位优势和独具特色的边关旅游资源优势，发展成为闻名中外的"中国优秀旅游城市""最美中国·特色魅力旅游目的地城市"和"广西特色旅游名县"，吸引了大批游客前来观光旅游①。边关风情游、跨国度假游等旅游产品备受游客青睐。重视特色边境旅游精品线路和产品的开发，重点打造凭祥—越南河内—海防—下龙湾—芒街—东兴、凭祥—越南河内—胡志明—美奈—芽庄—胡志明—南宁精品旅游路线，形成观光旅游、休闲度假旅游、文化体验旅游、商贸旅游等旅游产品体系。大力发展中国—东盟跨国自驾车旅游和摩托车、自行车骑游，围绕凭祥—越南河内—下龙湾—顺化—岘港—芽庄—西贡跨境旅游线路，不断开发与越南个性化自驾游和摩托车、自行车骑游线路，开通与柬埔寨、泰国、老挝、缅甸等国自驾车旅游线路，丰富自驾游内容；推进中国—东盟（凭祥）自驾车服务总部基地建设，推动自驾车出入境审批权限下放至试验区，开通跨境自驾游"绿色通道"，推进跨境自驾游"一站式"审批，合理降低跨境自驾游各种费用及车辆担保押金。

（五）跨境金融产业发展

引进金融、类金融机构，跨境金融从单一结算业务向关税保证保险、

---

① 莫迪，黄聪. 凭祥跨境旅游风生水起［N］. 广西日报，2018-12-20.

出入境车险和跨境劳务人员意外保险等多元领域拓展。首创互市贸易"银行+服务中心"结算模式。加快推进沿边金融改革，推进完善规范的人民币对越南盾直接汇率形成机制，建立区域性的统一汇率报价和越南盾资金交易机制。扩大中越货币现钞跨境调运业务规模，通过积极引导境外人民币现钞供应回流需求，拓展人民币现钞对外"走出去"，规范人民币现钞跨境流动，实现人民币现钞"出得去，回得来"，推动了双边本币业务发展。截至2022年8月，累计调运越南盾现钞106亿越盾，调运人民币现钞4638万元，跨境人民币结算707.98亿元；开展对越南创新保险业务75452单；开展银行间越南盾区域交易，完善了人民币、越南盾汇率形成机制；广西自贸试验区崇左片区跨境金融已经从单一的结算业务向多元领域拓展。扩大边民互市贸易人民币结算规模，通过设立互市贸易服务中心，引入非银行支付机构为线下互市贸易开展线上集中跨境人民币结算，截至2022年5月，通过该模式共为边民办理互市贸易集中结算金额68.18亿元。①

第四节 广西自贸试验区产业发展存在的主要问题

由于地处西部地区，广西产业发展相对滞后，这在一定程度上导致自贸试验区产业发展的基础不稳，制约现代产业发展的瓶颈比较多，尤其是内在需求不足导致自贸试验区片区现代产业发展的动力不足，亟待通过改革创新和对外开放予以破解。

一、产业发展基础比较薄弱

在新发展阶段，广西面临产业结构转型升级的艰巨任务，产业振兴亟待大力发展大数据、人工智能、生物制药等高科技产业，自贸试验区应发挥重要作用。广西自贸试验区各片区现代服务业及先进装备制造等战略性

---

① 广西凭祥综合保税区. 崇左片区：创新推动跨境金融服务 [EB/OL]. https://weibo.com/ttarticle/p/show?id=2309404798872542117997，2022-08-04.

新兴产业还处于起步阶段,现代产业发展规模效应不明显,产业发展经济效益不显著。例如,金融创新需要金融机构总行或区域总部、分行才能操作,目前广西自贸试验区南宁片区现代金融板块内金融机构以支行、营业部为主,创新主体不足,金融机构能级偏低。片区产业集聚效应和带动效应尚未能充分发挥,产业资源和生产要素集聚程度有待加强,新入驻企业尚未形成产业集群效应,推进片区特色产业落地力度不够大。广西自贸试验区设立以来,新设立企业数保持持续增长,但从片区主导产业来看,新设立企业主导产业聚集度不够,尤其是外资企业比较少,与自贸试验区建设高水平开放平台不相匹配。受宏观经济的影响,招商引资工作难度大,产业发展整体面临存量不足、增量困难的双层困境。例如,南宁片区新兴产业尚处于"建链"起步阶段,未形成产业集聚效应,片区缺少大项目和带动力强的项目,缺乏高附加值、高市场占有率产品和技术。南宁片区产业发展仍处于初期阶段,面临产业发展存量不足、增量有限的困境,除浪潮集团东盟运营总部、中银香港东南亚业务营运中心、北航科技园和国土测绘地理信息中心、中新物流基地等少数项目外,大体量、强影响力的支撑性项目偏少,体现先进技术发展方向的引领性项目少[①],生产性服务业和战略性新兴产业发展滞后、集聚性仍然不足,尚不能有效支撑南宁片区的高质量发展。

二、产业发展空间严重不足

在广西自贸试验区获批之前,南宁、钦州港、崇左三大片区已经形成了比较完善的规划体系,尤其是城市总体规划、土地利用总体规划等对片区土地使用具有强制作用。广西自贸试验区获批后,国家赋予了三大片区新的发展方向和功能定位,其对片区用地性质提出了新的要求。广西自贸试验区三大片区中,南宁片区实施范围 46.8 平方公里,剩余产业用地面积约 3.64 平方公里,能用于工业发展的不到 400 亩,产业发展空间严重不足,尤其是商办、居住用地占比较大,符合"两规"(即城市总体规划和

---

① 罗宝顺. 高质量建设中国(广西)自贸区南宁片区财政面临的困境与对策研究 [J]. 经济研究参考,2021 (10):75 - 84.

土地利用总体规划)的可利用建设用地十分紧缺,片区内已没有后续工业用地储备,产业建设用地规模不足,尤其是片区内没有规划工业用地,高端装备制造、新能源汽车等战略性新兴产业缺乏用地空间,严重制约部分用地规模大的先进制造业和战略性新兴产业布局发展。崇左片区内产业项目可用土地少,直接影响了企业投资决策和招商项目落地,片区可供开发利用的土地少,建设用地规模不足,产业项目用地少之又少,成为制约片区发展的主要瓶颈。钦州港片区土地管理制度有待创新,主要表现在土地利用年度计划指标偏紧,下达时间晚,建设用地保障压力大,耕地保护长效机制不健全,耕地保护压力逐年增大,对填海形成的土地从海域管理到土地管理的过渡缺乏政策依据,需要加大改革力度,保障大开发、大建设的用地需求①。

三、优惠政策高度集中导致"虹吸效应"明显

在广西自贸试验区获批后,自治区层面出台了《关于促进中国(广西)自由贸易试验区高质量发展支持政策》《关于促进中国(广西)自由贸易试验区跨境贸易便利化若干政策措施》《中国(广西)自由贸易试验区条例》等文件,三大片区所在城市也出台了相关支持政策。三大片区成为所在城市的政策洼地,其产生强大的虹吸效应,吸引所在城市其他区域的资源和要素,尤其是城市内部存量企业不断向自贸试验区片区迁移,如南宁市青秀区的许多总部企业迁址到南宁片区而面临"空洞化"的风险。《关于促进中国(广西)自由贸易试验区高质量发展支持政策》关于"片区产生的地方收入用于片区建设"的支持措施更会驱使三大片区所在城市采取非常规措施推进所在城市内部产业向自贸试验区的迁移,这并不是国家设立自贸试验区的初衷,做优存量、做大增量才是根本目的。

---

① 王勉. 北部湾经济区产业基础依然薄弱 [N]. 西部时报,2009-02-20.

四、高素质产业人才队伍有待壮大

自贸试验区的建设对高层次、专业化、国际化的创新创业人才的需求非常大,广西自贸试验区开发建设缺乏具有国际化视野、专业化知识的行政管理人才,具有改革创新精神和攻坚克难意识的干将闯将不足,后备管理人才严重短缺。熟悉自贸试验区规则、具有自贸试验区工作经验、跨境合作领域的外向型人才以及熟悉现代金融、国际贸易、数字经济、智慧物流、新兴制造、第三方服务等重点产业科技人才、专业人才较为缺乏。例如,广西自贸试验区南宁片区探索开展了政府特聘雇员等创新人才引进工作,但随着工作纵深推进,片区缺乏熟悉自贸区规则和自贸试验区建设工作经验的外向型人才以及重点发展产业专业人才的问题仍十分突出。由于广西区域人才发展环境不够优、人才政策竞争力和吸引力不够强等方面原因,企业招聘到所需人才特别是高层次人才存在较大困难,自我培养所花时间比较长,人才瓶颈和人力资本储备不足制约了广西自贸试验区高质量企业的引进和发展,落地企业面临"招才难"等问题。如南宁市高层次、专业化、国际化的产业创新创业领军人才与国际贸易、现代金融、信息技术等领域的高技能、高质量复合型人才严重匮乏,人才政策竞争力和吸引力不强,人才瓶颈和人才资本储备不足制约较为明显。钦州保税港片区国际化人才严重不足,特别是国际物流的管理人才十分稀缺,人才缺乏更在于缺少培养一流人才的学校或机构,航运高级管理人才以及物流人才缺乏,对于航运领域和物流一些特殊知识技术不熟悉和不了解的情况经常发生,这样大大地制约了钦州航运业和物流业的发展[1]。

---

[1] 秦万霞. 广西北部湾港口经济发展现状、问题与对策研究 [J]. 当代经济, 2017 (21): 58-60.

第五节　广西自贸试验区产业发展的重点领域和关键环节

一、南宁片区产业发展的重点领域和关键环节

(一) 现代金融

1. 跨境金融

货币交易。深化跨境人民币业务创新,探索开展面向东盟的加工贸易、转口贸易等跨境贸易结算便利化试点,开展跨境投融资人民币结算试点,推动开展人民币资产交易。探索完善与东盟国家间跨境市场交易、人民币清算和敞口管理等机制,积极发展货币结算交易。

离岸金融。加快推进本外币合一的银行账户体系建设,重点支持在南宁片区设立离岸金融中心或离岸业务部。加快建设和完善离岸金融注册、客服、年检、人力等服务支持平台。支持依法开展离岸货币、保险、债券、证券、基金、信托和同业拆借等离岸金融业务,探索形成面向东盟的离岸金融市场。

跨境投融资。鼓励在政策范围内开展人民币跨境双向贷款和境外人民币债券发行等跨境融资业务,鼓励东盟国家在境内发行人民币债券(熊猫债)和境内机构在新加坡发行人民币债券(狮城债),研究推动在东盟主要国家间发行跨境债券。

跨境保险。积极发展跨境劳务保险、跨境车辆保险、跨境旅游人身保险等业务。支持保险企业开展跨境交流合作以及跨国开展承保、分保和保单质押等衍生金融服务,大力发展区域国际保险交易市场。深入推进保险创新综合示范区建设。

2. 交易市场

大宗商品交易。加强与国内主要商品交易所和东盟国家商品交易所合作,以广西和东盟大宗特色农产品食糖、蚕丝绸、水果、海鲜、木材、橡胶等为主要对象,探索发展期货与现货交易互补的大宗商品交易。培育建发(南宁)、北港资源等大宗商品供应链管理企业,推动面向东盟的境外

采购和进口商品分销，建立大宗商品交易平台，推动建设中国—东盟大宗商品现货交易中心。加快国际商品交易平台建设，完善结算方式，创新交易模式，拓展金融服务，逐步扩大交易标的，为产品走出国门搭桥铺路。

股权交易和产权交易。依托北部湾股权交易所，培育发展股权投资交易业务，研究设立中国—东盟要素交易云平台，促进发展中国—东盟区域股权投资和产权交易市场。开展期现结合服务大宗商品交易市场建设，大力推进期现联动，布局面向东盟国家的期货交割仓库。

其他交易市场服务。培育发展境内企业在新加坡等东盟证券市场上市专业化服务，建设区域性特色跨境资本市场服务中心。开展面向东盟的黄金加工和期、现货交易业务。

3. 产业金融

供应链金融。围绕服务实体经济发展，发展商业保理、生产和产品保险、采购融资、存货融资、生产授信等金融业务。研究设立中越和中欧班列产业基金，引导金融企业发展物流仓储融资、物流保险、物流结算、物流授信和物流设备融资租赁等物流金融业务。围绕构建供应链金融，大力发展跨境金融服务。强化面向东盟的人民币跨境结算、货币交易和跨境投融资服务，打造面向东盟、服务 RCEP 的区域性国际金融中心。

贸易金融。重点引进有实力的金融机构，发展贸易结算、贸易信贷、信用担保等金融业务，引导金融企业发展信用证、保函、保理、承兑、保兑、财务归集、资金归集、财务管理和风险管理等金融增值服务。

科技金融。研究设立战略性新兴产业投资基金。引导金融机构和专业投资企业开发面向创新型中小企业的"科技贷""科技保"等金融产品。引导社会资本参与，建立健全以风险投资为主，信贷为辅，保险为补，"投、贷、保"三位一体的科技金融服务体系。

绿色金融。深化绿色金融改革创新招示范区建设，重点推动金融机构开展绿色信贷、绿色债券、绿色基金、绿色保险、绿色投贷联动和绿色资产证券化等绿色金融业务，大力探索开发各类绿色金融产品和服务。

4. 数字金融

金融信息服务。依托中国—东盟信息港南宁核心基地，发展面向东盟的金融数据管理、金融资讯、金融大数据业务，支持探索智慧城市、数字政府等数据的金融化应用,强化为国内企业"走出去"提供金融信息服务。研究推出中国—东盟货币指数、中国—东盟投资指数、东盟金融指数等指数及其应用。

互联网金融。有序引导发展众筹、网络理财、网络保险、网络证券等互联网金融业务。以大数据应用为重点,推动利用现代信息技术促进金融与电子商务融合发展。鼓励开展针对与东盟间跨境商务需求和特点的数字货币创新,探索跨境贸易和投资结算新模式。利用数字技术推进线上线下相融合的产品营销、运营管理、服务体系、风险防控等创新,打造数字普惠金融产业链。

金融科技。鼓励和支持利用人工智能、大数据、云计算、区块链和生物识别等金融科技,培育创新发展金融服务解决方案,促进金融与产业、金融与贸易、金融与物流等融合发展,培育金融服务新业态和新模式。优化数字金融融通服务生态,构建跨境支付体系,支持建设各类数字金融科技合作平台,推动数字赋能中国—东盟金融城建设。支持开展数字货币和移动支付的研究应用,打造面向东盟的跨境金融先行示范区。加强与东盟国家的金融合作,支持在风险可控的前提下推进人民币国际化,进一步简化优质企业跨境人民币业务办理流程,实施更加便利的跨境金融服务措施。

(二) 数字经济

1. 数字产业化

云计算。加强与三大电信运营商战略合作,高标准建设信息网络基础设施,不断提高支撑数字技术应用发展的网络出口带宽。以中国—东盟信息港为基础,大力推动云计算基础设施升级,建设技术领先、绿色集约、优质高效、安全可靠的云基础设施综合平台,面向广西乃至全国以及东盟国家政府部门、社会管理机构、工农业生产、商业、高校和科研机构,提供云计算、云存储、云网络、云安全、云灾备等综合服务的设施和运营服务。对接东盟云计算基础设施建设市场,培育发展云计算设计、施工和营运产业,鼓励和支持南宁片区企业在东盟国家建立云计算中心,为国内数字经济企业向东盟国家的投资和市场开拓奠定信息化基础。

5G 生态链。在南宁片区率先建设 5G 网络,完善 5G 软硬件创业创新条件，发展众创空间，举办"5G 场景应用"大赛。开展 5G 前沿技术试验场景示范，发展基于 5G 网络的物联网、AR/VR/MR、车联网、无人驾驶、智能制造成套解决方案，重点促进 5G 在智能制造、智慧教育、智慧医疗、智慧交通等领域的示范应用，打造 5G 应用推广示范区[①]。加强与东盟 5G 技术和应用合作，打造面向东盟的 5G 技术应用输出地。

数据挖掘和处理。加大对数据加工企业招商，发展数据加工分析业务。引进培育数据清洗、脱敏、建模、分析挖掘、可视化等领域大数据企业，发展档案数字化、网络数据清洗、图像视频数据标引、语音数据训练、工业自动化数据整理等业务。培育一批在细分领域、垂直行业具有竞争力的数据加工中小企业。面向东盟国家打造开放的数字加工劳务众包平台，借助东盟劳动力丰富和语言多样化优势，大力发展数据加工产业。

小语种机器翻译。利用地缘相邻、文化相近的地域优势，面向东盟多语种市场，与科大讯飞等国内领先机器翻译研究机构和企业建立战略合作关系，依托广西大学、广西民族大学相关语言专业，加快语义库建设，培育和发展东盟语种机器翻译产业。短期内重点开拓旅游、新闻、广告等在线实时翻译服务市场，中长期开拓商务、文化、法律、技术等专业翻译市场。

专业化信息服务。对接东盟信息化发展需求，重点推进区域信息门户网站、小语种翻译、社交网站、数字信息内容分发、文化旅游、北斗导航、空间地理信息、呼叫中心等领域平台建设。与东盟信息服务企业合作开发服务内容，扩大业务种类、创新服务模式。

空间信息服务。积极构建北斗卫星定位、导航、授时综合服务体系，推进国内北斗卫星定位、遥感、地理信息等技术在东盟国家的运用推广。推动建立空间信息应用研发平台，支持头部企业面向东盟国家开展多种空间信息应用场景的关键技术研究和应用示范，推进空间信息设施持续建设与合作交流。加快面向东盟的地理信息、卫星应用及跨界融合产业示范基地建设，依托北斗地基增强系统建设，完善北斗卫星定位、导航、授时综合服务体系，开展北斗卫星应用示范和海外推广。充分发挥北斗导航在空

---

① 胡光磊. 培育发展"硬核"产业 力争明年累计注册企业超 2.5 万家［J］. 南宁日报，2021 – 05 – 20.

间信息领域的数据基座功能，围绕应急救援、车辆导航、高精度定位等高频应用场景，面向东盟企业和机构提供综合性、普惠化的地理信息导航应用服务，加快形成导航、通信、地理信息系统配套应用服务体系。吸引国内空间信息技术企业集聚南宁片区，加快形成一批特色产业园和集聚区，重点发展北斗导航应用及卫星技术应用产业，打造面向东盟的空间信息服务产业集群。

数字服务。积极吸引和培育一批面向东盟市场的数据要素型企业，深化与国内知名数据供应方合作，引入数据服务生态各环节核心服务商，扩展数据交易品类，创新数据交易模式，扩大数据交易规模，逐步培育中国—东盟数据要素市场。面向东盟乃至"一带一路"共建国家，构建一批数据融合应用场景，全面推进数据要素跨境融合应用，提升数据要素应用实效。支持南宁片区内龙头企业发展面向东盟的数字化流程外包、行业数字化服务、新零售运营服务等新服务。加快跨境数字产业链供应链的建设和发展，有效提升服务东盟的能力和水平。

数字贸易。围绕南宁建设面向东盟的区域性数字贸易中心城市，积极营造贸易数字化良好环境，培育数据交易平台和市场主体，促进贸易主体转型和贸易方式变革，加快贸易数字化发展。着力建设面向东盟的数字贸易平台，加速数字贸易跨境流通，提升数据交易效率。积极开展数字产品、数字服务、数字技术贸易，支持发展面向东盟的云服务、通信服务、跨境电商、数字内容、数字商贸、数字金融、社交媒体等数字服务贸易新业态，推动南宁片区建设面向东盟的全要素、全场景、全产业链的特色数字贸易枢纽，服务南宁创建国家数字服务出口基地。

2. 产业数字化

智慧农业服务。面向广西区内和东盟茶叶、水果、橡胶等主要经济作物种植市场和畜牧业市场，利用传感器信息采集、大数据搜集和分析、远程专家协助等信息化手段，为农业生产提供环境智能感知、土壤监测、水质监测、智能预警、智能决策、智能分析、专家在线指导、精准化种植、可视化管理、智能化决策等服务。

智能制造服务。引进和培育智能装备、智慧工厂解决方案、智能工业供应链管理企业，逐步形成智能制造产业体系。针对广西区市场，重点发展建材、木材加工、纺织服装、电子信息、生物医药等产业智能制造服务；针对东盟市场，大力发展我国重点转移的电力、服装、光伏等产业的智能制造整体解决方案。

跨境电商。高起点、高标准建设南宁跨境电商综试区，加快完善保税、仓储、展示、交易功能，开展以保税备货、保税展示交易、直购进口、特殊区域进出口等并重的跨境电子商务业务。加快发展跨境电商等外贸新业态，提升南宁跨境电商综试区功能。支持跨境电商B2B新模式发展，积极发展跨境电商B2B直接出口业务，加快跨境电商物流通道、跨境电商生态圈建设，不断提升跨境电商进出口交易额。吸引跨境电商企业在南宁片区建设物流中心仓，鼓励南宁片区内跨境电商、跨境物流企业在东盟国家建设跨境电商公共海外仓，积极发展跨境电商海外仓出口。在东盟国家（先期可选新加坡和越南）设立公共海外仓，建立境外营销渠道，支持快递物流企业发展现代物流配送体系、供应链体系，打造中国和东盟产品的聚集区。推动跨境电商增品种，建设网上自贸大店、东盟特色超市。加强与大型跨境电商平台合作，支持一流跨境电商企业在南宁片区建立面向东盟的区域总部，构建立足东盟、面向全球的跨境电子商务总部基地。在RCEP协定框架下，紧抓自贸试验区南宁片区、南宁综保区、南宁跨境电商综试区"三区叠加"优势，打造主要针对东盟国家贸易的电子商务平台，在签名认证、跨境信息共享、贸易信息共享、隐私保护、规制互认等关键领域寻求突破。实施跨境电商品牌出海行动，加快跨境电商的品牌化发展。完善跨境电商上下游服务链条，突出数据服务、在线交易、非通用语种等电商服务功能，打造面向东盟的跨境电商示范中心。鼓励国内成熟的跨境电商平台积极对接东盟国家跨境电商平台，形成合作共赢的电子商务生态圈。服务中国—东盟跨境电商交易平台建设，推动跨境贸易信息交流平台、交易撮合平台的数字化升级改造。完善跨境电商线上服务，推进中国—东盟大宗商品交易平台建设，积极推动信息共享、行业监管、统计监测、质量安全向线上转移，提升跨境电商产业的监管效能。推动视频直播平台创新发展，依托Lazada跨境生态创新服务中心等平台，为国内外企业提供跨境卖家孵化、跨境电商直播、跨境电商培训等服务。加快中国—东盟跨境电商直播基地与主播培养基地建设，发展面向东盟市场的跨境网络直播经济，构建面向东盟的云媒直播电商生态圈，面向东盟国家推广"跨境电商＋网红直播"等新业态新模式。

智慧应用。实施南宁片区基础设施智能化升级工程，建设智慧交通、智能电网、智能管网，开展以智慧服务终端、智慧充电桩等为载体的智慧建筑、智慧社区的示范应用，推动智能城市管理，建设高效、智能的园区服务网络。以园区示范为依托，不断挖掘数据价值，培育智能社会治理服务业的发展。

（三）文体医疗

1. 文化艺术和娱乐

围绕壮乡和东盟地方民俗特色，加强文化艺术表演类产品开发。建立文化艺术品保税展览交易平台，促进保税文化艺术品展览展示、拍卖和交易业务，推动文化产品仓储、设备租赁、产品展示以及文化经纪、代理和外包等服务集聚发展。培育开发广西民俗文化产品、特色手工艺等非遗产品，开展非遗产品展览展示、集散贸易、创新交流等，鼓励非遗产业与文化创意、金融投资和市场营销等要素融合，促进非遗产业化发展。积极发展广告、文化软件、动漫、建筑设计、专业设计等文化创意产业。面向东盟推进演艺国际合作交流。支持国产游戏在南宁翻译输出到东盟，支持开发体现壮乡文化特色、具有自主知识产权的网络游戏、动画、漫画。促进与东盟国家文化领域的数字化交流，推动与东盟文化的交流互鉴、繁荣发展。以数字化为牵引，推动数字技术在文化创作、生产、传播、消费等各环节的应用，发展数字创意、数字娱乐、网络视听、线上演播、数字艺术展示、沉浸式体验等新业态，丰富个性化、定制化、品质化的数字文化产品供给，打造区域普惠服务合作中心①。发挥南宁"东盟小语种人才＋数字科技赋能"独特优势，积极发展面向东盟的网络文化产品译制、融合媒体、全媒体交互、数字动漫制作等数字内容服务。支持企业开拓东盟文化市场，鼓励优秀传统文化产品和影视剧、游戏等数字文化产品"走出去"，

---

① 庄传伟. 技术驱动·边界消融·关系重构：广电网络行业"智慧转型"的实践维度［J］. 传媒观察，2022（11）：58-66.

积极创建国家数字文化出口基地①。

2. 文化创意

深化国际文化创意合作,积极发展国际文化创意知识产权交易和版权交易,设立演艺及文化创意 IP 交易中心,加强与东盟国家数字文化创意产业合作。支持中国—东盟数字文化产业基地建设,依托数字创意技术,打造"产业服务平台—内容孵化—数字传播—展示体验"为一体的新经济产业生态圈。依托东盟·威宁文创中心,加快建设中国—东盟文化艺术中心,深化文化艺术品、文化传媒等领域对外交流合作。规划建设数字创意产业园,培育数字创意和游戏动漫发行运营平台企业,发展壮大动漫游戏、数字艺术展示等新模式②。

3. 现代传媒

重点发展广播电视、电影和影视录音服务、影视传媒等服务行业,积极推进广播影视节目离岸生产制作、文化信息传播服务、体育赛事等具有高附加值增值业务的合作平台。积极开展中国和东盟各类广播影视节目的原创、制作、后期处理及交易等活动,打造具有区域国际影响力和品牌效应的现代传媒产业聚集区。持续推进中国—东盟视听产业基地建设运营,大力发展网络视听节目制作、影视译制、视听节目版权交易、东盟节目播映,探索推广网络视听等模式的跨境服务,建设面向东盟的网络视听产业基地、网络广播电视台,促进我国与东盟网络视听产品交易。推动东盟小语种"译制产业园"落地,搭建网络文化产品译制服务平台,推进东盟小语种与人工智能融合发展,推动中国—东盟全媒体交互平台建设。加快中国—东盟影视演艺中心等建设,积极推进中国—东盟文化艺术交流与合作、东盟语影视译制及展演等。积极参与东盟电影周、电视周等活动,推进面向东盟的影视合作。

4. 教育培训

加强与境外优质学校合作,培育具有较强竞争力和地域特色的专业化语言培训产业。鼓励发展法律、会计、医护、工程、企业管理等非学

---

① 陈少铭. 中国对 RCEP 伙伴国文化产品出口效率及潜力——基于随机前沿引力模型 [J]. 商业经济研, 2023 (4): 140 – 144.

② 南宁市人民政府关于印发南宁市国民经济和社会发展第十四个五年规划和 2035 年远景目标纲要的通知 [R]. 南宁政报, 2021 – 06 – 15.

历职业教育培训,积极发展跨国职业教育与管理和专业技能培训。畅通教育资源共享渠道,推动与东盟国家的教育合作向线上拓展,鼓励和支持驻邕高校搭建线上教育平台,面向东盟乃至"一带一路"共建国家开设线上教育课程。积极构筑教育交流合作平台,支持搭建中国—东盟学校交流平台,深化与东盟国家的教育交流合作。针对云计算大数据、人工智能、空间信息、电子信息、跨境电商、科技创新等领域,着力加强中国—东盟职业教育合作,推进面向东盟的数字人才联合培养。充分发挥中国—东盟语言服务协同创新中心、中国—东盟数字经济学院等平台的作用,着力培养面向东盟的高素质应用型、复合型、创新型的数字经济人才。支持成立中国—东盟数字教育发展联盟,促进优质数字教育资源共享,推进数字教育标准制定、网络数字空间治理培训等方面的对外合作。

5. 医药医疗

重点发展民族医药产业,支持企业对特色中成药和医疗机构制剂进行二次开发。依托广西国际壮医医院等平台,提升中医民族医服务能力,促进发展中医、壮(瑶)医特色诊疗服务。优先发展特许医疗机构,推进数字医疗合作。强化数字医疗合作领域线上线下互通互融,面向东盟推广普惠数字医疗,发展互联网医院、远程医疗等医疗服务,积极与东盟国家开展中医药文化合作交流活动。鼓励医疗机构及企业开展面向东盟的国际智慧医疗服务及数字医疗产业合作,支持医疗机构发展跨境医疗服务。支持面向东盟国家开展医疗机构远程医疗试点,鼓励中医和民族医疗机构推广远程医疗诊断等"互联网+医疗健康"新模式。探索跨境医疗费用在线结算等制度创新,提升南宁片区对东盟国家的医疗服务能力。

6. 生物技术应用

加快新一代基因测序等关键技术研究和转化,推动重大疾病的早期筛查、个体化治疗等精准化应用解决方案和决策支持系统应用。培育第三方医学检测、医学影像诊断、检验检测、认证认可等服务新业态。支持新兴生物技术在食品等领域的开发和应用。

7. 运动与健康服务

竞技赛事与运动服务。依托广西体育中心等,推进举办竞技体育比赛,培育品牌赛事，支持与东盟国家体育赛事交流。引导社会力量发展户外运动和休闲体育。大力发展体育旅游，培育开发旅游产品和路线。发展体医结合健康管理机构，促进体医融合。鼓励发展健身休闲服务、新型健身休闲装备、智能体育产品及服务、体育用品研发设计和高端健身器材等。

健康服务。积极发展康复与护理、健康信息、健康体检、高端医疗等健康服务，培育健康服务新型业态。鼓励发展差异化、定制化的健康管理服务。鼓励医疗机构与养老机构合作，提供长期护理连续性服务。推进集居家生活、医疗护理、文化旅游、健身运动等服务与功能于一体的老年宜居社区建设。积极发展以个性化定制为特色的医疗美容项目和抗衰老服务，推进医疗美容与产品研发、生活美容、休闲旅游、信息服务等产业融合发展。

8. 数字文旅

推动数字科技与特色旅游深度融合，打造中国—东盟数字旅游服务体系，探索面向东盟国家的数字文旅发展新模式。在"一键游广西"智慧旅游平台的基础上，积极完善多语种信息服务和跨境旅游指南功能，加快实现"一键游东盟"功能。优化完善智慧旅游平台"乐游南宁"App及微信小程序，实现与"一键游广西"智慧旅游平台的无缝对接，为国内外游客提供一站式的旅游服务功能。推进智慧文旅示范应用工程、南宁市全域旅游平台等项目建设，整合全市各类旅游特色文献、特色活动、特色场馆等资源，实现旅游信息资源的精准服务。

（四）新兴制造

1. 电子信息制造

利用中国—东盟自贸区关税优势，积极引入大型电子信息OEM企业，培育本地配套企业，逐步建设形成本地化电子信息制造产业供应链。推动电子信息产业发展，积极承接东部地区高端电子信息产业梯度转移，推动一批重大项目落地，聚焦电子信息产业链工业设计、技术研发等环节，引进布局一批科技平台。

消费电子产品。面向东南亚和国内三四线城市、乡镇市场，着力发展非最先进的"次一代"消费电子产品。根据电子信息产品智能化、个性化发展趋势，重点发展具有无线通信功能的智能移动硬盘盒、智能便携式音箱、智能电视机顶盒、智能投影仪等产品。

专用智能终端产品。深入挖掘健康养老、教育、体育、安保等细分行业智能终端产品。加强电子信息制造企业与健康养老机构对接，发展运动与睡眠数据采集、体征数据实时监测、紧急救助、实时定位等智能硬件应用服务。支持电子信息制造企业面向教育需求，在远程教育、智能教室、虚拟课堂、在线学习等领域发展智能硬件终端产品。

2. 高端装备制造

机器人整机和零部件。针对工业机器人、服务机器人等整机产品和系统集成，重点发展中等技术含量、成本较低，适合于中小制造企业和服务业应用的机器人整机产品。短期内重点引进和培育机器人集成和应用创新企业，中长期重点引进减速器、伺服电机、控制器等关键零部件生产技术，构建机器人检测评定体系。

中小型工业设备。顺应"一带一路"倡议以及我国制造企业加快向东盟国家产能转移趋势，围绕电力、纺织、服装、家具等重点行业，发展齿轮加工机床、快速精密冲压机床、高速贴片机等机床整机产品，支持构建贯穿生产制造全过程和产品生命全周期的智能装备系统。

轨道交通装备。按照"立足南宁、服务西南、辐射东盟"的发展思路，面向广西自治区内、西南地区和东盟市场，以铝合金车体为拳头产品，重点打造轨道交通整车制造、关键零部件制造和铝合金精密加工制造三大制造平台，逐步形成涵盖城市地铁列车、轻轨列车、有轨电车、磁悬浮列车、单轨列车的综合轨道交通装备制造体系。

（五）现代物流

1. 跨境物流

国际贸易物流。以面向东盟为重点，加快建设中新南宁国际物流园等一批跨境物流园区，大力发展适应东盟水果和农产品等农副产品贸易物流。重点依托南宁现有交易场所，加快发展面向东盟的农林产品、化工产品、钢铁有色和矿产品等特色大宗商品物流。

跨境电商物流。积极引进大型电商企业和第三方专业跨境物流企业。

顺应国内"海淘"发展趋势，发展适应跨境电商特点的专线物流，积极推动发展航空物流专线，研究发展定期南宁—河内铁路快递货运，鼓励和支持发展国际小件快递。积极发展电商物流仓储和代理报关、查验等电商物流配套服务。鼓励和引导大型电商物流自营与中小型电商物流外包之间、物流企业与物流配套服务企业之间建立紧密合作的电商物流联盟。

2. 综合保税

保税物流。重点依托南宁综合保税区，进一步完善围网、仓储、电子信息平台和监控监管设施建设，加快建成无水港口岸。立足广西，发展面向东盟的生产资料和生产资料运输、储运、包装、流通加工、配送、报关、检验检疫和进出口税务等保税物流服务。

保税加工。完善海关监管措施，鼓励和支持发展有较高附加值的来件装配和来料加工等对外加工装配服务，适度发展进料加工。以电子信息、家用电器和交通工具为主，重点推动国内企业在南宁片区设立东盟总部基地，发展出料加工业务。依托南宁市国家加工贸易产业园，大力承接粤港澳大湾区、长三角等区域制造业产业梯度转移，发展壮大蓝水星、格思克等一批电子信息加工贸易骨干企业。

保税贸易。鼓励和支持在南宁片区发展转口贸易和国际中转业务，积极发展面向国内货物的采购和面向东盟的国际原材料、货物分拨、销售等服务。

保税展示。充分利用国内消费升级趋势，研究在南宁片区建设发展集保税商品存放、展览展示、宣传推介和销售于一体的综合性保税商业综合体。

3. 特色物流

依托西部陆海新通道重要节点建设，积极对接敦豪等从事中国—东盟跨境物流业务的行业龙头企业，设立电子信息产业链重要电子元器件仓储配送中心，引导形成"区域销售总部＋产业园区＋配送中心＋物流跨境＋海外仓"全链条运营模式。围绕铝精深加工、新能源汽车、装备制造、食品加工和生物医药等发展重点，引导和促进生产性物流发展。整合资源，完善发展电子商务物流和城市商业物流。

4. 智慧物流

依托国家交通运输物流公共信息平台，加快面向东盟的交通物流综合服务平台建设。完善智能物流配送体系，支持建立智慧化共同配送分拨调配平台，提供路径优化等公共服务，实现供应商、门店、用户和配送车辆等各环节的精准对接，提高物流园区、仓储中心、配送中心的物流供需匹配度。依托南宁综合保税区、南宁跨境电商综试区等平台，建设智慧跨境物流产业园区，搭建面向东盟的智慧物流供应链运营中心，提高物流全链条运行效率和物流服务水平。引进头部物流科技企业、物流大数据服务企业、供应链管理服务企业，建立中国—东盟国际性物流信息共享合作机制，打造跨行业、跨区域的智慧物流公共信息平台，不断优化与东盟国家之间的物流体系。加快智慧物流及跨境贸易供应链融合产业园建设，打造集跨境商品加工中心、自营直销中心、展示中心、物流周转中心、分拣包装分拨中心、结算中心等功能于一体的跨境商贸产业园。大力推进智慧物流园区的建设发展，着力加快中新南宁国际物流园、南宁国际铁路港等建设，构建面向东盟乃至"一带一路"共建国家的跨境物流产业链供应链。整合物流行业管理、电子口岸、危险品流通管理、出入境检验检疫监管等业务，建立仓储管理、业务协同、订单管理、运输管理系统，实行统一服务认证，为个人和企业提供统一窗口。促进面向东盟的物流集散分拨中心、广西自贸试验区智慧物流公共信息平台等项目落地，规划建设南宁智慧物流交易结算中心，探索推动商流、物流、信息流和资金流"四流合一"的新模式，构建西部陆海新通道智慧物流网络。

广西自贸试验区南宁片区产业发展的重点领域和关键环节具体见图5-3。

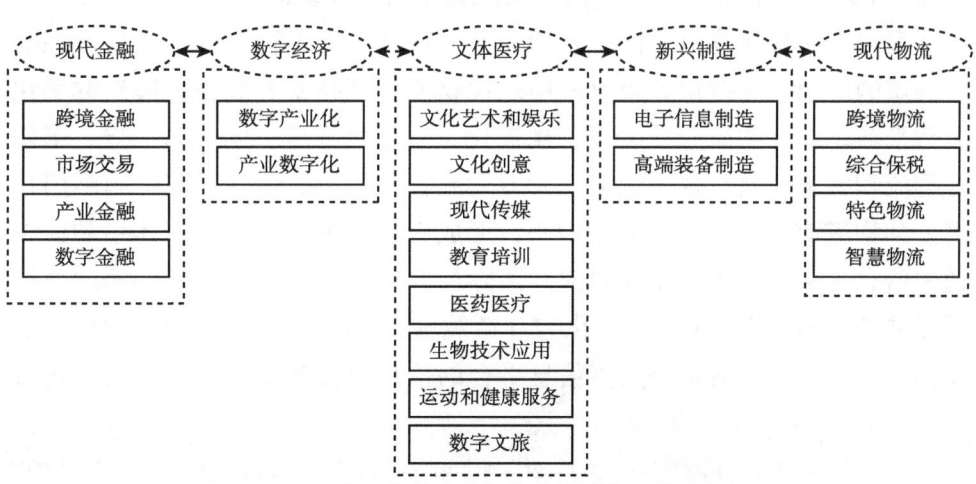

图5-3 广西自贸试验区南宁片区产业发展方向

二、钦州港片区产业发展的重点领域和关键环节

(一) 现代物流

推进物流园区高质量发展。优化港区资源整合与功能布局,加快物流园区建设,重点建成多式联运物流基地、集装箱仓储物流园、仓储物流基地、国际生鲜冷链园区、国际冷链中心、冷链保税交易中心、散货专业化中心、"北粮南运"转运中心、智慧物流园、国际公共卫生合作保障基地等。以铝矿、原油、粮食、生鲜等为重点,建设大宗物资中转交易中心和冷链物流集散基地[①],提升国际国内中转及航运服务功能。强化物流园区间的货运联系,打通生产、流通环节,深入推进交通、物流、信息与经济社会深度融合。

提升多式联运服务功能。进一步优化已开通的海铁联运班列、中欧班列等,加密开行班次,确保稳定高效运行。推动港口多式联运枢纽和集疏运网络建设,加快海铁联运基地、航运服务中心、海铁联运服务中心等项目建设,大力发展高端航运服务。大力推进集装箱铁水联运,完善大宗干散货铁水联运,优化铁水联运组织,推动大宗货物集疏港运输由公路向铁路转移。加快培育国际多式联运经营主体,整合多式联运资源,创新多式联运服务模式。搭建北部湾港海铁集疏运平台,实现海铁联运协同发展。

大力发展智慧物流。推广云计算、大数据、人工智能等信息技术在物流领域的应用,支持物流企业采用现代物流管理技术和装备,构建数字化运营平台,提高物流业社会化、规模化、信息化程度。围绕第三方、第四方物流和智慧仓储、智慧运输,大力发展智慧物流。建立北部湾国际门户港公共物流信息平台及功能性中心,形成中国—东盟跨境物流体系和口岸通关信息化服务体系。建成北部湾国际门户港公共信息平台、广西北部湾国际港务集团"北港网",强化与广西物流公共信息服务平台、中国—东盟信息港、海关、海事等主要信息平台的信息对接和数据交换,实现物流

---

① 广西壮族自治区人民政府办公厅关于印发广西建设西部陆海新通道三年提升行动计划(2021—2023年)的通知[R].广西壮族自治区人民政府公报,2021-12-15.

供应链、产业链、价值链深度融合。

提升区域分拨配送功能。支持在物流园区内建设区域分拨中心、仓储中心和配送中心,支持企业建设大型自动化分拨中心、转运中心,建立北部湾地区与生产企业、商贸企业及大型产业园区的物流联系,利用铁路班列提升区域分拨和综合物流服务区的配送组织功能。加快港区功能组合和延伸放大,促进物流分拨、配送等功能的有效整合。建成祥龙配套物流园区一期等,新建物流分拨配送服务中心、供应链区域分拨中心。

提升集装箱服务能力。依托平陆运河做大做强港航物流,健全集装箱港航物流服务体系。新开、加密集装箱航线,稳步增开集装箱远洋航线,持续提高国际航线密度,构建集装箱内外贸航线网络,进一步扩大航线覆盖范围[①]。建成中谷钦州集装箱多式联运物流基地等,加快陆海新通道(钦州)国际集装箱分拨中心、恒湘集装箱仓储物流园、钦州铁路集装箱中心站北粮南运中转等项目建设,全面提升集装箱物流园区的承载能力和服务水平。加快集装箱自动化码头建设,建成集装箱装卸专用设备、办公设备和集装箱多式联运一体化信息系统,实现自动化远程操控。

提高大宗货物运输能力。以铝矿、原油、粮食、生鲜等为重点,建设大宗物资中转交易中心和冷链物流集散基地,推进大宗货物海铁联运集装箱运输,提升大宗货物国际国内中转及航运服务功能。持续推进大宗货物"公转铁""公转水",推动大宗货物集疏港运输由公路向铁路、水路转移。建立完善大宗散货运输系统,进一步提升港口大宗液体、矿石、煤炭等散货的吞吐能力。

(二) 国际贸易

汽车集散。积极为入区企业提供从注册到开展业务的全程服务,重点加强预审价、先入区后检验、24小时预约通关、汽车企业"一对一"等各种服务,协助企业解决进口汽车业务遇到的问题。优化整车进口口岸及汽车平行进口口岸功能,扩大汽车平行进口规模。加快建成汽车检测实验室。

---

① 广西钦州港开通外贸航线24条,主要通往东南亚国家,去往其他国家和地区的航线较少,国际航线偏少且无法即时发运,误期仓储成本增加。区内航线覆盖面小、班轮密度低,主要以东盟和东北亚航线为主,到欧美以及地中海地区的远洋航线还是空白,货物只能运往中国香港和新加坡再行中转。

充分发挥钦州保税港区国际汽车城、汽车保税仓储等载体的功能，推进将钦州保税港区打造西南地区重要汽车进出口集散基地。

酒类交易。发挥全国进口酒类综合服务产业知名品牌示范区优势，打造西部地区国际酒类集散基地。全面实行进口酒类"两公开"及追溯机制，加强与国际知名酒庄合作，大力引进国际知名酒商、龙头企业入驻，加快建设进口酒类检测技术服务体系。进一步优化提升钦州保税港国际酒类交易中心等的功能，建成西南最大进口酒类交易中心，形成覆盖西南地区的进口酒类采购、分拨、配送服务体系。

冷链物流。加快专业化冷藏冷链设施建设，建成钦州大榄坪南作业区进境肉类、水果海关指定监管场地，加快建设钦州港冷链保税交易中心、钦州祥龙物流园二期水果交易中心等项目。大力发展冷链集装箱运输，积极推进公铁、公海冷链多式联运。推动国际冷链物流发展，争取开通中欧国际铁路冷链班列，推动开行果蔬、水产品等冷链班列，大力发展冷链物流新业态、新模式，进一步拓展冷链运输渠道，打造东盟冷链产品分拨中心。

大宗商品交易。实施"全球贸易商"计划，建设面向东盟的大宗商品交易平台并开展期现联动。谋划建设大宗商品交易市场，提升对外贸易质量和水平。加快中国（广西）东盟商贸城、北部湾（钦州保税港区）国际商品交易中心等的建设发展，建立大宗商品的交易平台、展示平台。建设大宗商品供应链服务平台，大力推进大宗商品线上交易、支付和结算，扩大东盟资源性产品、特色农产品进口。创新大宗商品供应链金融服务体系，探索推进大宗商品现货交易中心建设，进一步提高大宗商品供应链金融和综合物流服务水平。

跨境特色产品。利用独特的区位条件和政策优势，引进更多的东盟特色商品，打造东盟商品集散地，满足国内市场消费需求大力构建跨国产业链、服务链。加强跨境产业合作，培育壮大燕窝加工贸易、热带水果产品贸易等跨境产业链，推动电子信息、生物医药、化工新材料、新能源材料及棕榈油、橡胶等特色产品加工贸易跨境产业合作。推进"两国双园"产能合作，推动燕窝、榴莲进口。

（三）绿色化工

炼化一体化、芳烃、烯烃等石化产业链。依托钦州港片区现代绿色化工产业,打造面向东盟的跨境绿色化工产业链。加快推进中国石油广西石化炼化一体化转型升级项目(钦州)建设,积极引进大型炼化一体化项目及国内外知名企业投资建设下游高端产业集群,重点构建大型炼化、烯烃及芳烃产业链,延伸发展大宗通用化工品、高端绿色化工新材料、精细化工、专用及功能性特种化学品,带动广西石化产业绿色化、高端化发展。积极发展芳烃、烯烃新材料,积极构建石化产业链。

精细化工产业。积极强化精细化工精准招商,重点加快功能化学品、专用化学品、化工新材料等产业发展,积极延伸产业链条,促进产业集聚发展。着力推动华谊钦州化工新材料一体化基地建成,加快华谊二期、恒逸高端绿色化工化纤一体化基地、中伟新材料钦州产业基地等建设。

(四)高端制造

新能源汽车。加快发展跨境汽车产业链,重点推进中马"两国双园"吉利—宝腾跨境汽车产业链。积极引进新能源汽车产业龙头企业和项目,推进钦州轻型载货汽车项目重组,建设新能源汽车整车及传动系统、动力电池、驱动电机等关键零部件制造以及新能源汽车无线充电桩等项目,开展与东盟国家在新能源汽车产业的国际合作。

船舶装备。大力发展绿色节能高技术高附加值船舶、海洋工程装备、海上风力发电装备、石油化工装备、海洋防务装备及新兴海洋科技装备等研发制造产业,推动中船集团将周边资源整合到钦州基地,建设船舶配套产业园。

海工装备。加快大型海工装备制造基地项目建设,推动中国—东盟(钦州)海上风电装备制造基地项目落地,积极发展海上风电和海洋工程装备制造产业,完善高端装备制造业链条。加快完成中船钦州大型海工修造及保障基地建设,完善提升船舶修造、海洋工程、船舶配套等业务,打造距离南海最近、最具规模的海上防务装备综合保障基地。

智能制造。引进和培育智能装备、智慧工厂解决方案、智能工业供应链管理企业,逐步形成智能制造产业体系。加快5G智能终端产业园、智能终端(钦州)联合总部制造基地、钦州市港创智睿智能终端产业园等项目建设,促进智能制造产业集群式发展。

（五）数字经济

电子信息。推动钦州港片区和东盟相关国家联动，大力发展跨境电子信息产业链。加快建设北斗及遥感卫星应用创新创业基地，大力发展液晶显示器、新型元器件、计算机整机及配件、5G基础设备及应用终端、智能机器人等产业。

大数据。依托中国—东盟信息港钦州副中心，创新构建跨境数字经济合作服务链。重点建设中国—东盟（钦州）华为云计算及大数据中心、钦州华为数字小镇、中马钦州产业园区北斗及遥感卫星应用创新创业基地、中国—马来西亚（钦州）产业园数据中心、中国—东盟（钦州）华为云计算及大数据中心、大数据产业基地、颐高钦州数字经济产业园、中马钦州产业园区互联网安全产业基地等大数据项目，促进大数据云计算领域企业的集聚发展。

跨境电商。规划建设钦州保税港区跨境电商产业园，完善跨境电商综合服务平台，推动开展跨境电商网购保税进口业务。按照政府启动、市场运作的思路，打造本地化国际电商平台。对接东盟国家优质农产品资源以及东盟快速增长的电子产品、日用品市场，建设跨境电商进出口通道。鼓励试点企业以东南亚为重点，进口全球商品，在海关特殊监管区围网内先行先试保税展示交易业务，允许试点企业在保税展示交易完成后再进行核算和缴纳有关税款。

（六）总部经济

航运物流企业总部。完善航运服务企业支持发展政策，引进全国乃至全球知名航运企业设立航运、物流区域总部或运营中心。依托北部湾国际门户港航运服务中心，通过优惠政策扶持、精细化服务等方式，积极吸引港航服务企业设立地区（区域）总部、分支机构等。鼓励港航物流龙头企业发挥总部经济的示范效应和乘数效应，吸引航运产业链上下游企业和航运物流要素向心集聚发展。鼓励和支持港航物流龙头企业通过购地建楼、购买/租赁物业等方式，建立面向东盟的航运物流区域总部。

国际贸易企业总部。积极引进国际贸易新业态新模式新产业，推动相关领域企业总部入驻。重点引进一批国内外大型企业、跨国公司、供应链服务企业和贸易集成商设立企业总部、区域总部或贸易结算总部,全面提升钦州港片区对外辐射力和影响力。

金融企业总部。依托面向东盟的金融开放门户建设,探索实施"两国双园"金融"点对点"开放,创新构建高效便捷的跨境金融服务链[1]。重点推进物流金融、科技金融、航运金融等领域企业向特定楼宇集中或新建品牌楼宇,促进数字金融楼宇经济加速发展。大力引进符合条件的私募基金管理人、证券公司、商业银行、金融资产投资公司等金融机构发起设立民营企业股权融资工具,支持符合条件的内地和港澳台机构在钦州港片区设立融资租赁公司。

(七) 综合保税

保税加工。鼓励和支持依托"两国双园"等合作模式,发展协作生产等加工贸易形式。重点加快燕窝加工贸易项目、清真产业园项目等产业项目建设,着力推进燕窝等跨境特色产品保税加工,重点构建钦州产业园燕窝、榴莲等东盟特色食品加工跨境产业链。

保税物流。依托钦州综合保税区,加强与东盟国家(地区)的保税物流合作,推进钦州至中亚国际货运班列常态化运行,提升服务保税物流发展的能力。支持企业在连接粤港澳大湾区与东盟的西部通道综合物流基地设立采购和配送基地,开展跨境物流业务。加快物流企业"走出去"步伐,鼓励有条件的物流企业通过收购兼并、合作共营等方式,开展国际化经营,加快钦州综合保税区跨境电商保税网仓等建设,积极发展"海外仓""沿边仓"[2]。积极促进钦州综合保税区、北海综合保税区、防城港保税物流中心等的产业联动,实现互利多赢。

保税交割。积极争取国家层面政策支持,深化与上海期货交易所合作,争取上海期货交易所在钦州港片区设立期货交割仓库,培育发展期货保税交割、仓单质押融资等新业态。优化保税监管和检验监管模式,优化期货原油进出综保区物流方式,大力扩大原油期货保税交割业务规模,积极拓

---

[1] 周红梅. 广西自贸试验区加速打造跨境产业链服务链 [N]. 广西日报, 2021-01-24.
[2] 黄华文. 推动钦州融入亚太区域经贸一体化 [J]. 经济, 2022 (3): 124-125.

展到能源、矿产、化工等大宗资源类商品。引进期货类金融机构依法设立分支机构或专业子公司。

融资租赁。在符合海关监管要求的前提下,对融资租赁大型设备未实际进入钦州保税港区的,探索实行海关异地委托监管。培育融资租赁主体,支持符合条件的内地和港澳台机构在钦州港片区设立融资租赁公司。

广西自贸试验区钦州港片区产业发展的重点领域和关键环节具体见图5-4。

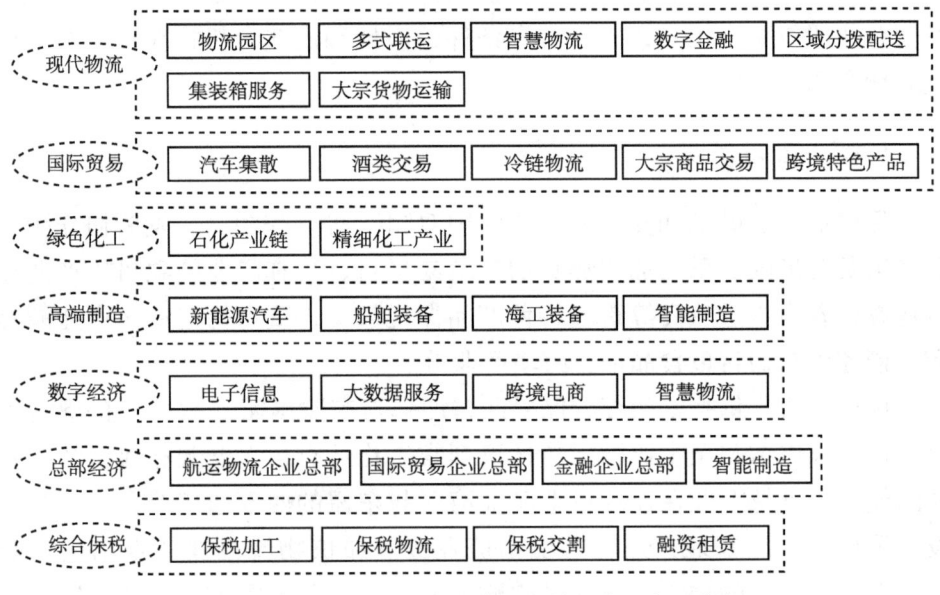

图5-4 广西自贸试验区钦州港片区产业发展方向

三、崇左片区产业发展的重点领域和关键环节

(一) 跨境加工制造

推动开展跨境加工贸易。促进资源的调整和配置,推进沿边口岸生产加工区、互市区建设,增强口岸生产加工功能。大力发展口岸生产加工或转口加工,构建深加工产业链,实现产品就地生产,降低生产运输成本。大力发展"口岸+落地加工",推动规范互市进口商品落地加工,积极引

导进口热带水果、农副产品、中药材和红木等边境特色加工业集聚发展。

积极构建跨境电子加工产业链。规划建设江门（崇左）产业园，大力发展电子信息、东盟特色产品加工、家居制造和轻工纺织、机械装备制造等产业，承接粤港澳大湾区产业梯度转移，打造具有一定影响力的沿边产业园区。积极承接东部地区和国际产业链关键环节、关键企业转移，尤其是粤港澳大湾区、长三角、成渝经济圈电子信息产品、电子零部件及新材料产业转移，与东盟国家整机组装企业形成产业配套，探索中越"两国双园"跨境产业合作新模式，推动构建中国—东盟（中越）跨境电子加工产业链。

（二）跨境贸易

推出特色边境贸易监管政策。充分利用边境贸易货物监管中心功能，对标国际最高水平，实施更高标准的"一线放开""二线安全高效管住"贸易监管制度，进一步降低"一线"干预力度，提升"二线"监管效能。充分发挥中国—东盟边境贸易凭祥（卡凤）国检试验区创新功能，优化针对特色农产品、以红木为代表的林木产品等东盟特色进口产品的监管方式，进一步简化通关程序，实现企业通关提质增效。

推出边境跨境电商支持政策。依托崇左跨境电商综试区，规划建设跨境产业合作试验园（跨境电商产业园）。探索边境跨境电商发展新模式，带动本地传统商贸企业转型发展，实现跨境电商与全行业领域融合发展。发挥跨境电子商务龙头企业带动作用，重点支持外部电商企业在凭祥综合保税区设立电子商务总部或区域性、功能性总部，面向总部型电商企业出台税收、人才等一系列优惠政策，增强总部型企业的集聚效应。

建立进口东盟特色产品集散交易中心。改变凭祥长期以来仅仅作为通道承接国内及东盟水果进出口贸易的现状，创造大宗商品集聚效应，建设面向东盟的大宗农产品、机电产品、矿产品、特色工业产品等国际贸易平台和现货交易中心、交易市场，打造立足东盟、辐射全国、面向全球的进口东盟特色产品集散交易中心。推进边民互市贸易进口商品落地加工，建设中国—东盟中草药及农产品加工销售市场，建立东盟非标农产品标准化加工体系。

发展跨境电商平台经济。以制度创新和企业创新为动力，做大做强跨境电商平台经济，持续推动制造业、商贸业、物流业、金融业跨境电子商务应用，形成完善的跨境电商生态链，努力将凭祥建设成为发展环境优越、支撑体系完善、地方特色明显的跨境电商平台运营中心和重要基地，打造面向东盟的主要跨境贸易门户。

推动边民合作社转型升级。扩大边民合作社业务范围，推广和拓展跨境电商业务，强化部分合作社边民互市贸易交易跨境结算功能。加强有关业务指导及培训，提升边民合作社贸易往来方式的电子化、信息化水平。不断完善《凭祥市边民互市贸易合作社管理制度》，探索具有凭祥特色的边民合作社监管模式。

（三）跨境金融

提高金融服务专业化水平。推进个人金融服务便利化，积极发展消费金融、资产管理等业态，壮大国内外消费市场。积极发展绿色金融，建立绿色金融发展鼓励政策体系，加快绿色金融产品创新。支持保险服务业务发展，鼓励开展跨境保险业务，建立与东盟国家的保险产品互认。支持保险公司投资养老健康产业，在土地、融资等方面给予支持和优惠。

建立面向东盟的离岸结算中心。完善中国—东盟跨境支付体系，推动中越贸易金融发展。积极争取国家有关部委支持，建立完善中国—东盟跨境结算平台，提供货币兑换、清算结算、在线交易、渠道接口、开户入驻等服务，支持不同业务模式下的个人汇款、换汇、贸易结算、增值业务与中间业务。引入和批准成立一批具有区域性货币特许兑换资质的货币兑换公司，鼓励第三方支付企业开展面向东盟的跨境支付业务试点。

（四）跨境物流

强化物流资源整合。大力开展跨境物流产业招商引资，瞄准国际、国内知名的物流企业，鼓励其进行资源整合，凭借完善的流通组织体系、高效的信息平台、先进的发展理念和管理模式来提升跨境物流现代化水平，最大限度地发挥其示范带动效应。鼓励现有物流企业与国内外物流业大集团大企业通过参股、控股、合资、合作等多种形式进行资产重组联合，加强资源整合，组建行业联盟，建立现代企业制度，加快向第三方物流升级转型，培育一批核心竞争力强、规模较大的物流企业集团。鼓励有条件的工商企业将物流业务从主业中剥离，成立独立的物流企业，或将物流业务外包给第三方物流企业。

加大对中小物流企业扶持力度。积极推进中小物流企业创新物流服务模式，加强资源整合，激发活力。着力整顿和规范物流市场秩序，提高企业诚信运作和专业化服务的水平。通过骨干企业的发展，带动中小企业提升能级，实现互利共赢，共同发展。建立物流企业信用评价体系和物流企业诚信监督制度，引导物流企业健康发展。

完善物流配套设施。完善口岸交通基础设施，建设凭祥跨境公铁联运物流港、凭祥智慧口岸。建设凭祥综保区快速通道二期工程、出口加工区路网工程、中越弄怀—谷楠货运专用通道、凭祥市农产品加工物流园配套道路工程，改造卡凤区域交通路网。建设物流集散中心，加快广西凭祥东盟农副产品集散中心、凭祥跨境物流园智能公路港、冷链物流设施建设，提高跨境物流整合匹配效率。推动经友谊关口岸的中越直通车延伸至崇左江州区、南宁、深圳等地。

（五）跨境旅游

打造"旅游+健康养老"特色品牌。依托广西生态优势、长寿品牌和特色资源，组建产业联盟，强化与营销企业、品牌推广企业等相关支持机构的合作，以营销策略创新促进区域品牌建设，提高品牌在国内外市场的知名度与竞争力。积极发展中医养生养老服务产业，建设一批创意新、起点高、功能完善、设施先进、服务高端的国际化度假养老中心和养老基地。

提高旅游行业对外开放水平。进一步简化出入境手续，便利公民申办边境旅游出入境证件，推进双边人员及车辆往来便利化。推动开展中越旅游异地审批工作，争取一年多次往返出入境证件，允许持用一年多次有效出入境通行证的人员纳入自助通关范围，设置团队游客绿色通道。

完善国际性交通枢纽设施。完善交通基础设施建设，提升"公对铁""铁对铁""铁对海"等多式联运体系服务旅游产业发展的能力。提升口岸基础设施建设,全面实现口岸智慧通关功能,提升人员通关便利化水平。

第六节 广西自贸试验区推进产业发展的对策措施

一、强化产业精准招商

(一) 优化产业招商机制

统筹自贸试验区招商力量,完善片区联合招商工作机制,构建全方位、立体化招商机制。研究建立重点产业重点企业库,建立领导挂帅"招大商"机制,把"项目带动"作为推动片区产业发展的重要抓手,形成在谈项目、合同项目、建设项目和投产项目滚动推进的良性循环机制。探索建设全球招商中心,拓宽国际化招商渠道、扩大全球招商覆盖面,加快建立国际化、市场化、专业化的招商队伍,创新外商投资管理服务新机制①。

(二) 积极创新招商方式

多渠道多方式开展形式多样的招商,探索"互联网+招商"模式,推行线上洽谈、定制推介、远程签约②。推动片区招商公司实质性运营,实行市场化、专业化、精准化招商。大力开展重大招商活动,重点引进一批重点产业项目和总部企业落地。优化招商引资项目审核流程,加快招商引资项目落地见效。开展市场化招商,突出产业链招商,积极利用已落地的央企、国企、行业龙头等企业平台开展以商招商、二次招商,形成政企联动,合力开展其上下游产业链及关联企业的招商。针对引进外资企业比较少的问题,探索建设全球招商网络。

(三) 强化产业链招商

围绕片区重点发展产业,强化产业链研究,突出面向东盟的产业协同链

---

① 刘曙华,周青. 南宁:破瓶颈为自贸区企业发展注入强劲动力 [J]. 当代广西,2021 (Z1):29-30.

② 谭秀洪,周罡. 全国自贸试验区建设阶段性特征 [J]. 中国外资,2021 (7):38-43.

条中的"缺链"环节进行招商。开展产业链固链行动，聚焦重点产业链，建立龙头企业"一对一"联系机制，落实援企惠企政策，发挥"互联网+"作用，引导企业稳固供应链，提升产业链的水平。制定产业链图谱、招商引资地图，实施产业链发展计划，试行产业发展"链长制"，由厅级领导担任总链长，由处级领导担任重点产业链链长，统筹推进产业链企业发展、招商引资、项目建设、人才引进等全流程工作。

二、加强产业用地支持力度

（一）探索土地高效利用

土地按不同功能用途混合利用，实现同一地块或同一建筑多种功能兼容，实行产业用地弹性年期供应①。积极创新供给方式，采取多用途综合用地的方式（含工业、研发、商办、居住等用途）供地，探索建立以租赁方式供应为主、出让方式供应为辅的用地供应制度，鼓励产业项目采取长期租赁、先租后让、租让结合、弹性年期出让等方式取得土地使用权。

（二）探索土地转型利用

允许符合条件的企业调整用地结构，增加服务型、研发型制造业务设施和经营场所，并可按原用途使用土地。探索应用节地技术和节地模式，在符合《广西壮族自治区国土空间规划（2021—2035年）》的前提下，支持对存量工业用地进行地上、地下空间综合开发，进一步提高工业和研发用地容积率。深化建设用地审批和监管制度改革，建立健全用地供地监管机制，对项目用地未达到承诺使用要求的，依法进行相关处置。着力优化用地布局，平衡调配土地资源，盘活存量土地资源，争取将部分用地性质调整为产业用地，腾挪更多的产业发展增量用地空间。

（三）探索利用飞地经济模式

制定出台跨区域数据、利税等利益联结共享办法，解决制造业等实体经

---

① 邬小平，黄少宏. 南沙自贸片区将全球路演招商[N]. 南方日报，2015-08-19.

济发展用地瓶颈，拓展发展空间。探索与片区实施范围外县（区）、开发区（尤其是三大片区的协同发展区）协同开展"飞地经济"合作机制创新，创新企业集群注册模式，推动"飞地"项目适用片区税收优惠和政策支持，满足企业发展需求，实现片区与合作县（区）、开发区共赢发展。每年在下达年度土地利用计划时，单独安排广西自贸试验区一定规模的农用地转用指标，由自治区保障耕地占补平衡。

（四）统筹做好规划空间保障

科学编制各级各类国土空间规划，统筹布局农业、生态、城镇空间，划定落实永久基本农田、生态保护红线、城镇开发边界三条控制线[1]。加快推进自贸试验区片区规划调整，突出加强自贸试验区片区国土空间规划保障，在编制市县级国土空间规划的过程中，将广西自贸试验区纳入国土空间规划，重点保障三大片区重点产业、创新驱动等项目用地需求。在具备条件时，对广西自贸试验区三大片区土地利用年度计划实行单列管理，根据开发进展需要，依法对国土空间规划进行修改，确保重大项目建设用地需求。

（五）合理保障用地规模

各地在深入分析三大片区产业发展目标、用地需求、土地开发强度、存量及低效用地、投入产出效益等的基础上，科学确定功能片区用地规模、结构和空间布局，留足合理的发展空间。广西自贸试验区区域内所有基础设施以及公共服务设施类项目的占补指标由自治区统筹解决，或是用地占补平衡按"占一亩补半亩"或不用占补的方式。

三、全面优化营商环境

（一）积极探索片区法治建设

对于需要突破现有法律法规的制度创新，积极通过自治区自贸办向国

---

[1] 朱四海. 碳达峰碳中和的制度保障与技术支撑研究［J］. 发展研究，2022（1）：52-62.

家部委和自治区人民政府提请审核,将国家和自治区下放的各类管理权限,以地方立法的形式加以完善、固定和细化。在《中国(广西)自由贸易试验区条例》的基础上,鼓励和支持三大片区制订片区条例,进一步以地方性法规的形式向国内外投资者展示自贸试验区坚持法治先行的态度,营造国际一流营商环境,有效保护国内外市场主体的合法权益。

(二) 建立实施负面清单制度[①]

根据沿边沿海区域特点,研究出台特色版"负面清单"制度,大幅为产业投资松绑。严格落实"一张清单"管理模式,确保"一单尽列、单外无单"。研究建立市场准入负面清单事项与现有行政审批流程衔接,建立市场准入负面清单事项与外商投资负面清单的衔接。鼓励政策法规没有明确规定的领域,借鉴国际经验,先行先试;对国家只作原则性规定的领域,制定相应的实施细则,探索发展。研究建立第三方评估机制,完善负面清单制的事中事后监管。

(三) 深化推动业务办理流程再造和效率变革

建立完善和推广"一窗通办"和"一网通办"。持续深化"一站式中心"改革,从企业开办到业务审批,优惠政策落实和企业注销,全面归总到一个窗口办理。推进工程建设项目工程规划、施工许可、监督检查、竣工验收、不动产登记、供排水接入等全过程审批和监管单一窗口和"一站式"并行办理。加快推动海关相关业务"单一窗口"和口岸业务"一站式"办理和查询。推动相关业务归总到"一表申请",压缩和精简企业业务办理事项和时程。加快完善片区网站,逐步推动将企业开办、项目审批、注销、税务等业务迁移至互联网,引入人工智能信息化技术,逐步扩大"一网通办"业务范围。

[①] 负面清单是一种外商投资管理模式,是指一个国家或地区在面对外商投资时所采取的管理模式,负面清单管理模式实际上是原则的例外,透视的是"法无禁止即可为"的法理。负面清单实施可以吸引更多外资,新增更多的外资项目,提高外资进入市场效率。

（四）全面推进证照分离改革

逐步推动"一业一证"全覆盖。研究将国家层面和广西区层面设定的涉企经营许可事项全部纳入改革范围，大幅减少审批和优化审批服务，分类推进改革。根据片区主导产业特点以及与东盟合作比较多等特点，深化"一业一证"改革试点，并逐步扩大适用范围。

四、创新投融资模式

（一）强化财政融资体制改革创新

拓宽财政融资渠道，多渠道争取各级财政支持，及时做好项目筛选、项目储备等前期准备工作，加强项目对接，千方百计争取中央、广西区及市财政给予广西自贸试验区更多的财政支持①。加大政府债券的支持力度，广西区层面一定年份内每年安排一定规模的地方政府债券，用于广西自贸试验区的基础设施建设。搭建银政合作平台，构建广西自贸试验区银政合作机制，形成政府与银行合作互动的良好格局。广西区层面设立的基础设施投资基金、产业投资基金等，对广西自贸试验区符合条件的重点项目给予优先支持。

（二）支持建立产业发展基金

放大中央、广西区扶持资金的杠杆效应，在国家、广西区专项财政资金和整合部分财政资金的基础上，建立广西自贸试验区产业发展基金和产业投资基金，积极吸引金融机构、社会资本参与，加大对符合产业政策、对经济发展带动作用强的项目支持力度。建立建设资金市场化筹集机制，广泛吸纳社会资本、民间资本参与广西自贸试验区建设。以政府无偿投入方式，采取补贴、奖励、配套资金、补助和贷款贴息等多种形式，支持广西自贸试验区优势产业和重点产业的发展。

---

① 刘曙华，周青. 南宁：破瓶颈为自贸区企业发展注入强劲动力［J］. 当代广西，2021（Z1）：29－30.

（三）深化金融领域改革创新

协调相关金融部门适度放宽融资政策，鼓励金融机构加大对沿边地区的信贷支持力度，对沿边地区分支机构适度调整授信审批权限。依托国家赋予广西自贸试验区的相关支持政策措施，积极探索建立面向东盟的人民币国际金融结算和服务中心，开展人民币回流境内试点。在跨境人民币结算、外汇管理、多种所有制金融企业进入、离岸金融业务发展等方面深化改革，拓展中国与越南等东盟国家的金融合作。

（四）探索推进项目融资模式

按照项目时序、行业类别、市场化程度、成熟度等，筛选一批符合广西自贸试验区产业发展方向的重大建设项目，采取合理定价、公共收费、政府补贴和项目代建等方式对项目进行策划包装，积极吸引战略投资者和民间资金采取 BOT、PPP、TOT 等模式推进建设。支持广西自贸试验区内企业利用项目融资、融资租赁、保险资金、民间资金和战略投资等方式融资，支持符合条件的企业发行企业债券。

五、提升服务企业水平

（一）优化服务企业机制

创新工作模式，借鉴服务企业项目工作机制，建立处级领导联系重点企业制度，专门协调解决企业入驻三大片区全过程涉及的问题。探索建立企业家参与涉企政策制定机制，建立企业家参与涉企政策制定的决策咨询机制。充分利用网上政务平台和微信公众号，建立健全畅通便捷的政企互动网络平台。研究建立政府与企业家常态化沟通机制，建立片区重大经济决策主动向企业家问计求策的程序性规范。建立龙头企业"一对一"联系机制，落实援企惠企政策。

（二）加大服务企业力度

全面优化工作方式，增强主动服务企业意识，加强与企业的联系，加大产业政策宣传力度，全面落实相关优惠政策。按"以企业为中心"的理念设计、建立片区企业登记注册有关制度体系，加快解决企业当前反映较突出的注册登记系统运行不稳定、不能选择线下线上两种途径办理、登记住所和经营活动地址不一致等问题。持续梳理重点领域龙头企业及其核心配套企业名单，动态调整、压茬推进，协调解决企业遇到的实际问题，打通难点、堵点，让产业链有效"转"起来，带动产业链上下游、中小企业共同发展[1]。

（三）强化行业龙头企业的带动作用

强化龙头带动，发挥行业排头兵企业示范引领作用。绘制自贸试验区生态产业链全景图和产业招商地图，打造产业全过程的完整产业链，大力实施创新驱动"强链"，整合提升配套中小企业，加大产业链两端工序的延伸，着力引进、培育专业产品生产的小微企业，补齐产业链，做大产业集群。通过专项政策有效激发企业数字化改造的积极性，切实发挥其示范引领作用，带动区内企业整体数字化水平和智能制造水平的提升。

（四）探索建立企业家参与涉企政策制定机制

研究制定片区企业家参与涉企政策制定的具体办法，明确分类听取意见建议等规范性要求。建立企业家参与涉企政策制定的决策咨询机制[2]。充分利用网上政务平台，健全畅通便捷的政企互动网络平台。研究建立政府与企业家常态化沟通机制，建立政府重大经济决策主动向企业家问计求策的程序性规范。

六、加大产业人才培引力度

（一）完善高端产业人才政策

柔性引才吸引国内骨干人才。进一步完善自贸试验区人才引进激励政

---

[1] 申少铁. 中小企业复工率超八成［N］. 人民日报, 2020-04-17.
[2] 刘曙华, 周青. 南宁：破瓶颈为自贸区企业发展注入强劲动力［J］. 当代广西, 2021（Z1）：29-30.

策，不断增强人才吸引力和竞争力。围绕广西自贸试验区三大片区主导产业发展需求，完善高层次人才政策，建立高层次人才"一站式"管理与服务平台，重点吸引海外产业领军人才、管理服务型人才、创新创业人才、高技能型人才、基础型人才等[1]。对符合片区鼓励发展产业以及片区开发战略合作伙伴、招商合作伙伴的企业高管、骨干科研人才以及其他急需紧缺专业人才，实施引进人才奖励。加强创新创业产业园区等载体、平台和项目对高层次创新创业人才的集聚作用，鼓励企业与珠三角、长三角、京津冀等区域高校、科研院所开展合作，设立"候鸟型"人才工作站、院士工作站和博士后工作站等柔性引才平台。深度跟踪对接专家团队，重点关注团队一线骨干人才的柔性引进，推行双向兼职、短期工作、项目合作、联合聘用、人才驿站、周末工程师等柔性流动方式，吸引一批高层次人才。

"点对点"吸收科技创新创业人才。梳理广西自贸试验区三大片区重点产业人才需求，积极推动本地企业与全国知名高校间校企战略合作，支持高校、科研院所科研人员在广西自贸试验区片区转化成果、创新创业。举办高层次人才引进洽谈会、海外留学人才创业行、创业创新项目大赛、人才发展高端论坛等活动，助力创新创业人才和项目落地开花。发布桂籍人才和在桂大学生招募，吸引大学生、留学归国人员、大企业高管和连续创业者、科技人员等创业"新四军"到广西自贸试验区创业。

(二) 加强产业人才相关机制建设

加快实施外国人来华工作许可制度、细化外国高端人才服务"一卡通"细则和落实科技创新引才引智计点积分制度，构建更加开放灵活的人才引进机制。畅通企事业单位、社会各方面人才流动渠道，吸引高端创新人才进入广西自贸试验区发展。加强与入驻企业对接服务，立足区内大专、高中职院校资源，加大高级技工人才培养，为广西自贸试验区建设提供充足技工人才保障。积极推动将企业各领域人才更多地认定为高层次人才，支持广西自贸试验区片区设立人才小高地，打造高层次人才聚集平台。大力鼓励东盟国家政府与非政府组织开展多层次人才交流与合作，继续构建

---

[1] 刘曙华，周青. 南宁：破瓶颈为自贸区企业发展注入强劲动力 [J]. 当代广西，2021 (Z1)：29-30.

与东盟各国人才融通交流平台。建立以人才资本价值实现为导向的分配激励机制，探索和完善分红权激励、超额利润分享、核心团队持股跟投等中长期激励方案。

建立留才用才的常态化机制。加强顶层设计，结合片区产业发展重点，明确人才缺口，建立高端人才库，研究制定定向引进策略。对于符合要求的专业领域专家、人才、团队提供落户、住房、购房、个人所得税减免、子女入学、直系亲属家庭成员医疗保障、带薪公休假等政策，提供免税产品折扣、汽车租赁优惠等系列配套消费优惠政策。

健全人才激励评价机制。强化和完善人才激励机制，综合运用政治激励、精神激励、物质激励等激励机制，重奖在片区产业发展中突出贡献的人才。加大对人才职称的奖励，提高高层次人才的生活和工作待遇。建立制定外国人才认定标准、市场专业机构认定评价、第三方机构监管的人才遴选机制，提升外国人才评价的开放度。推进企事业单位主导的人才评价新机制，开展企业职称自主评价和技能人才自主评价试点，逐步对符合条件的企业和行业协会、学会等社会组织放开行业内人才开展专业技术资格自主评价。

（三）完善产业人才服务环境

为国际人才提供便捷服务。制定出台符合广西自贸试验区建设的外国人才分类标准，降低外国人才的准入门槛，允许各行业急需紧缺、具有技术专长的外籍技术技能实用人员在广西自贸试验区工作，提供办理口岸签证、长期签证、居留许可和永久居留便利。外国专家、人才、团队在同等享受国内人才政策的基础上，进一步放宽永久居住签证办理条件。突破创新外国人来华工作许可审批机制，实行工作岗位"负面清单"管理和工作证"极简审批"。依托"外国人服务综合窗口"，实现外国人来华工作许可、居留许可、检验检疫、购房、人才补贴等一系列涉外手续"一站式"服务。

优化人才生活环境。进一步加大广西自贸试验区片区教育、医疗、文化、信息等领域建设力度，提升地方生活条件，确保人才引得进、留得住。加强高层次人才到广西自贸试验区片区工作和生活提供便利化服务，为在广西自贸试验区内工作的各类高端人才、专门人才提供出入境、停居留管理、户口登记或者居住证办理、配偶就业、子女就学和医疗保障等方面便利。建设人才公寓，打造高品质国际人才社区，在本地居住、子女入学、医疗服务等方面提供保障和便利。强化对海外人才在项目申请、工作资质、生活保障等方面的支持力度，做优做精针对引进人才的教育、医疗等配套服务，为外籍科学家的工作许可、落户、子女教育等提供绿色通道。

第七节 本章小结

提高产业竞争力是自贸试验区的核心目标，也是自贸试验区建设发展的出发点和落脚点。由于我国幅员广阔，各地区的区位条件、自然禀赋、产业基础等存在的差别比较大，我国不同地带的自贸试验区在产业发展方向上存在巨大的差异，由此形成了沿海型自贸试验区、内陆型自贸试验区、沿边型自贸试验区等不同类型的产业发展模式，甚至在不同省（区、市）自贸试验区之间以及同一省级行政区内不同自贸试验区片区之间产业发展方向上也存在一定的差异，这种差异反映决策层尊重产业发展客观规律、激发内在发展潜能的考量。我国自贸试验区将现代服务业、先进制造业等作为产业发展重点方向，前瞻布局现代化产业体系，产业发展类型多元化、多样化，产业发展数量保持在合理区间，这是自贸试验区实现产业集群高质量发展的根本前提。广西自贸试验区产业发展定位十分明确，区域功能布局合理，三大片区在产业发展方面取得了一定的成绩，但存在的产业发展基础比较薄弱、产业发展空间严重不足、产业人才缺乏等瓶颈和问题亟待破解。根据广西自贸试验区三大片区产业的发展条件和未来定位，南宁片区重点发展现代金融、数字经济、文体医疗、新兴制造和现代物流；钦州港片区重点发展现代物流、国际贸易、绿色化工、高端制造、数字经济、总部经济和综合保税；崇左片区重点发展跨境加工制造、跨境贸易、跨境金融、跨境物流和跨境旅游（见图5-5）。聚焦三大片区产业发展的重点领域和关键环节，组织实施精准招商、用地支持、营商环境优化、投融资模式创新、服务企业、人才培引以及产业创新、产业集群发展行动计划，加快促进广西自贸试验区内外部产业要素协同联动和畅通无阻,实现产业高质量融入国际国内"双循环",打造全区产业振兴的引领区和示范区,为其他功能区发展现代化产业体系、实现产业高质量发展提供示范和树立标杆。

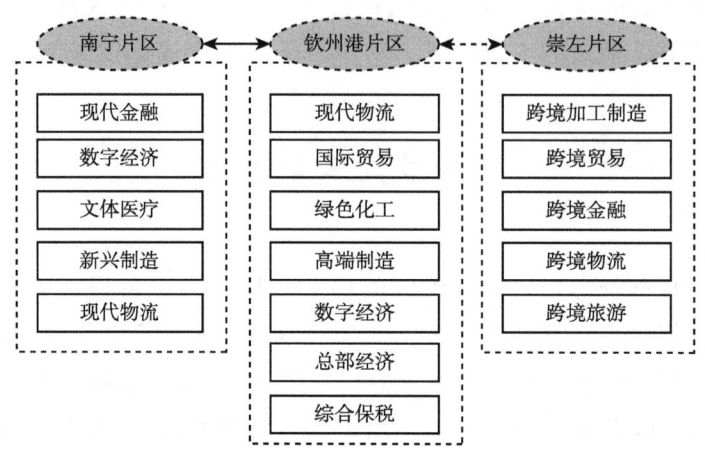

图5-5 广西自贸试验区三大片区产业发展方向

第六章

制度竞争力：广西自贸试验区制度创新的具体实践与突破方向

第一节 我国自贸试验区改革创新的主要成就

2008年全球金融危机以来，国际经济格局发生明显变化，越来越多的国家开始从经济驱动向规则驱动转变，国际经贸规则从边境规则向边境内规则延展。我国自贸试验区围绕各自改革试点任务、中央有关部门工作部署以及打造优势产业、适应市场主体需求和对标国际高标准经贸规则等，积极推进制度创新并取得了丰硕成果，有效推动了全国经济开放从要素流动型开放向规则、制度、标准、管理等制度型开放的转变。

一、总体上形成了一大批改革创新成果

自2013年上海自贸试验区设立以来，推出以"五个率先"[①]为代表的一批改革创新举措，形成了一系列可复制可推广的经验，具体包括：以负面清单管理为核心的外商投资管理制度基本建立，以贸易便利化为重点的贸易监管制度有效运行，以资本项目可兑换和金融服务业开放为目标的金融制度创新有序推进，以政府职能转变为核心的事中事后监管制度初步形

---

① "五个率先"即率先实施外商投资准入前国民待遇加负面清单管理模式、率先建立以国际贸易"单一出口"为重点的贸易便利化管理制度、率先以跨境服务贸易负面清单管理模式为代表推进服务业综合开放、率先实施"证照分离"等政府管理改革、率先探索自由贸易账户等举措。

成等①。根据相关统计数据，自贸试验区累计在国家层面复制推广 302 项、地方自主推广 2800 余项制度创新成果，推进了一大批重要的基础性改革与高水平开放举措，打造了以开放促改革、以改革促发展的生动样板。

  自贸试验区改革试点经验主要通过多种方式予以复制推广，具体包括国务院发函等方式集中复制推广、由国务院自由贸易试验区工作部际联席会议办公室总结印发以供各地借鉴的"最佳实践案例"、各部门自行复制推广改革试点经验等。2014 年 12 月，国务院印发《关于推广中国（上海）自由贸易试验区可复制改革试点经验的通知》，明确在全国范围内复制推广改革事项 28 项，涉及投资管理、贸易便利化、金融领域、服务业开放、事中事后监管措施等领域②。2016 年 11 月，国务院印发《关于做好自贸试验区新一批改革试点经验复制推广工作的通知》，一共提出 19 项可复制推广的改革事项。2017 年 7 月，商务部等五部门发布《关于做好自贸试验区第三批改革试点经验复制推广工作的函》，明确会展检验检疫监管新模式、进口研发样品便利化监管制度等 5 项改革试点经验并在全国复制推广。2018 年 5 月，国务院印发《关于做好自贸试验区第四批改革试点经验复制推广工作的通知》，在服务业开放、投资管理、贸易便利化、事中事后监管等领域向全国推广共计 30 项改革试点经验。2019 年 4 月，国务院印发《关于做好自贸试验区第五批改革试点经验复制推广工作的通知》，在投资、贸易便利化、事中事后监管等方面推广复制 18 项试点经验。同时，各自贸试验区还先后形成国际贸易"单一窗口"、跨境电商监管新模式等 12 项"最佳实践案例"。2020 年 6 月，国务院印发《关于做好自贸试验区第六批改革试点经验复制推广工作的通知》，在投资、贸易便利化、金融开放创新、事中事后监管、人力资源等方面推广复制 37 项试点经验。2023 年 7 月，国务院印发《关于做好自由贸易试验区第七批改革试点经验复制推广工作的通知》，在投资贸易便利化、政府管理创新、金融开放创新、产业高质量发展、知识产权保护等方面向全国范围复制推广 22 项改革事项。截至

---

  ① 李猛. 中国自贸区服务与"一带一路"的内在关系及战略对接 [J]. 经济学家，2017（5）：50 - 57.

  ② 舒凯. 自贸试验区给服务外包产业的大机会——专访对外贸易经济大学副教授姜荣春 [J]. 服务外包，2015（7）：22 - 27.

2023年底，我国自贸试验区已经实施形成并向全国复制推广302项制度创新成果，涉及政府职能、营商环境、海关监管、贸易便利、投资自由、金融开放等领域。其中，国务院发文集中复制推广7批共167项改革试点经验（见表6-1）；联席会议办公室印发4批共61项"最佳实践案例"；有关部门自主复制推广自贸试验区形成的74项改革经验。

表6-1　　　　我国自贸试验区改革试点经验复制推广情况

领域	第一批	第二批（新一批）	第三批	第四批	第五批	第六批	第七批
在全国范围内复制推广的改革事项							
投资管理	9	3	—	6	5	9	—
贸易便利化	5	7	3	9	6	7	3
政府管理	—	—	—	—	—	—	5
金融领域	4	—	1	—	—	4	6
产业高质量发展	—	—	—	—	—	—	5
服务业开放	5	—	—	5	—	—	—
知识产权保护	—	—	—	—	—	—	3
事中事后监管措施	5	2	1	7	6	—	—
人力资源	—	—	—	—	5	—	—
在自贸试验区复制推广的改革事项							
投资管理	—	—	—	—	1	3	1
在海关特殊监管区域复制推广的改革事项							
海关监管	3	7	—	3	—	—	—
检验检疫	3		—	—	—	—	—
在沿海地区复制推广的改革事项							
	—	—	—	—	—	1	—
在二手车出口业务试点地区复制推广事项							
	—	—	—	—	—	1	—

续表

领域	第一批	第二批 （新一批）	第三批	第四批	第五批	第六批	第七批
在保税监管场所复制推广事项	—	—	—	—	—	1	—
在成都铁路局局管范围内复制推广事项	—	—	—	—	—	1	—

资料来源：《国务院关于推广中国（上海）自由贸易试验区可复制改革试点经验的通知》（国发〔2014〕65号）、《国务院关于做好自由贸易试验区新一批改革试点经验复制推广工作的通知》（国发〔2016〕63号）、《商务部 交通运输部 工商总局 质检总局 外汇局关于做好自由贸易试验区第三批改革试点经验复制推广工作的函》（商资函〔2017〕515号）、《国务院关于做好自由贸易试验区第四批改革试点经验复制推广工作的通知》（国发〔2018〕12号）、《国务院关于做好自由贸易试验区第五批改革试点经验复制推广工作的通知》（国函〔2019〕38号）、《国务院关于做好自由贸易试验区第六批改革试点经验复制推广工作的通知》（国函〔2020〕96号）、《国务院关于做好自由贸易试验区第七批改革试点经验复制推广工作的通知》（国函〔2023〕56号）。

二、初步建立了符合国际标准的投资服务体系

在对接国际标准方面，以推动投资自由化、便利化为导向，创新外商投资管理制度，初步建成了符合国际标准的投资服务体系。各自贸试验区全面启动、建立了"准入前国民待遇＋负面清单"的投资管理基本制度。外商投资试行"准入前国民待遇＋负面清单管理制度"是自贸试验区在政策开放度、政策透明度和与国际通行规则接轨制度等三大领域的重大进步。负面清单管理简化和优化了外资进入审批，对接国际自由贸易协定中采用的负面清单这个主要形式，加快了我国制度上与国际通行规则接轨的步伐，为全国外贸投资管理制度改革提供样本和路径。

三、极大提升了通关贸易便利化水平

在通关便利方面，各自贸试验区聚焦不断深化国际贸易"单一窗口"建设，围绕降低企业通关成本、集约和简化管理措施的要求，推动贸易监管制度创新。在贸易监管方面，各自贸试验区均建立和完善了以国际标准

化、便利化为基本特征的贸易监管制度框架，建设以国际贸易"单一窗口"为代表的跨部门统一监管服务平台，打通了国际贸易链条上的海关、海事、出入境、商务、港务等30多个业务部门的监管服务和信息通道。同时，国际贸易"单一窗口"功能还向金融、退税、结付汇、信保服务等领域延伸，实现外贸业务在单一窗口上"一站式"办理，极大提升了贸易便利化程度，为发挥贸易对开放的先导作用探索了成功的模式。

第二节 广西自贸试验区制度创新取得的成效

广西自贸试验区坚持以制度创新为核心，以可复制可推广为基本要求，积极为国家试制度、为改革闯新路、为广西谋发展，探索形成了一批改革试点经验和最佳实践案例，并向全国、全区复制推广，充分发挥了自贸试验区改革开放"试验田"的作用。

一、改革试点任务基本完成

《中国（广西）自由贸易试验区总体方案》在加快转变政府职能、深化投资领域改革、推动贸易转型升级、深化金融领域开放创新、推动创新驱动发展、构建面向东盟的国际陆海贸易新通道、形成"一带一路"有机衔接的重要门户等7个方面提出了120条主要任务和措施。广西自贸试验区以制度创新为核心，以政策创新为支撑，持续推进贸易投资便利、金融改革创新、行政审批流程再造等一系列措施，在完成试点任务过程中形成了一批有特色、可复制的经验和做法，开启了新时代广西推进改革开放的新征程。截至2023年底，广西自贸试验区120项改革试点任务全面实施，并形成了一批制度创新成果。

二、制度创新成果不断涌现

截至2023年底，广西推出了五个批次共计168项自治区级制度创新成果并在全区复制推广，其中，改革试点经验 80 项（涉及的领域包括政府职能转变、投资领域改革、贸易转型升级、通关改革创新、金融开放创新、通道门户开放创新、现代服务业创新等）、最佳实践案例 88 项。一批自治区级制度创新成果在全区得到复制推广，跨境人民币使用改革创新入选全国自贸试验区第四批最佳实践案例；广西边民互市贸易集成改革等 7 项创新举措获海关总署批复备案①。

（一）第一批制度创新成果

在第一批 44 项制度创新成果中，有 13 项属全国首创，占成果总数的 1/3；有 17 项具有"广西特色"，占总数近四成②。其中，改革试点经验 27 项，涉及政府职能转换、投资领域改革、贸易转型升级和通关创新、金融开放创新、现代服务业创新、通道门户开放创新等 6 大领域；最佳实践案例 17 项，涉及通关创新、金融开放创新、审批制度、监管智能化等领域（见表 6-2）。

表 6-2　　　　广西自贸试验区第一批制度创新成果清单

类别	事项及案例名称
改革试点经验（27 项）	
政府职能转变（8 项）	公共资源交易"降低成本+创新制度+信用管理"改革模式；推动"证照联办"审批改革、税务注销集约快办新模式；税务注销集约快办新模式；土地征收"净地交付"新模式；"互联网+"不动产登记模式；工程建设项目"分阶段审批+提前介入监督"改革模式；创新建设工程质量第三方实测实量评估模式；工程建设项目"豁免许可"审批改革
投资领域改革（2 项）	西部省份面向东盟飞地经济合作模式；中国（广西）自由贸易试验区政策兑现综合服务平台
贸易转型升级和通关创新（7 项）	广西国际贸易"单一窗口"北部湾港跨境贸易物流一体化改革；"边境贸易+互联网"发展新模式；创新"港区直转、分类仓储"海关监管模式；实施"二线出区、分类担保"海关监管模式；成品油与出口"生产嵌入式"合格检验新模式；出入境船舶边检"差异化"管理新模式；优化法治通关环境助推自贸试验区发展

---

① 周红梅，翟孟迪. 广西自贸试验区改革"试验田"初获丰收 [N]. 广西日报，2022-06-26.
② 韦万春. 广西自贸区形成首批 44 项制度创新成果 [N]. 中国国门时报，2021-03-01.

续表

类别	事项及案例名称
金融开放创新（4项）	"政银合作"一站开户模式；企业融资、股权融资、民营小微企业首贷续贷"三合一"服务中心；地方金融监管风险预警平台；广西国际贸易"单一窗口""跨境贷"助力出口企业融资新模式
现代服务业创新（4项）	构建涉外纠纷调解服务体系创新改革；公办养老机构政府和社会资本合作（PPP）模式创新；自贸片区国际商事纠纷解决平台；远程电子公证助力远程交易新模式
通道门户开放创新（2项）	以利益共同体模式推进多式联运发展；外籍驾驶证验真快办
最佳实践案例（17项）	陆海新通道海铁联运系统集成改革创新；边境陆路口岸信息化智能通关创新模式；边境地区跨境人民币使用改革创新；"信用+智慧"电子诚信卡场景应用；承诺制全覆盖审批新模式；援企惠企"免申即办"兑现服务模式；国际邮件、快件、跨境电商"三合一"集约式监管新模式；全国第一个铁路口岸水果进境指定监管场所；互市贸易进口商品落地加工模式创新改革；边民互市贸易管理系统2.0版；中国—东盟跨境金融改革创新；创新发展人民币对柬埔寨瑞尔银行间市场区域交易；中国—东盟（南宁）金融服务平台；多个国家级园区体制机制扁平化集成改革新模式；北部湾港国际门户港全环节对标提效降费改革创新；与"一带一路"参与国家建立"两国双园"国际合作新模式；海铁联运港站一体化智能监测新模式

资料来源：《广西壮族自治区人民政府关于做好中国（广西）自由贸易试验区首批自治区级制度创新成果复制推广工作的通知》（桂政函〔2021〕28号）。

（二）第二批制度创新成果

据统计，第二批制度创新成果共40项，包括改革试点经验19项、最佳实践案例21项，涉及政府职能转变、投资领域改革、贸易转型升级和通关便利化创新、金融开放创新和通道门户开放创新等领域。其中，政府职能转变方面17项，包括行业综合许可证"一证准营"服务改革模式、互联网医院跨行业综合许可改革创新等10项改革试点经验以及信用风险智能分类监管创新模式等7项最佳实践案例。投资领域改革方面3项，包括形成深化中国（广西）自由贸易试验区外商投资股权投资类企业发展试点改革经验以及社会投资低风险工程项目"量需审批"改革等2项最佳实践案例。贸易转型升级和通关创新方面7项，包括广西边民互市贸易创新发展系统集成改革等3项改革试点经验以及"分、简、联"新模式畅通国际陆海贸易新通道等 4 项最佳实践案例。金融开放创新方面 5 项，包括西部陆海新通道（广西）多式联运"一单制"综合金融服务平台等 4 项改革试点经验以及"单一窗口共享盾"外贸金融服务模式 1 项最佳实践案例。现代服务业创新发展方面 5 项，包括面向东盟跨境电商人才培养模式创新等 5 项最佳实践案例。通道门户开放创新方面 3 项，包括形成铁路集装箱"一箱到底"通用联运机制改革试点经验以及集装箱业务"全生命周期"管理服务系统集成改革等 2 项最佳实践案例。在第二批制度创新成果中，跨境人民币使用改革创新入选全国自贸试验区第四批最佳实践案例，广西边民互市贸易集成改革等 5 项创新举措获海关总署批复备案（见表 6-3）。

表 6-3　　广西自贸试验区第二批制度创新成果清单

类别	事项及案例名称
改革试点经验（19 项）	
加快政府职能转变（10 项）	"产业+安置"综合征地安置新模式；行业综合许可证"一证准营"服务改革模式；人才就业社保综合服务"打包集成快办"改革模式；建设项目"多测合一、一码通办"改革模式；智慧发票申领服务优化模式；政务服务跨省通办+金融服务深度融合改革；互联网医院跨行业综合许可改革创新；签约项目履约评价新模式；创新港口工程竣工验收模式；"区块链+人社"民生服务场景应用新模式
投资领域改革（1 项）	深化中国（广西）自由贸易试验区外商投资股权投资类企业发展试点改革
贸易转型升级和通关便利化创新（3 项）	广西边民互市贸易创新发展系统集成改革；"船边直提、抵港直装"服务新模式；出口生丝产品"注册登记+远程影像辅助检疫"监管模式改革
金融开放创新（4 项）	跨境人民币流动便利化改革创新试点；"投贷补"联动技术改造项目融资新模式；西部陆海新通道（广西）多式联运"一单制"综合金融服务平台；农险保单质押融资银保联动新模式
通道门户开放创新（1 项）	铁路集装箱"一箱到底"通用联运机制

续表

类别	事项及案例名称
最佳实践案例（21 项）	
	非物质文化遗产推广"1+N"展示模式创新；凭祥（铁路）口岸创新铁路出口百货装车前申报新模式；面向东盟跨境电商人才培养模式创新；"线上线下融合"跨境进口保税网购新模式；"单一窗口共享盾"外贸金融服务模式；打造险资新生态；集装箱业务"全生命周期"管理服务系统集成改革；国际门户港陆海联运港站区一体化系统集成改革；工程建设项目全过程动态综合监管平台；边境贸易区公共法律服务信息化创新模式；信用风险智能分类监管创新模式；"分、简、联"新模式畅通国际陆海贸易新通道；"全征+安居"土地连片开发模式集成改革；撬装式加油服务新模式；"互联网+新外贸"服务模式创新；"免申即享"政策兑现模式创新；基于行政部门公共绩效管理的"事必成"任务管理系统改革创新；基于区块链技术的物电同源电子印章应用改革；构建中国—马来西亚燕窝跨境产业链；北部湾港保税燃油供应基地建设新模式实施社会投资低风险工程项目"量需审批"改革

资料来源：《广西壮族自治区人民政府关于做好中国（广西）自由贸易试验区第二批自治区级制度创新成果复制推广工作的通知》（桂政函〔2021〕144 号）。

（三）第三批制度创新成果

广西自贸试验区第三批可复制可推广的自治区级制度创新成果涉及政府职能转变、贸易转型升级、投资领域改革、通关改革创新、金融开放创新、现代服务业创新发展等领域。其中，改革试点经验 10 项（包括政府职能转变 2 项、贸易转型升级 1 项、投资领域改革 1 项、通关改革创新 2 项、金融开放创新 2 项、现代服务业创新发展 2 项）、最佳实践案例 10 项（见表 6-4）。

表 6-4　广西自贸试验区第三批制度创新成果清单

类别	事项及案例名称
改革试点经验（10 项）	
政府职能转变（2 项）	公共资源交易"云上"远程异地评标新模式；涉税业务"跨区域（市）通办"改革创新
贸易转型升级（1 项）	商事认证"不见面"审批改革创新
投资领域改革（1 项）	外商投资企业"一专员两清单"全流程服务模式
通关改革创新（2 项）	"双智平台"助推海关监管口岸物流创新模式；陆海新通道海铁联运"批量转关"监管新模式
金融开放创新（2 项）	中马钦州产业园区金融创新试点；金融中后台服务基地跨境合作新机制

续表

类别	事项及案例名称
现代服务业创新发展（2项）	糖业数字化智慧发展模式；涉外审判缩减审理周期机制创新
最佳实践案例（10项）	探索建立审批监管执法联动协作新模式；登记住所双通道校验企业开展智能审批系统集成改革；干细胞（3D骨再生）产业协同创新；创新境外危险货物陆海联运直接出港便利化监管举措；中越跨境电商人民币结算新模式；非贸融资跨境风险共担新模式；林业碳汇预期收益权质押贷款改革创新；RCEP原产地证跨境融资业务创新；绿色金融系列融资模式创新；企业联盟参与物流枢纽共建共治新机制

资料来源：《广西壮族自治区人民政府关于做好中国（广西）自由贸易试验区第三批自治区级制度创新成果复制推广工作的通知》（桂政函〔2022〕103号）。

（四）第四批制度创新成果

广西自贸试验区第四批可复制可推广的自治区级制度创新成果涉及政府职能转变、投资领域改革、贸易转型升级、通关改革创新、现代服务业创新发展等领域。其中，改革试点经验10项（包括政府职能转变3项、投资领域改革1项、贸易转型升级2项、通关改革创新2项、现代服务业创新发展2项）、最佳实践案例20项（见表6–5）。

表6–5　　　　广西自贸试验区第四批制度创新成果清单

类别	事项及案例名称
改革试点经验（10项）	
政府职能转变（3项）	北部湾区域海事政务服务"跨区域通办"改革；"掌上智云"；"无感审批"政务服务新模式，"企业身份码"试点改革
投资领域改革（1项）	外商投资企业设立跨境代办新模式
贸易转型升级（2项）	实施外贸集装箱查验无问题费用减免审批流程改革试点；跨境电商出口商品"跨境电商+国际联运"新模式
通关改革创新（2项）	国际航行船舶边检手续"全时通"；铁路进出境快速通关业务模式
现代服务业创新发展（2项）	"检法公行"联动构建知识产权大保护新格局；中国—东盟"数字丝路"新模式

续表

类别	事项及案例名称
最佳实践案例（20项）	
实施跨境人民币电子缴税入库改革；国际船舶航运作业自由化改革；新经济新业态税收监管模式创新；创新构建"政府+企业+保险"的企业安全生产监管模式；构建中国—东盟人文交流合作新机制；构建面向《区域全面经济伙伴关系协定》（RCEP）的再生有色金属进口原料集聚加工基地发展新模式；积极对接RCEP，探索农业"走出去"；友谊关口岸创新货运车辆通关全流程智能调度管理新模式；畅通跨境水果产业链，打造中国—东盟水果之都；国际航行船舶保税供应机制改革；国际航行船舶卫生检疫分级分类监管；产业供应链资产证券化融资模式改革创新；全国首笔境外机构人民币银行结算账户（NRA账户）跨境电子银行承兑汇票业务；广西自贸试验区首笔资产证券化（ABS）产品助力区域产业链新发展、绿色电能补贴融资新模式；构建中国—东盟影视贸易中转站助力"文化出海"；面向东盟特色民族医药"走出去"新模式；共建"一带一路"动漫内容输出链式营销发行服务助力中国文化"走出去"；打造"一站式"RCEP企业服务平台；构建面向RCEP的陆海联运新通道协同发展新路径	

资料来源：《广西壮族自治区人民政府关于做好中国（广西）自由贸易试验区第四批自治区级制度创新成果复制推广工作的通知》（桂政函〔2023〕27号）。

（五）第五批制度创新成果

广西自贸试验区第五批可复制可推广的自治区级制度创新成果涉及政府职能转变、投资领域改革、贸易转型升级和通关改革创新、金融开放创新、现代服务业创新发展等领域。其中，改革试点经验14项（包括政府职能转变4项、投资领域改革1项、贸易转型升级和通关改革创新7项、金融开放创新2项、现代服务业创新发展1项）、最佳实践案例20项（见表6-6）。

表6-6　　广西自贸试验区第五批制度创新成果清单

类别	事项及案例名称
改革试点经验（14项）	
政府职能转变（4项）	创新在线争端解决机制（ODR）国际商事调解业务模式；"互联网+公共资源交易+融资服务"新模式；海域使用权"交海即证证"登记模式创新；"智能预审"政务服务新模式
投资领域改革（1项）	"电力预装、即插即用"电力新服务助力优化营商环境
贸易转型升级和通关改革创新（7项）	法检大宗商品取制样智能监控创新；边检行政许可审核签发流程优化；创新搭建航运外贸通关"加速带"通道；出入境车辆快捷通关改革实现"零接触、秒通关"；进境水果"分层查验+承诺提离"新模式；创新竹木草制品出口检疫监管模式；南宁综合保税区出口跨境电商商品海关监管与铁路安检平行作业改革

续表

类别	事项及案例名称
金融开放创新（2项）	深化信用评价结果运用推行汇算清缴退税试点；创新市场采购贸易线上跨境人民币结算
现代服务业 创新发展（1项）	物流数字化平台赋能实体经济发展新模式

最佳实践案例（20项）

"六外融合促开放"经济外事工作新机制；创新石化产业园区项目基地一体化管理模式；创新实施危险化学品企业主要负责人安全生产主体责任监管模式；"四个聚焦"边境诉源治理司法服务模式；"预留产业+边贸合作"开启征地安置新模式；打造农产品区域公用品牌推动特色农业高质量发展；开展工业项目"标准地"改革试点；创设特色"双循环"大宗现货贸易新平台；创新边民合作社组织机制，助力沿边地区乡村振兴；创新搭建边民互市贸易"买东盟—卖东盟"一站式平台；优化集装箱矿产品进口通关监管模式；边境地区出入境邮件运输车辆通关新模式；创设中国—东盟跨境再保险共同体；强化外资要素保障，推动资本项目外汇服务数字化试点；借助境外机构人民币银行结算账户（NRA账户）结汇创新政策，助力制造业实体经济发展；创新转贷方式引入国际组织资金，支持广西开放型经济发展；"政金校企协同"数字经济产业集群发展模式；数字化赋能农资农服，打造新型产业互联网平台；"会展+商务"助力企业"出海"东盟；北部湾国际门户港陆海双向统筹集成改革

资料来源：《广西壮族自治区人民政府关于做好中国（广西）自由贸易试验区第五批自治区级制度创新成果复制推广工作的通知》（桂政函〔2023〕151号）。

三、制度创新特色比较明显

广西自贸试验区与其他自贸试验区存在许多相同点，但更多的是不同点。广西自贸试验区具有沿海沿边、陆海统筹的发展特色，在开放合作方面应该突出东盟特色，在营商环境优化方面应该对标对表国内一流，在产业发展方面应该凸显现代新兴产业。广西自贸试验区自设立以来，充分聚焦面向东盟、服务陆海新通道、沿边开放三大特色，在关键环节和领域开展先行先试，推动制度创新走在前列。例如，在全国首创"外籍驾驶证验真快办"，实现外籍人士在国内申请驾照全国最简、现场办结；首创铁路集装箱与海运集装箱互认机制，形成"原箱出口、一箱到底、海外还箱"全程国际多式联运模式，依托西部陆

海新通道海铁联运物流体系，加快建设连接东盟和国内市场的国际物流枢纽；加快推进与新加坡等东盟国家"单一窗口"数据信息互联互通；实施"船边直提，抵港直装"等新模式。深入开展中马钦州产业园区金融创新试点，全国领先实施跨境人民币双向流动便利化、跨境人民币同业融资等创新业务，通过构建跨境金融创新机制，有效推动人民币国际化。北部湾港国际门户港全环节对标提效降费改革创新、中国—东盟跨境金融改革创新、互市贸易进口商品落地加工模式创新改革等一批体现西部陆海新通道、面向东盟合作、沿边开放等广西自贸试验区特色的制度创新成果脱颖而出。

四、制度创新复制推广机制得到建立

2021年1月中国（广西）自贸试验区建设指挥部印发《推进中国（广西）自由贸易试验区制度创新的指导意见》，明确了自治区制度创新成果评定标准（即创新性、可操作性、有效性、风险可控性、系统集成性、差异性）和评估步骤，形成了广西自贸试验区制度创新的规范化文件。广西壮族自治区人民政府先后印发《关于做好中国（广西）自由贸易试验区首批自治区级制度创新成果复制推广工作的通知》（桂政函〔2021〕28号）、《关于做好中国（广西）自由贸易试验区第二批自治区级制度创新成果复制推广工作的通知》（桂政函〔2021〕144号）、《关于做好中国（广西）自由贸易试验区第三批自治区级制度创新成果复制推广工作的通知》（桂政函〔2022〕103号）、《关于做好中国（广西）自由贸易试验区第四批自治区级制度创新成果复制推广工作的通知》（桂政函〔2023〕27号）、《关于做好中国（广西）自由贸易试验区第五批自治区级制度创新成果复制推广工作的通知》（桂政函〔2023〕151号）等文件，明确了自治区级制度创新成果复制推广的领域及其推广范围和责任单位。可以认为，在充分借鉴国家层面推进制度创新成果复制推广经验的基础上，广西已经形成了自贸试验区制度创新成果复制推广的机制。

五、法治化建设取得阶段性成果

在国家层面尚未制定出台自贸试验区法之前，全国各自贸试验区所在省（自治区、直辖市）人大制定出台的自贸试验区条例是自贸试验区"基本法"。充分借鉴上海、福建、重庆、云南、陕西、四川等自贸试验区的经验，2020年9月，广西壮族自治区第十三届人民代表大会常务委员会第十八次会议审议通过了《中国（广西）自由贸易试验区条例》（以下简称《条例》），成为全国同批6个自贸试验区中第一个颁布实施条例的省级行政区。《条例》包括总则、管理体制、投资促进、贸易便利、金融创新与服务、面向东盟开放合作和"一带一路"建设、政务服务和综合监管、法治环境、附则等九章六十八条。其中，第十三条提出完善法定机构治理，旨在解决制约片区管理机构编制、薪酬等问题，释放体制机制活力；第二十九至第三十二条提出支持加工贸易、服务贸易、边境贸易、跨境电商、离岸贸易创新发展，这些都立足区情，力求体现广西特色。通过坚持制度创新，力求对标一流标准，《条例》为规范广西自贸试验区建设发展和制度创新提供了强大的法律保证。与此相关，中国（广西）自由贸易试验区建设指挥部印发的《推进中国（广西）自由贸易试验区制度创新的指导意见》明确提出：坚持高标准高质量推进制度创新，根据国家制度创新成果评定标准，借鉴其他地区制度创新成果评定经验，广西自贸试验区开展制度创新要高标准、高质量推进；确保制度的创新性、可操作性、有效性、风险可控性、系统集成性、差异性；聚焦重点领域开展制度创新，围绕贯彻落实国家和自治区改革决策部署，推动试点任务落实、发挥特色区位优势、推动开放型经济集聚、推动产业发展升级、打造国际一流营商环境、强化系统集成开展创新。与此同时，中国（广西）自由贸易试验区南宁片区管理委员会印发了《中国（广西）自由贸易试验区南宁片区制度创新促进办法（试行）》，明确了制度创新的主体、责任分工、制度创新组织和保障，并提出实施制度创新成果评选、奖励激励和年度考核机制以及风险防范监督措施和容错纠错机制。

第三节 广西自贸试验区制度创新存在的问题

一、制度创新的竞争力不强

制度创新的竞争力决定了自贸试验区的竞争力，前者是后者的根本动力来源。广西自贸试验区制度集成创新还有待突破，加快制度创新力度、扩大制度创新广度、拓展制度创新深度，积极复制推广其他自贸试验区制度创新典型经验和做法，成为广西自贸试验区赶超跨越的主要途径，更是广西自贸试验区完成使命的必然选择。广西对自贸试验区的考核套用开发区的考核模式，设立了新设立企业数、新增四上企业数、新增高新技术企业数、规模以上工业总产值、固定资产投资增速、税收收入、实际使用外资金额、进出口贸易总额、加工贸易额、互市贸易额、海铁联运集装箱标箱、招商引资到位资金、大宗商品交易额等13项指标，过度倾向招商引资、新增企业、产业产值、进出口额、使用外资金额等短期经济功能，导致自贸试验区功能定位出现偏差，忽视了自贸试验区制度创新的核心功能。2023年7月，中山大学自贸区综合研究院发布《2022—2023年度中国自贸试验区制度创新指数》，制度创新指数包括"投资自由化""贸易便利化""金融改革创新""政府职能转变""法治化环境"5个一级指标、19个二级指标和57个三级指标，评估对象是全国54个自贸试验（片）区。根据指数得分结果，广东前海、上海（浦东）、广东南沙、上海（临港）、天津、北京、福建厦门、四川成都、湖北武汉、重庆等自贸试验区（片区）进入全国前十名，广西自贸试验区南宁片区、钦州港片区、崇左片区得分分别为78.28、75.08和71.90，均低于全部自贸试验区（片区）平均得分（80.72）；排名分别为第24、第35和第50位，比前一个周期的排名分别上升2位、5位和1位，排名总体比较靠后（见表6-7）。对于自贸试验区而言，制度创新就是生命力，广西自贸试验区各片区需要进一步加大制度创新的力度，提高制度创新在带动产业发展方面的作用。

表6-7　2022—2023年度中国自贸试验区制度创新指数

排名	片区	得分	排名	片区	得分	排名	片区	得分
1	广东前海	90.87	19	江苏南京	80.05	37	河南开封	74.63
2	上海（浦东）	90.43	20	山东青岛	79.43	38	辽宁营口	74.61
3	广东南沙	90.42	21	河南郑州	79.34	39	河南洛阳	74.53
4	上海（临港）	87.09	22	福建平潭	78.84	40	浙江金义	74.36
5	天津	85.17	23	浙江宁波	78.56	41	黑龙江哈尔滨	74.16
6	北京	84.61	24	广西南宁	78.28	42	陕西杨凌	73.73
7	福建厦门	84.42	25	湖北襄阳	77.44	43	黑龙江黑河	73.33
8	四川成都	84.23	26	山东济南	77.38	44	河北大兴机场	73.10
9	湖北武汉	83.15	27	湖南长沙	77.30	45	河北曹妃甸	72.98
10	重庆	83.09	28	云南昆明	77.00	46	黑龙江绥芬河	72.37
11	广东横琴	83.01	29	辽宁沈阳	76.28	47	湖南郴州	72.32
12	辽宁大连	82.57	30	安徽合肥	76.01	48	河北正定	72.15
13	福建福州	81.81	31	山东烟台	75.99	49	云南红河	72.04
14	江苏苏州	81.24	32	湖北宜昌	75.91	50	广西崇左	71.90
15	海南	80.79	33	四川泸州	75.41	51	安徽芜湖	71.50
16	浙江舟山	80.67	34	河北雄安	75.10	52	云南德宏	71.43
17	陕西西安	80.55	35	广西钦州港	75.08	53	湖南岳阳	71.05
18	浙江杭州	80.44	36	江苏连云港	74.90	54	安徽蚌埠	70.49

资料来源：中山大学自贸区综合研究院发布的《2022—2023年度中国自由贸易试验区制度创新指数》。

二、系统性集成创新明显不足

党的二十大报告提出："加快建设海南自由贸易港，实施自由贸易试验区提升战略，扩大面向全球的高标准自由贸易网络"[①]。自贸试验区提升战略要求进一步加大制度创新的深度和广度，而探索系统性集成创新成为必然要求。自贸试验区的制度集成创新是创一流营商环境的重要命题，是改善投资环境、培育竞争优势的必然要求。由于国家层面缺乏自贸试验区

---

① 习近平. 习近平著作选读：第1卷[M]. 北京：人民出版社，2023：27.

的相关法律和规划,导致自贸试验区的创新探索无法得到充分授权①。很多针对制度规则的改革试点均涉及中央事权,需要通过中央各部委逐项逐条进行许可,在对自贸试验区整体授权不足的情况下,其制度创新能力和效率大打折扣②。广西自贸试验区取得了一系列改革创新成果,但由于改革试点任务沟通协调难度大,尤其是许多开放制度创新或先行先试需要国家层面授权或支持才能得以实施,个别单位和部门认为自贸试验区工作主要由工作部长单位负责推进,主动配合意识不强,存在观望心理,导致这些改革创新多为碎片化成果,跨部门、跨领域、跨层级的系统集成改革少,在贸易便利化、跨境产业链合作、跨境金融合作、沿边开放、向海经济、现代化服务业、国际化营商环境、法治化环境等领域的系统集成创新严重不足,"管用够力"的系统集成改革创新尤为缺乏。自贸试验区制度创新存在"浅表化、碎片化"问题,改革系统性和集成性不高③。此外,广西自贸试验区三大片区空间是分离的,由不同的部门分头管理、独立运行,即便是同一空间承载多个试点任务,涉及统筹协调整合的政策往往难以发生作用,更多的是简单叠加,只发挥物理效应,政策资源呈现碎片化特征,难以激发化学效应,广西自贸试验区各片区管理部门与自治区相关部门间开展联合制度创新还有待拓展。

三、制度创新的领域有待拓展

从目前的制度创新脉络来看,在一定程度上将自贸试验区发展模式等同于其他类型国家战略平台,未能很好地发挥自贸试验区的平台作用。根据前面的分析可知,广西自贸试验区批复以来的工作重点是尽快完成国家层面赋予的改革试点任务,并在政府职能转换、投资领域改革、贸易转型升级和通关创新、金融开放创新、现代服务业创新、通道门户开放创新等方面形成了一系列创新成果,但也存在一些问题。一是国家层面赋予的部

---

① 刘晓宁. 双循环新发展格局下自贸试验区创新发展的思路与路径选择 [J]. 理论学刊, 2021 (5): 59 – 67.
② 杜国臣, 徐哲潇, 尹政平. 我国自贸试验区建设的总体态势及未来重点发展方向 [J]. 经济纵横, 2020 (2): 73 – 80.
③ 李善民. 中国自贸区的发展历程及改革成就 [J]. 人民论坛, 2020 (27): 12 – 15.

分改革试点任务推进较为困难，仍有部分中央事权尚未获得国家部委明确支持。例如，仍有 21 项中央事权尚未获得国家部委明确支持，这导致部分原计划推进的改革试点任务无法如期完成。二是广西自贸试验区制度创新成果主要集中在政府职能转变、投资便利化、贸易便利化、金融开放创新、通关改革创新、通道门户开放创新等方面，而在知识产权、环境保护等方面还没有形成可以广泛复制推广的创新成果。三是广西自贸试验区片区管理机构或者协调机构主要忙于对制度创新经验的总结和推广，调查问题和解决问题的力量和职权有限，体制机制改革的动力不足。四是在跨境投融资、跨境产业合作、沿边开放合作等特色领域的制度创新还有待进一步突破，对标国际高标准经贸规则进行压力测试比较少。

2023 年 2 月，广西壮族自治区人民政府出台的《进一步深化中国（广西）自由贸易试验区改革开放方案》明确，广西将进一步推进投资自由便利、贸易自由便利、跨境资金自由便利、运输往来自由便利、要素资源自由便利、人员进出自由便利、数据流动安全有序，全力将广西自贸试验区打造成服务国内国际双循环市场经营便利地核心区。深入分析可知，广西自贸试验区亟待聚焦面向东盟的次区域合作机制、重大国际合作平台、跨境产业合作、跨国贸易投资等方向，在货物贸易便利、服务贸易便利、拓展跨境金融、人员跨境流动、数据安全有序流动、优化营商环境等领域探索制度创新改革和先行试点，进一步扩大制度创新的领域和范围，进一步延展制度创新的深度和强度，才能向全国源源不断推出可复制、可推广的"广西经验"。

四、制度创新的外溢效应不明显

广西自贸试验区在制度创新方面取得了一定成效，但在制度创新的外溢效应方面存在许多问题。一是制度创新成果复制推广比较少。截至 2023 年底，广西层面已经 4 批次复制推广自治区级制度创新成果共计 134 项（其中，改革试点经验 66 项，最佳实践案例 68 项），但与同期获批的山东、河北、云南、黑龙江等省份自贸试验区相比，累计形成的制度创新成果数量排名处于倒数位置，在全省范围内复制推广的制度创新数量排名倒数第二,这充分体现了广西自贸试验区制度创新对全区的牵引作用比较弱(见表6-8)。二是制度创新与相关政策缺乏协调。围绕《中国(广西)自由贸易试验区总体方案》,相关部门配合总体方案相继出台一系列文件,但因部门协调不够顺畅,导致政策措施缺乏精准性,在很大程度上制约了制度创新的扩散效应。三是通过建立协同区来扩大制度创新的空间范围进展缓慢。广西层面出台了一系列文件(如《中国(广西)自由贸易试验区条例》《关于设立中国(广西)自由贸易试验区协同发展区的指导意见的通知》《促进中国(广西)自由贸易试验区高质量发展行动计划》等)明确提出建立自贸试验区协同发展区(详见第七章),但三大片区与协同发展区尚未建立协同创新机制,协同发展区在推进自治区级制度创新成果方面进展缓慢。四是制度创新在促进广西自贸试验区的产业结构优化与升级方面的作用还不尽如人意,没有形成明显的新产业、新业态、新模式集聚态势,对产业新动能的直接影响效应不明显。

表6-8　部分自贸试验区制度创新成果复制推广对比情况

自贸试验区名称	累计形成制度创新成果数(项)	全省范围内复制推广数(项)
山东自贸试验区	超过320	53
河北自贸试验区	184	81
云南自贸试验区	339	104
黑龙江自贸试验区	超过300	140
广西自贸试验区	134	66

五、制度创新与企业的需求存在鸿沟

广西自贸试验区部分制度创新与本地市场主体的需求不匹配,影响了制度创新的成效。一是广西自贸试验区围绕企业需求的制度创新不多,尤其在为企业营造宽松便利、公开透明、公平公正、法治有序的制度环境方面还有待加强。二是广西自贸试验区部分改革试点任务完成后,在片区内已具备实施条件,但由于缺少企业参与或业务发生,市场主体没有申报实施,改革试点任务的效果尚未经过市场检验。例如,广西自贸试验区南宁片区的实体经济发展水平不高,对于金融创新的需求也不足,导致一些金

融创新政策不能落地，没有实际需求。尤其是跨国公司外币资金池、融资租赁公司外债便利化试点虽然有政策，但是没有企业落地。三是目前形成的制度创新成果相当一部分是程序性或技术性的功能优化型创新，系统集成性创新有待增强，这与企业的需求存在一定的差距。四是部分改革试点和制度创新整体协同性欠缺，一些改革创新措施制定过程条块化、部门化，涉及需要跨部门协调落实的创新举措因部门间缺乏协同或配套措施，不能及时到位且难以有效实施，影响了企业申报实施的积极性。

第四节　国内自贸试验区制度创新复制推广的经验借鉴

一、中国（上海）自贸试验区制度创新经验

中国（上海）自由贸易试验区（以下简称上海自贸试验区）着力推进制度创新，以负面清单为核心的投资管理制度已经建立，以贸易便利化为重点的贸易监管制度平稳运行，以资本项目可兑换和金融服务业开放为目标的金融创新制度基本确立，以政府职能转变为导向的事中事后监管制度基本形成①。

（一）建立负面清单管理和投资管理制度

一是落实"准入前国民待遇"+"负面清单"管理制度。对标国际投资规则，探索实施外商投资"准入前国民待遇"加"负面清单"管理制度，推行外商备案管理，核心内容是对"负面清单"之外领域的外商投资，取消投资项目核准和企业合同章程审批，改为备案管理。制定我国第一张"负面清单"，即外商投资准入特别管理措施，外商投资负面清单由原来的190条压减到45条，并在国内多个自贸试验区进行复制推广。出台《中国（上海）自由贸易试验区境外投资项目备案管理办法》《中国（上海）自由贸易试验区境外投资开办企业备案管理办法》，在全国率先实施

---

① 王丹. 上海自贸试验区建设及制度创新研究［J］. 城市观察，2015（4）：15-27.

境外投资备案制。通过将自贸试验区内企业境外投资由核准制改为备案制，自由贸易账户有效促进了相关跨境融资活动的开展，提高了境外投融资的便利化程度。通过减少和取消对外商投资准入限制，简化准入管理，不断提高开放度和透明度，逐步建成以"负面清单"为核心的外商投资管理制度。二是改革商事登记制度，已经基本实现在全国范围内的复制推广。注册资本由"实缴制"改为"认缴制"，这是上海自贸试验区首个可复制的经验。同时，上海自贸试验区还取消了很多前置审批的事项。启动由"工商年检"改为"年度报告公示"，实行企业年度报告公示制度后，企业不需要再到工商部门提交书面资料，仅需要登录信用信息系统，并根据提示填写相应项目即可自行完成年度报告信息申报操作，便利性大大提高。

(二) 深化贸易监管制度创新

一是创新"一线放开、二线管住、区内自由"监管制度。海关方面，试点凭舱单"先入区、后报关"（核心创新）、"分送集报、自行运输"以及"批次进出、集中申报"等模式，探索"自动审放、自主报税、联网监管、优化查验"等便利化措施。在海关特殊监管围网区内是一线，出了围网入境是二线，一线的围网之内是放开的，二线入境要管住，区内的运作是自由的，采取的是分线运作，在一线内强调"进境检疫、适当放宽检验"。二是推进货物状态分类管理制度。上海自贸试验区采用"分类监管、分账管理、标识区分、联网监管、实货监控"的监管模式，实行同仓存储，推动企业内外贸一体化运作。三是建立国际贸易"单一窗口"管理制度。国际贸易"单一窗口"即与国际贸易相关的监管部门的信息通过一次性单一窗口进行录入处理后，再反馈给贸易企业。2014年，在上海自贸试验区范围内完成了口岸环节的单一窗口；2015年，"上海国际贸易单一窗口 1.0 版"正式上线运行，包括企业的资质申请、资质办理、贸易许可、税费结算、信息查询等功能。国际贸易"单一窗口"管理制度推动监管部门信息互换、监管互认、执法互助，企业通过单一窗口一次性递交标准化电子信息，处理结果也由单一窗口反馈。四是贸易制度创新。采用货物状态分类监管模式，通过货物状态分类监管的创新模式，让货物的流通、分配得到很好的监管。在海关监管方面进行了创新，主要以提升产品流通的效率、建立更为安全的体系为目的,取得了一定成就,通关时间大大降低。在检验检疫监管制度方面推行了20余项的检疫管理新制度,且管理经验在全国范围推广。

(三) 深化金融制度创新

一是资本项目可自由兑换。资本项目自由兑换主要是指自由贸易账户,自由贸易账户的账户功能和账户数量在一定程度上决定了上海自贸试验区的开放水平。自由贸易账户体系使离岸市场与自贸试验区之间的通道变得更加便捷,进而使自贸试验区内的企业跨境投融资变得更加便利[①]。二是实现跨境人民币结算。跨境人民币结算的实现有利于上海自贸试验区的金融领域改革,也有利于人民币的国际化进程。三是强化政策支持。出台《进一步推进中国(上海)自由贸易试验区金融开放创新试点 加快上海国际金融中心建设方案》,提出了加快推进资本项目可兑换、人民币跨境使用、金融服务业开放和建设面向国际的金融市场等领域40条政策措施。中国人民银行上海总部出台《关于进一步拓展自贸区跨境金融服务功能支持科技创新和实体经济的通知》,国家外汇管理局上海市分局印发《进一步推进中国(上海)自由贸易试验区外汇管理改革试点实施细则》,中国(上海)自由贸易试验区管理委员会综合协调局出台《中国(上海)自由贸易试验区关于进一步促进融资租赁产业发展的若干措施》,上海银监局印发《关于进一步优化中国(上海)自由贸易试验区银行业机构和高管准入监管的通知》,以上一系列政策措施有效促进了金融领域的改革创新。

(四) 完善扩大开放制度设计

2017年,上海市制定出台《关于进一步扩大开放加快构建开放型经济新体制的若干意见》(简称"上海开放型经济33条"),2018年又出台《上海市贯彻落实国家进一步扩大开放重大举措加快建立开放型经济新体制行动方案》(简称"上海扩大开放100条")。2019年,上海市推出新一轮服务业扩大开放举措,出台《上海市新一轮服务业扩大开放若干措施》

---

① 曹金阳,张建勤.上海自贸区建设经验及启示[J].合作经济与科技,2021(20):76-78.

(简称"上海新一轮服务业扩大开放 40 条")。通过一系列开放政策顶层设计，上海市建立了稳定公平、可预期以及法治化、国际化、便利化的营商环境，降低了各类交易成本（特别是制度性交易成本），为包括外资企业在内的各类市场主体创造了更大的发展空间。与此同时，积极推动将上海自贸试验区的试点成果在全市予以推广，例如，2023 年 2 月，国家外汇管理局上海市分局印发《关于临港新片区部分跨境贸易投资高水平开放试点扩围的通知》，上海市合格境外有限合伙人（QFLP）试点外汇管理新政由临港新片区扩大至上海市全市。

（五）强化政策和法治保障

上海自贸试验区临港新片区聚焦重点产业，发布促进产业发展若干政策 16 条，以及集聚发展集成电路、人工智能、生物医药和航空航天四大重点产业 40 条支持措施；印发《临港新片区进一步促进服务业高质量发展的实施意见》，着力提升服务业发展能级和核心竞争力。2014 年 8 月，《中国（上海）自由贸易试验区条例》（以下简称《条例》）正式实施，市政府及相关部门和中央驻沪机构也发布了一系列的配套文件（见专栏 6-1）。《条例》共 9 章 57 条，包括管理体制、投资开放、贸易便利、金融服务、税收管理、综合监管、法治环境等方面，对上海自贸试验区的建设进行了全面的规范。《条例》的颁布和实施，意味着上海自贸试验区在法治化建设上迈上新台阶[①]。

专栏 6-1 上海自贸试验区相关支持政策文件

《上海市落实〈关于在有条件的自由贸易试验区和自由贸易港试点对接国际高标准推进制度型开放的若干措施〉实施方案》《全面对接国际高标准经贸规则推进中国（上海）自由贸易试验区高水平制度型开放总体方案》《进一步深化中国（上海）自由贸易试验区改革开放方案》《全面深化中国（上海）自由贸易试验区改革开放方案》《关于进一步拓展自贸区跨境金融服务功能支持科技创新和实体经济的通知》《进一步推进中国（上

---

① 王丹. 上海自贸试验区建设及制度创新研究 [J]. 城市观察, 2015 (4): 15-27.

海)自由贸易试验区外汇管理改革试点实施细则》《中国(上海)自由贸易试验区关于进一步促进融资租赁产业发展的若干措施》《关于进一步优化中国(上海)自由贸易试验区银行业机构和高管准入监管的通知》《关于简化中国(上海)自由贸易试验区银行业机构和高管准入方式的实施细则(2016年)》等一系列政策文件。

二、中国(广东)自贸试验区制度创新经验

自2015年4月21日挂牌以来,中国(广东)自由贸易试验区(以下简称广东自贸试验区)在投资管理制度、贸易监管制度、金融开放制度、综合监管制度和法治化环境建设等方面开展了一系列改革创新,搭建了自贸试验区的基本制度框架,制度创新试点取得显著效果,总体达到预期目标。

(一)全面推进投资管理制度创新

在广东自贸试验区推行"准入前国民待遇+负面清单"的外商投资管理模式,是我国外商投资管理理念的全盘创新。对外资和内资项目均实施负面清单管理模式,对负面清单以外的项目(企业)统一实施备案管理。率先推行"一口受理"模式,实现"十二证三章"联办。推行加载海关备案标识的营业执照。实施"一照一码"、综合窗口服务、企业帮办服务、电子税务登记证、全流程"电子税务局"等标志性改革。在审批管理流程方面,不断推进改革创新,在招投标环节实施招标和投标"两阶段"备案,减少备案50%。深化投资项目综合审批改革,各片区调整、取消和合并了一大批行政审批和备案事项,审批时间压缩50%以上。全面实施以负面清单为核心的外商投资管理模式,同步开展内资企业投资项目负面清单管理试点,90%以上的外资项目实现备案管理,进一步理顺了外资投资管理关系,方便企业投资置业。同时,加快推进商事登记制度改革,将"一照一码"改革拓展至海关、商务等8个部门,深入推进商事登记窗口与银行网点一体化改革试点,进一步拓展商事主体电子证照卡功能,推出全国首个具有单位结算卡功能的"电子证照银行卡";试行"一颗印章管审

批"，将企业注册与公安、税务、发改、人社、食药监、海关等部门的相关证照实行"一门式"审批，在全国率先实现1个工作日内"十三证三章"联办[①]。南沙新区片区综合服务大厅（广州南沙政务服务中心）为申请人提供企业设立登记"一口受理"服务，推行"统一收件、内部流转、联合审批、限时办结、统一发证"的企业注册模式，实现新开设企业办理《营业执照》《组织机构代码证》《税务登记证（国税、地税）》《社保登记证》《外商投资企业备案证明》《海关报关单位注册登记证书》以及公章和财务章等"多证联办"和"一站式服务"。

（二）深化金融领域开放创新

金融制度创新与风险防控是中国自贸试验区金融领域改革开放的重点，在坚持宏观审慎、风险可控的前提下开展自由贸易账户业务、人民币资本项目可兑换、人民币跨境使用、外汇管理改革等重要领域和关键环节先行试验。其中，跨境人民币业务是广东自贸试验区金融改革创新的主要亮点。作为我国金融业对外开放试验示范窗口，前海蛇口片区在全国率先推动实现跨境人民币贷款、跨境双向发债、跨境双向资金池和跨境双向股权投资等"四个跨境"，尤其是跨境人民币贷款保持快速增长。人民银行广州分行积极推行人民币跨境支付系统（CIPS），为"一带一路"沿线国家跨境人民币收支提供了快捷、安全、方便及低成本的清算途径。围绕建设现代金融服务体系，南沙新区片区积极开展跨境人民币贷款和跨境双向人民币资金池、跨境人民币缴税（费）业务，落实直接投资外汇登记业务、外商投资企业外汇资本金意愿结汇。加快推进大宗商品仓单登记交易中心建设，推出企业货物贸易项下全自动结汇等金融产品业务。在推进外汇管理改革提升贸易投资便利化方面，广东自贸试验区进一步简化外汇资金池管理，支持中小型跨国公司对境内外成员企业资金进行集中运营管理，拓宽了融资渠道；积极开展全口径跨境融资宏观审慎管理，有效打通境内、境外两个融资市场，提高广东自贸试验区企业跨境融资的灵活性和境外资金利用效率。

---

① 毛艳华. 广东自贸试验区试点改革成效与制度创新方向 [J]. 国际贸易，2017 (6)：24-28.

(三) 推动贸易便利化

建立以负面清单为核心的投资管理制度,对外资和内资项目均实施负面清单管理模式,对负面清单以外的项目(企业)统一实施备案管理。推行加载海关备案标识的营业执照。实施"一照一码"、综合窗口服务、企业帮办服务、电子税务登记证、全流程"电子税务局"等标志性改革。建设以贸易便利化为导向的大通关体系。国际贸易"单一窗口"2.0版上线运行,启动了关检"三互"模式。在全国率先启动"互联网+易通关"改革,在全国第一个试点以政府采购形式支付查验服务费,实施快速验放机制、国际转运货物自助通关等改革。率先建设检验检疫"智检口岸",在全国首创市场采购出口商品监管"南沙模式",打造溯源体系下的跨境电商监管"南沙模式"。南沙保税港区率先实施"互联网+易通关"改革,相继推动"自助报关""提前归类审价""自助缴税"等17项创新措施落地,建立了"零跑动、零收费、零限制"快速通关渠道。深圳前海湾保税港区实施国际中转货物自助通关,简化企业申报要件,实现24小时无纸化自助办理国际中转货物通关手续。深圳前海蛇口港区对海运出口已放行货物实施"先装船后改配",允许出口货物先装船再向海关补发改船报文,实现前海蛇口港区码头全天候24小时改船作业,有效降低了海运物流作业成本。珠海横琴新区推进经澳门中转确认书无纸化改革,对经横琴口岸进境的澳门中转货物,通过系统调取审核确认书电子信息,货物中转耗时减少0.5~2天。

(四) 积极复制推广改革创新经验

广东省将广东自贸试验区改革试点经验在全省范围内的复制推广作为扩大自贸试验区制度创新成效的重要手段。截至2023年底,广东自贸试验区累计形成696项制度创新成果,在全国复制推广改革创新经验43项,获评全国最佳实践案例7项。自2015年12月公布广东自贸试验区首批改革创新经验以来,已累计八批次在全省范围内复制推广的改革事项达到126项,涉及投资便利化、贸易便利化、金融创新、优化政务环境、政府职能转变、法治建设等领域,充分展现了广东自贸试验区制度创新的活力(见表6-9)。

表6-9　　广东自贸试验区改革试点经验复制推广情况

领域	第一批	第二批	第三批	第四批	第五批	第六批	第七批	第八批
在全省范围内复制推广的改革事项								
投资便利化	9	10	—	3	2	1	4	7
贸易便利化	13	23	7	6	5	2	2	3
金融创新	1	2	1	—	—	2	1	—
优化政务环境	—	—	10	—	—	—	—	—
政府职能转变	—	—	—	—	2	—	2	2
法治建设	—	—	—	—	1	2	—	3
合计	23	35	18	9	10	7	9	15

资料来源：根据广东省人民政府印发的复制推广中国（广东）自由贸易试验区改革创新经验的相关文件。

（五）加强自贸试验区法治化建设

出台《中国（广东）自由贸易试验区条例》，从适用范围、管理体制、投资开放与贸易便利、高端产业促进、金融创新与风险监管、粤港澳合作与"一带一路"建设、综合管理与服务、法治环境等方面对广东自贸试验区的建设发展作了全面规定。在全国率先设立了自贸试验区法院——南沙自贸试验区法院；组建了航运、海事物流、知识产权等领域专业化调解和仲裁中心——南沙国际仲裁中心，明确规定聘用外籍仲裁员比例；组建国际航运、国际金融、知识产权等仲裁机构，设立广州市首家粤港合伙联营律师事务所，提升法律服务国际化水平。前海片区是目前国家批复的唯一一个中国特色社会主义法治建设示范区，直接对接国际商事规则。出台《互联网电子数据证据举证、认证规程（试行）》，发放知识产权中英文双语司法建议书等，为广东自贸试验区一流营商环境建设提供了强有力的司法服务保障。先后出台一系列支持政策，为广东自贸试验区建设提供了强大政策支持（见专栏6-2）。

专栏6-2　广东自贸试验区相关支持政策文件

《关于推进广东自贸试验区贸易投资便利化改革创新的若干措施》《进一步深化中国（广东）自由贸易试验区改革开放分工方案》《深化中国

（广东）自由贸易试验区制度创新实施意见》《关于支持中国（广东）自由贸易试验区深化改革创新若干措施》《关于中国（广东）自由贸易试验区用地保障的若干意见》《关于大力支持中国（广东）自由贸易试验区高标准建设的意见》《依托中国（广东）自由贸易试验区降低国际贸易成本促进贸易便利化若干意见》等一系列政策文件。

三、中国（天津）自贸试验区制度创新经验

中国（天津）自由贸易试验区（以下简称天津自贸试验区）于2015年4月正式挂牌运行。天津自贸试验区是我国北方第一个自贸试验区，正式挂牌以来，天津自贸试验区推出了涵盖贸易、投资、金融、法制及政府服务等400余项先行先试改革措施，其中25项创新经验和案例向全国复制推广，106项经验和案例在京津冀及其他区域复制推广[①]。

（一）持续深化"放管服"改革

天津自贸试验区累计获得800余项市权下放，登记流程方便快捷。"企业开办一窗通"服务平台上线运行，市内企业开办通过网上一窗受理，信息共享，实现一网通办，开办时间压缩至1个工作日内。率先实施经营许可"一址多证"、民非机构"多项合一"等改革探索。持续深化"一制三化"改革，推进"无人审批超市"、承诺制审批、建设项目联合审批。出台环境影响评价告知承诺制改革实施办法，实现"零审批"管理。天津自贸试验区三个片区全部设立了行政审批局，建立了综合受理单一窗口，实现了审批服务的全流程便利化[②]。

（二）加快落实外商投资负面清单

全面放开飞机、船舶、汽车等先进制造业外资准入，文化、电信、教育等服务业加速开放。外资准入前国民待遇加负面清单管理全面落地，外

[①②] 赵文霞. 中国（天津）自贸试验区开放创新的成效与进路[J]. 对外经贸实务, 2020 (3): 9-11, 96.

商投资项目核准缩短至 3 个工作日,负面清单特别管理措施从 2013 年的 190 条缩减到 2020 年的 37 条,下降 80% 以上。以负面清单管理为核心,对 3 亿美元以下、一般类境外投资项目由原来的核准制改为备案制管理,办结时间缩短至 1 天,99% 以上的外商投资企业通过备案设立。在投资便利化方面,实行外商投资企业网上登记系统,打通了天津工商登记与商务部备案系统信息交换和数据共享通道。

(三) 积极推动贸易便利化

转变传统贸易监管方式,率先上线国际贸易"单一窗口",开展"加工贸易自主核销"、航空维修 RFID 物联网、试验用特殊物品准入、出口货物专利纠纷担保等监管服务模式创新。率先实现与国家单一窗口标准版集成对接及用户统一身份认证,并先后完成全国首单进口货物报关、首单既报关又报检货物申报放行、全国首单船舶"一单三报"功能对接和应用,实现与国家 11 个部委信息系统互联和数据共享。在贸易便利化方面,先后出台 80 多项贸易便利化措施。东疆保税港区率先实施以"提前报关、码头验放"为主要内容的通关流程和物流流程综合优化(双优化)改革,口岸通关服务效率大幅提升。2020 年,通关时间压缩到 32 个小时,进出口企业的进出口合规成本分别下降 547 美元和 100 美元,降幅分别达到 61.7% 和 19.9%[①]。

(四) 大力推进金融创新

天津自贸试验区大力推动金融与产业融合发展,融资租赁成为金融改革创新的最大亮点。天津自贸试验区在全国率先开展飞机离岸租赁对外债权登记业务和共享外债额度便利化试点,出台全国首个商业保理行业监管办法、保税租赁业务管理办法,飞机、船舶、海洋工程钻井平台的租赁业务分别占到全国的 90%、80% 和 100%;东疆片区成为全球第二大飞机租赁聚集地,一批航空产业龙头项目纷纷落户,促进航空产业规模不断壮大。出台天津自贸试验区银行业市场准入报告类事项清单,创新推出预付款融

---

① 赵文霞. 中国(天津)自贸试验区开放创新的成效与进路 [J]. 对外经贸实务,2020 (3): 9 - 11, 96.

资物流金融新模式,创新租赁资产证券化业务模式,资产证券化(ABS)产品发行由审批制改为备案制,打通了租赁业企业直接融资渠道,为租赁公司提供新的资金来源,减轻企业对银行贷款的依赖,更直接有效地破解实体企业"融资难、融资贵"的问题。2020 年,天津自贸试验区内拥有各类融资租赁企业近 4000 家,总资产突破 1 万亿元,占全国市场的 1/3,飞机、船舶、海工平台租赁业务均占全国的 80% 以上①。

专栏 6-3 天津自贸试验区相关支持政策文件

《中国(天津)自由贸易试验区高质量落实〈区域全面经济伙伴关系协定〉(RCEP)行动方案》《中国(天津)自由贸易试验区机场片区支持实体经济开展离岸贸易的若干意见》《中国(天津)自由贸易试验区天津机场片区进一步支持航空保税维修及再制造产业发展的若干措施》《关于深化"放管服"改革支持服务新经济新业态新模式发展的实施意见》《关于促进中国(天津)自由贸易试验区场外风险管理业务创新发展的若干意见》《关于促进中国(天津)自由贸易试验区法律服务业发展的若干意见》《关于促进中国(天津)自由贸易试验区供应链金融发展的指导意见》等一系列政策文件。

四、中国(四川)自贸试验区制度创新经验

2017 年 4 月,中国(四川)自由贸易试验区(以下简称四川自贸试验区)揭牌运行。四川自贸试验区在投资管理、贸易便利化、事中事后监管措施、服务业开发、金融开发创新、人力资源等六大领域,以赋能放权、制度创新、协同开放为抓手,促进制度创新迈上新台阶。

(一)加强金融领域改革创新

中国人民银行依托支付结算综合服务系统基础设施职能优势,在四川

---

① 赵文霞. 中国(天津)自贸试验区开放创新的成效与进路 [J]. 对外经贸实务,2020 (3):9-11,96.

首创政务和金融信息"分布式共享"新模式。通过"银政"信息互通，激活政务信息的金融属性。同时，将政务窗口延伸至银行端，提升政务服务效率，增加消费者满意度。为满足外贸市场主体个性化、高效跨境金融服务需求，四川省域内金融业积极探索服务贸易新业态的金融服务，其中，成都银行推行服务外向型中小企业"自贸通综合金融服务"入选商务部"最佳实践案例"并向全国复制推广。同时，中国工商银行四川省分行开发"跨境电商云撮合"，中国银行四川省分行推出"跨境电商e结算平台"，中信银行成都分行推出创新"信银致汇"产品，中国农业银行四川省分行推出市场采购贸易专属金融服务[1]。

（二）提升贸易便利度创新

一是开展进口贸易创新，加快建设四川天府新区进口贸易促进创新示范区。深化应用"提前申报""两步申报"等通关模式，在"两步申报"通关模式下，企业不需要一次性填报所有申报项目，允许企业第一步凭提单信息概要申报即可提货，无须一次性提交进口全部单证，第二步在规定时间内（运输工具进境14日内）完成完整申报。扩大"两段准入"海关监管模式应用范围，"两段准入"模式可以优化监管资源配置，便捷进口通关流程，缩短货物在口岸停留时间，降低企业通关成本。尤其是当进口货物既有口岸查验又有目的地查验指令时，企业还可以申请将两次查验合并成一次查验，节约通关费用和时间成本。落实贸易新业态外汇收支便利化政策。依托海关特殊监管区域，深化四川自贸试验区内"跨境电商+极速配送"试点[2]。支持四川自贸试验区所在地培育进口贸易促进创新示范区。二是支持发展离岸贸易。积极向上对接企业所得税等相关政策研究论证工作。支持银行基于客户信用分类及业务模式提升审核效率，为开展真实合规离岸贸易业务企业提供贸易结算便利[3]。三是推进"两头在外"保税维修业务。根据国家有关部门制定的相关管理规定，出台支持保税维修

---

[1] 李志勤. 高质量发展下自贸试验区创新发展思路——以四川自贸试验区为例 [J]. 宏观经济管理，2021（2）：34-39.
[2] 孟浩. 推进自贸区贸易投资便利化改革创新 [N]. 成都日报，2023-02-04.
[3] 陈碧红. 加快建设四川天府新区进口贸易促进创新示范区 [N]. 四川日报，2022-05-14.

发展政策,支持四川自贸试验区按照综合保税区维修产品目录,探索开展航空等保税维修业务。支持四川自贸试验区内的综合保税区企业不受维修产品目录限制,开展本集团国内自产产品的维修。四是提升医药产品进口便利度,支持四川自贸试验区争取跨境电商零售进口部分药品及医疗器械业务试点。支持成都口岸创建首批进口药品和生物制品口岸。对符合《跨境电商零售进口商品清单(2019年版)》范围的进口医疗器械,在有效控制风险的前提下,免于实施医疗器械注册或备案证件验核及法定检验。加快进出境特殊物品"关地协同"等监管新模式复制推广和改革创新①。

(三)提升投资便利度创新

一是在《内地与香港、澳门关于建立更紧密经贸关系的安排》(CEPA)框架下,利用川港、川澳合作会议机制,推动旅游业开放合作。按照文化和旅游部有关规定,将港澳服务提供者在四川自贸试验区投资设立旅行社的审批权限下放至四川自贸试验区②。二是根据交通运输部制定的相关管理措施,推动四川自贸试验区国际登记船舶法定检验放开。充分发挥西部陆海新通道、长江黄金水道等通道优势,鼓励四川自贸试验区川南临港片区探索航运服务开放创新。支持泸州港建设智慧口岸,开展内外贸货物分类监管试点③。三是在依法依规前提下,支持对四川自贸试验区产业链关键环节、核心项目涉及的多宗土地实行整体供应。支持成都市、泸州市加快处置存量土地,产生新增计划指标优先保障四川自贸试验区合理建设用地需求,市级计划指标不足的,年底根据全省计划指标结余情况,统筹调剂予以保障。四是开展网络游戏属地管理试点,建立属地游戏审核管理机制,健全游戏审核专家队伍,推动试点工作在四川自贸试验区实施。

(四)建立自贸试验区协同改革先行区

为与四川省"一干多支、五区协同"等重大战略决策部署契合,实现四川自贸试验区与成都平原、川东北、川西北、川南和攀西等五大经济区的协同联动,2018年8月和2019年8月,四川省相继印发《中国(四川)

---

①② 孟浩.推进自贸区贸易投资便利化改革创新[N].成都日报,2023-02-04.
③ 周佳玲.支持泸州港建设智慧口岸[J].中国水运报,2022-05-20.

自由贸易试验区协同改革先行区建设实施方案》《中国（四川）自由贸易试验区协同改革先行区"6+1"总体方案》，设立成都市温江区、德阳市、自贡市、资阳市、眉山市、南充市、内江市、宜宾市等 8 个协同改革先行区，明确各个先行区的发展定位。省级层面在联动推进核心制度创新、率先复制推广改革经验、赋予更大改革自主权、协同建设对外开放平台、构建立体全面开放新格局、复制更高层次开放型经济、构建特色现代产业体系、提升区域互联互通水平等方面对协同改革先行区予以大力支持，比照四川自贸试验区同步下放省级管理权限享受政策红利，享受下放给四川自贸试验区 142 项省级管理权限，与四川自贸试验区同频共振，最大限度扩大改革试点范围，实现四川自贸试验区效益最大化，由此形成了建立自贸试验区协同改革先行区的"四川模式"（见表 6-10）。通过以协同改革先行区为载体平台，发挥各地优势，通过协同改革先行区与自贸试验区建立更多的政策机制和经济链接，降低交易成本，利用规模经济集聚效应，形成特色生态圈，促进区域经济高质量发展[①]。

表 6-10　　　　　　　四川自贸试验区协同改革先行区情况

先行区名称	实施范围（平方公里）	发展定位
德阳协同改革先行区	98.2	区域协同发展示范区、国际开放通道枢纽重要功能区、高端装备智造创新引领区
资阳协同改革先行区	137.3	临空开放型经济新体制的创新发展先行区、环成都经济圈同城发展的率先突破试验区、对接成渝面向国际的区域合作引领区及产城融合示范区
眉山协同改革先行区	122.8	环成都经济圈开放发展引领区、全省外向型经济示范区、成眉同城化发展突破区
南充协同改革先行区	119.86	成渝经济区北部中心国际物流枢纽区、川东北外向型经济示范区、川陕革命老区振兴开放发展引领区

---

① 李志勤. 高质量发展下自贸试验区创新发展思路——以四川自贸试验区为例［J］. 宏观经济管理，2021（2）：34-39.

续表

先行区名称	实施范围（平方公里）	发展定位
自贡协同改革先行区	101.18	对外文化贸易先导区、老工业基地创新发展引领区、西南开放通道枢纽区
内江协同改革先行区	132.33	成渝协同发展的区域经济中心和高质量发展先行区
温江协同改革先行区	277	四川引领、西部领先、国际一流的"三医两养一高地"健康产业核心功能区
宜宾协同改革先行区	12	长江起点门户、产业生态港域

五、中国（福建）自由贸易试验区制度创新经验

2015年4月，中国（福建）自由贸易试验区（以下简称福建自贸试验区）挂牌成立，规划面积118.04平方公里，包括平潭片区、厦门片区和福州片区。福建省自贸试验区以制度创新为核心，大胆试、大胆闯，推出70项创新举措，进一步完善了具有福建特色的制度创新体系。

（一）深化商事制度改革

率先在全国实施"三证合一""一照一码"商事登记改革制度，解决了企业多码、多部门登记问题，企业办证时间大大缩短。随后，进一步深化改革创新，陆续把涉企信息采集、记载公示、备案管理类证件整合到营业执照上，由"三证合一"拓展到"二十四证合一"，为国务院全面推行"多证合一"改革积累了宝贵经验。福州片区推行"一号三照"制度，将企业原需办理的工商营业执照、组织机构代码证和税务登记证合为一体，采取"一口受理、一表申报、限时办结、统一发证"的方式，由"一口受理"窗口统一受理设立登记申请，工商、质监、税务部门通过审批系统同步审批，核发载有企业注册号、组织机构代码和税务登记号三个号码的营业执照，申请人持该证即能够替代现有的三证，对外开展经营活动[①]。建

---

① 王玉萍，付严. 自贸区企业工商执照彰显"大道至简"[N]. 福州日报，2015-03-09.

设福建自贸试验区综合服务平台，提供投资设立、工商变更、纳税服务、社保缴交、海关检验检疫登记、进出口经营权备案、"多规合一"申报、信用查询、公章刻制、报关、报检、金融服务等全方位"一站式"服务①。

（二）推动国际贸易"单一窗口"建设

2014年9月，福建省按照"企业需求导向和问题导向"的要求，启动国际贸易"单一窗口"建设，福建自贸试验区成立后，"单一窗口"上线运行，实现"一个平台、一个界面、一点接入、一次申报"，"一站式"办理国际贸易各项业务。"单一窗口"有效实现了与海关、海事、边检等口岸管理单位间信息共享，通过电子化审批和无纸化监管，建立了不同管理部门之间"信息互换"机制，电子指令直接下达企业，大大缩短了信息传递时间，通关效率得到大大提升。2015年，商务部将福建省"单一窗口"作为典型案例向全国推广。

（三）积极下放省级审批权限

2015年7月，福建省政府一次性将253项省级行政许可事项下放福建自贸试验区三个片区管理机构行使，省级层面只保留了60项不宜下放的行政许可事项，先后清理、取消、调整225项省级行政审批中介服务和前置审批事项，基本实现自贸试验区"办事不出区、审批不出区"②。根据第三方评估，福建省下放和取消的行政许可事项位列前两批自贸试验区首位。加快行政审批制度改革，在福州片区内实施建设项目审批"一站式"审批机制，建立"一表申请、一口受理、并联审查、一章审批"的审批制度。简化审批环节，重点创新项目生成机制，精简企业投资项目前置审批，简化项目环评、水保防洪等评估评审。着力改进审批方式，建立重大项目"会商制度"，探索行政审批与技术审查相分离，对环评、文物保护、节能评估等实施承诺备案制。此外，福州片区允许"容缺审批"，对"一口受理"申报材料主件齐全但部分材料欠缺的可提前进入审查流程。

---

① 程凤雨. 国内自贸试验区创新做法比较研究及有益启示［J］. 港口经济, 2017 (1): 13-17.
② 王帆. 福建自贸区: 3年新增企业近7万户 营商环境好评率超90%［N］. 21世纪经济报道, 2018-04-16.

(四) 积极推进依法行政

福建省积极营造自贸试验区发展的良好法治环境,出台《中国(福建)自由贸易试验区管理委员会行政规范性文件法律审查规则》,对规范性文件的制定权限和审查作出规定。福州片区探索相对集中行政处罚权,成立中国(福建)自贸试验区福州片区综合执法局,统一行使原工商行政、食品药品监督、质量技术监督、商贸、文化新闻出版等经济方面的行政处罚权。探索相对集中行政复议权,起草了《中国(福建)自由贸易试验区福州片区相对集中行政复议权实施办法》,明确福建自贸试验区福州片区范围内行政复议案件受理、审理的职权划分。

(五) 主动服务国家战略

立足区位优势,主动服务国家战略,加大与台湾地区的贸易合作,在出台的285项创新举措中,对台先行先试措施达63项,占比达到22%。福建自贸试验区充分发挥对台优势,在金融等50多个领域率先对台开放,一大批重大台资项目相继落户,与台湾地区贸易往来成为最大特色,福建自贸试验区在深化两岸经济合作方面发挥着示范带动作用。

专栏6-4 福建自贸试验区相关支持政策文件

《中国(福建)自由贸易试验区产业发展规划(2015—2019年)》《中国(福建)自由贸易试验区管理办法》《中国人民银行关于金融支持中国(福建)自由贸易试验区建设的指导意见》《福建省人民政府办公厅关于印发福建自由贸易试验区实施一照一码登记制度工作方案的通知》等一系列政策文件。

六、中国(重庆)自由贸易试验区制度创新经验

2017年4月,中国(重庆)自由贸易试验区(以下简称重庆自贸试验区)正式挂牌,规划面积119.98平方公里。重庆自贸试验区坚持以制度创新为核心,持续开展首创性、差异化改革探索,充分发挥改革发展排头兵、

开放发展制高点、创新发展先行者作用,有力推动重庆更高水平开放和更高质量发展。

(一) 构建法治化营商环境

2019年3月,成立了重庆两江新区(自由贸易试验区)人民法院,成为全国首家覆盖自贸试验区全域的专门化法院,为重庆自贸试验区发展营造了法治化、国际化、便利化的一流营商环境。此外,借鉴国际通行的商事仲裁规则,成立重庆两江国际仲裁中心,选聘在涉外法律或者国际贸易、投资、海事、知识产权等领域拥有丰富从业经验的仲裁员,为重庆自贸试验区企业提供仲裁法律宣传、培训和咨询服务,以专业化、国际化的审理模式开展仲裁、调解等活动,依法解决重庆自贸试验区内的商事纠纷。重庆自贸试验区推进"多证合一"和"证照分离"改革试点,探索推行"四十一证合一",通过取消审批、审批改备案、告知承诺、提高透明度、加强市场准入监管等措施,解决"准入不准营"的问题①。

(二) 拓展内陆开放大通道功能

积极推进中欧班列、南向通道铁海联运班列、江北国际机场国际客货航线等贸易通道,形成"物流+加工制造"互补的加工贸易发展新模式。创新性开通中欧(重庆)班列("渝新欧"国际铁路联运大通道)和中新互联互通南向通道("渝黔桂新"铁海联运大通道),推动西部地区更好融入"一带一路"建设。探索国际多式联运,加强国际物流大通道之间的互联互通。进一步拓展中欧(重庆)班列路线,提升中欧(重庆)班列综合服务功能,进一步丰富中欧班列承运货物种类,拓展邮包、医药品、冷链货、跨境电商产品等货源,全力服务中新互联互通项目南向通道建设。目前,中欧(重庆)班列开行数量、货值、速度均保持中欧班列第一,中新互联互通南向通道已实现常态化运行,比经长江航运出海缩短950公里,节省时间12天。依托中欧班列的独特优势,重点打造重庆咖啡交易中心。开立全球第一份跨境铁路联运提单及跟单国际信用证,向国际陆路贸易规

---

① 谭秀洪,周罡. 全国自贸试验区建设阶段性特征[J]. 中国外资,2021(7):38–43.

则探索迈出重要步伐。

(三) 建立自贸试验区联动创新区

2021年4月，中国（重庆）自由贸易试验区工作领导小组办公室印发《中国（重庆）自由贸易试验区联动创新区建设方案》，明确2021—2023年每年建设5个左右自贸试验区联动创新区，着力打造一流开放平台，培育一流开放主体，营造一流开放环境，释放自贸试验区改革红利，在更宽领域、更深层次形成改革合力，不断提高开放水平、发展水平，努力把联动创新区建设成为全市深化改革的重要支撑、区域对外开放的典型示范、高质量发展的重要引擎。2021年11月，重庆市公布了第一批建设的10个重庆自贸试验区联动创新区，具体包括重庆高新技术产业开发区、重庆经济技术开发区、长寿经济技术开发区、万州经济技术开发区、永川高新技术产业开发区、涪陵高新技术产业开发区、重庆公路物流基地、黔江正阳工业园区、垫江高新技术产业开发区、云阳工业园区。2023年4月，批复第二批重庆自贸试验区联动创新区，包括重庆（化龙桥）国际商务区、重庆建桥工业园、江津综保区、合川高新区、綦汇高新区、大足高新区、璧山高新区、铜梁高新区、潼南高新区、荣昌高新区、升州高新区、丰都工业园区、忠县高新区、万盛经开区和川渝高竹新区。以上联动创新区承担着全面推广自贸试验区试点经验、稳步推进权限下放与政策协同、大力开展联动创新试验、共同培育开放型产业体系、不断提升区域互联互通水平等任务。

(四) 强化政策支持制度创新的力度

重庆自贸试验区将制度创新摆在突出位置，通过制订出台一系列政策文件，支持在投资、贸易、金融、物流、法治等领域进行制度创新并形成了多项高质量、具有全国影响力的制度创新成果。尤其是针对国务院出台的针对自贸试验区深化改革创新的支持措施，制定了相关配套文件，逐条对国务院支持措施提出具体若干条落实措施，明确牵头单位、配合单位和完成时限。例如，《国务院关于支持自由贸易试验区深化改革创新若干措施的通知》提出，积极探索通过国际贸易"单一窗口"与"一带一路"重点国家和地区开展互联互通和信息共享,推动国际贸易"单一窗口"标准版新项目率先在自贸试验区开展试点,促进贸易便利化。《重庆市人民政府关于贯彻落实国务院支持自由贸易试验区深化改革创新若干措施的通知》提出的落实措施包括:依托中新(重庆)战略性互联互通示范项目,探索试点国际贸易"单一窗口"与"一带一路"重点国家和地区互联互通和信息共享;以国家口岸办在重庆试点标准版铁路运输项目为契机,优先推动中欧班列(重庆)和"陆海新通道"信息共享和贸易便利化措施的落地实施。落实措施的针对性非常强,制度创新的空间也非常大,其所带来的示范效应很强。

专栏6-5 重庆自贸试验区相关支持政策文件

《中国(重庆)自由贸易试验区领航提升五年行动方案(2023—2027年)》《川渝自贸试验区协同开放示范区深化改革创新行动方案(2023—2025年)》《中国(重庆)自由贸易试验区产业发展规划(2018—2020年)》《重庆市人民政府办公厅关于印发重庆两江新区深化服务贸易创新发展试点实施方案的通知》《中国(重庆)自由贸易试验区管理试行办法》《重庆市人民政府关于贯彻落实国务院支持自由贸易试验区深化改革创新若干措施的通知》等一系列政策文件。

七、国内自贸试验区制度创新相关经验借鉴

当前,广西自贸试验区推出了一系列创新制度,取得了不错的成绩,但作为后发展地区,必须学习上海、天津、广东等自贸试验区的先进经验,结合自身的具体实践,善于消化吸收再创新,提升战略执行的效率效果。

(一)加大体制机制的改革力度

在自贸试验区投资管理制度方面,健全完善负面清单管理制度,全面建立负面清单和准入前国民待遇为核心的外商投资管理体制,减少对外资准入的限制,合理缩减外资准入负面清单,不断提高自贸试验区的开放度

和透明度；在金融监管制度方面，坚持金融必须围绕为实体经济发展服务的宗旨，推动广西自贸试验区人民币跨境结算与使用、推动投融资汇兑便利化，引导、鼓励国内外金融机构在广西自贸试验区设立金融后台服务中心、离岸金融中心、全球客服中心等，为广西自贸试验区内企业开展跨境投融资提供便利，降低企业投融资成本与风险；在事中事后监管方面，积极转变政府职能，推动监管机构改革和行政审批改革，加强政府简政放权，突出事中事后监管，充分构建政府监督、公众监督、行业自律、舆论参与的广西自贸试验区综合监督管理体系。

（二）加快制度创新先行先试

广西是边疆民族地区，且具有面向东盟的独特地缘优势，广西自贸试验区建立带来的是国家赋予的先行先试的充分授权。上海、天津、福建在自贸试验区建设上积极创新，主动与中央各部门联动，政策创新突破力度大，推动各项政策的系统集成，形成了综合性、模块化、制度化的改革措施①。有鉴于此，广西自贸试验区也应主动作为，进一步加强与国家、自治区直属各部门的沟通协调、统筹联动，提高改革的协同性、协调性，增强市场主体的获得感，力争在深化投资领域改革、推动贸易转型升级、深化金融领域开放创新、推动创新驱动发展、构建面向东盟的国际陆海贸易新通道、形成"一带一路"有机衔接的重要门户等方面，争取更多的国家层面支持，形成更大的创新突破力度。

（三）推动实行容错纠错机制

2016年，政府工作报告中提出，健全激励机制和容错纠错机制，给改革创新者撑腰鼓劲。而在广东、上海、天津、海南等自贸试验区相关条例和政策中，在容错机制方面均有所突破，为自贸试验区创新提供了政策保障。作为我国以开放促改革的前沿试验区，自贸试验区建设是"摸着石头过河""改革的硬骨头"，体现了改革创新的精神与锐气。容错纠错机制为保持先行先试锐气提供政策保障。通过容错纠错机制与正向激励机制共同

---

① 金永亮. 上海、天津、福建自贸试验区政策创新及落实的启示与借鉴 [J]. 广东经济，2016 (11)：32-35.

作用，推动自贸试验区成为"大胆试、大胆闯、自主改"的制度创新高地①。为此，广西应进一步推动实施容错纠错机制，用制度为改革创新保驾护航，减少地方探索的法律风险，让改革者轻装上阵，鼓励创造性地开展工作，继续保持常新的改革锐气，不断开创发展新局面。

（四）创新对外开放体制机制

广西自贸试验区是第五批获批的自贸试验区，被赋予了许多改革创新的重任，应积极借鉴前面几批自贸试验区建设发展的经验，着力推进改革创新和对外开放，实现两者互动发展、相互促进。在改革创新方面，依托广西自贸试验区推进先行先试，破除一切制约广西经济社会发展的桎梏，着力深化重点领域和关键环节体制机制改革，大力推进管理、体制、机制等方面改革，深化投资领域创新、通关创新等，培育制度创新和功能创新优势；在对外开放方面，推进实施"两个市场"双向开放战略，主动对接融入"一带一路"、中国—东盟自由贸易区升级版和西部陆海新通道等，通过在投资、外贸等领域与国际接轨，不断提升贸易便利化水平。在金融、信息、物流、跨境电商、文化、医疗等领域探索与东盟深化合作的方式方法，加强与东盟各国的产业对接，实现高水平对外开放。加快复制推广自贸试验区改革试点经验，积极探索可复制可推广的广西试点经验，形成广西高质量发展的不竭动力。

（五）全力营造一流营商环境

各自贸试验区高度重视以企业获得感为导向（特别注重营造依法保护外资企业权益），着力提高政府服务效率和水平，加快投资和商事领域改革创新，降低企业生产经营成本，促进市场主体公平竞争，国际化、法治化、市场化营商环境在短时间内显著提升。各自贸试验区通过投资和商事领域改革创新、集成优化，着力提升营商环境国际化水平。当前，自贸试验区的发展在国家推动下，复制政策并不难，难的是学习和借鉴发展的软实力。广西自贸试验区自设立以来，在营造市场化、国际化、法治化营商

---

① 桑百川，王殿杰. 自贸试验区制度创新：成效、路径与发展思路 [J]. 国际贸易，2023（9）：3-12.

环境方面取得一定进展,下一步,广西仍应充分借鉴上海、天津等自贸试验区经验,积极实施负面清单管理模式,进一步强化制度创新,力争在市场准入、事中事后监管、行政管理服务、法治建设等方面进一步推进政策突破,打造改革高地和营商环境高地。

(六) 加强前瞻性制度创新研究

上海、广东、天津等自贸试验区非常重视自贸试验区发展的前瞻性研究,并将研究成果用于指导自贸试验区的建设和发展。如上海自贸试验区联合权威研究机构对自贸试验区服务业及金融对外开放作新一轮布局研究。对此,广西自贸试验区应充分学习上海等自贸试验区的经验做法,提前对重点政策领域进行研究。应充分发挥广西对接东盟的通道优势,在国际投资贸易、知识产权等领域探索对接国际高标准规则体系,针对《区域全面经济伙伴关系协定》(RCEP)和《全面与进步跨太平洋伙伴关系协定》(CPTPP)等国际经贸规则,不断加强国际准则专题研究,为广西自贸试验区建设提供智力支持。

(七) 制度创新应加强与国际惯例衔接

在全球经济一体化的今天,各国经贸联系与往来日趋紧密,西方一些发达国家针对日益国际化的全球市场,已经实施了一些行之有效的方法,形成了多方接受的国际惯例。我国上海、广东、天津等发达地区在实施自贸试验区制度创新的过程中,其所出台的配套政策及措施非常注重与国际惯例的衔接,如上海、广东等地区在制定相关政策时比较多地借鉴参照国际惯例及相关国际标准,并取得了比较好的成果。因此,广西在制定自贸试验区相关政策与制度的过程中,应充分衔接和遵循国际贸易惯例,加强与国际通行经贸规则对接,实行更高标准规则。

第五节 广西自贸试验区制度创新的主要任务

广西自贸试验区在制度创新方面应该注重制度突破性、原创性、系统性集成和差别化探索，积极探索试验独特的制度创新成果，着力在政府职能转变、投资自由便利化、贸易自由便利化、跨境资金便利化、运输往来便利化、要素资源便利化、人员跨境流动便利化、数据安全有序流动和治理法治化等方面开展标志性、引领性制度创新，加快形成一系列具有复制借鉴价值的创新成果（见图6-1）。

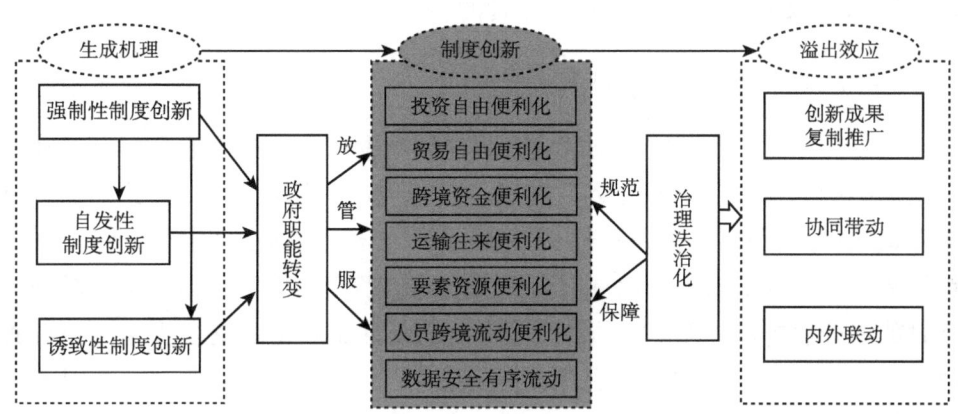

图6-1　广西自贸试验区制度创新体系示意图

一、政府职能转变

（一）推进行政审批制度改革

加快政府职能转变，积极推进简政放权，实施便利化商事登记制度，进一步推进行政审批制度改革创新，积极探索开展网上审批，推行"极简审批"改革，探索建立规范化的事前、事中、事后全程监管模式。优化自主审批流程再造，进一步压缩企业开办环节和工程项目报建以及开工、获得电力、产权登记、获得信贷、跨境贸易等主要指标的办理时限及其所需审批材料。开展相对集中行政许可权改革，实行"一窗受理、集成服务"。推行行政审批标准化，实行集中审批、并联审批，推进政务服务统一平台在广西自贸试验区三大片区的实施。精简投资项目准入手续，探索实施先建后验管理新模式。实行建设项目联合验收，实现"一口受理""两验终验"，推行"函证结合""容缺后补"等改革。继续深入推进行政管理职能与流程优化,全面推进行政审批和行政服务标准化。重点支持开展全国商务诚信体系建设试点,推动各部门间依法进行信息联通共享。健全大数据高效监管模式,加强风险监测分析,健全完善信用风险分类监管。健全企业信用修复制度,允许符合条件的失信企业申请信用修复。完善失信企业和严重违法失信企业名单管理制度,健全对严重违法失信企业实施强制退出机制和"双随机"工作中企业监管的容错机制。

(二)优化商事登记制度

进一步深化广西自贸试验区商事制度创新发展,探索实施商事登记确认制改革。持续完善"证照分离"改革,实行"准入即准营"。推进"证照分离"改革试点,实行"多证合一、一照一码"。继续深化"先照后证"改革,继续减少工商登记前置审批事项。积极推动市场主体简易注销改革,对符合条件的未开业企业、无债权债务企业实行简易注销登记。继续优化"一事通办"改革,健全推广"一窗受理、集成服务"模式。充分发挥"互联网+"、大数据、区块链等现代信息技术作用,通过政务服务等平台建设,规范政府服务标准,实现政务流程再造和政务服务"一网通办",加强数据有序共享,提升政府服务和治理水平①。继续集成优化"互联网+政务服务"模式,继续整合资源与数据,健全一体化互联网政务服务平台。对涉及企业注册登记、年度报告、项目投资、生产经营、商标专利、资质认定、税费办理和安全生产等方面的政务服务事项,实现"应上尽上、全程在线"②。实现企业登记全程电子化和使用电子营业执照,提高便利化服务水平。

(三)创新税收征管服务模式

建立广西自贸试验区电子办税平台,涉税业务"一窗办理"。实现"一厅自助办理",在广西自贸试验区现有办税服务厅内延伸 24 小时自助办税服务,完善各类自助办税终端功能,实现自助办税、网上办税、移动办税功能基本同步,为纳税人提供简便快捷的自助办税服务。构建"互联网+大数据"的智慧税务生态服务系统,强化纳税信用管理运用。

---

①② 国务院关于印发中国(海南)自由贸易试验区总体方案的通知(国发〔2018〕34 号)[EB/OL]. http://www.gov.cn/zhengce/content/2018-10/16/content_5331180.htm,2018-10-16.

（四）建立健全商事纠纷诉讼解决机制

深度对接国际商事仲裁制度，积极融入中国自贸试验区仲裁合作联盟，探索与东盟国家商事运行相适应的商事仲裁制度。创新仲裁服务模式，提高服务水平，针对产业发展需要，筹建广西自贸试验区物流仲裁、知识产权仲裁等专业化平台。积极在广西自贸试验区引入国际调解组织、仲裁机构，鼓励调解组织、仲裁机构引入外籍调解员、仲裁员。建设 RCEP 商事调解中心，为 RCEP 国际合作中涉及贸易、投融资、知识产权等领域的商事争议和纠纷提供仲裁、调解、诉讼等法律服务。探索设立"第一国际商事法庭"派出机构，受理当事人之间的跨境商事纠纷案件。落实推定互惠原则，先行探索中国与东盟区域内各国民商事判决的相互承认和执行司法实践。构建调解、仲裁、审判等多元化国际商事纠纷解决机制，依法为国际商事仲裁、调解提供财产保全、证据保全等提供司法支持。探索建立商标监管联动及信息共享机制，有效解决商标恶意抢注问题。争取在南宁片区设立国家级知识产权保护中心，建立广西自贸试验区高标准知识产权纠纷解决机制，探索知识产权案件的快速审理和执行机制。

（五）健全包容性审慎监管机制

继续建设宽松开放的市场营商环境，继续清理废除妨碍统一市场和公平竞争的各种规定和做法，在市场体系中健全公平竞争审查制度并严格落实，实现各类市场主体依法平等准入相关行业、领域和业务，最大限度减少对微观经济的干预，促进和保护市场主体公平竞争，持续营造公平竞争的市场环境。全面推行"双随机、一公开"和"互联网＋监管"，开展"双随机、一公开"监管常态化，对企业"进一次门，查多项事"，实现监管效能的最大化、监管成本的最优化、对市场主体干扰的最小化，为企业发展打造宽松便利的市场环境。优化权力运行流程，加大政务公开力度，推进公开透明、可预期的营商环境建设。

（六）推进人事管理市场化

广西自贸试验区建设涉及投资贸易、跨境电商、现代金融、信息服务、云计算大数据、科技创新、文化艺术、现代传媒、国际医疗等一系列领域，专业性强，只有高素质专业人才才能确保建设工作的加快推进。采取"两条腿走路"的方式：一是从全区机关事业单位选拔部分自贸试验区管理人才和专业技术人才，充实到领导小组办公室，增强其统筹全局、指导业务的能力；二是充分借鉴天津经开区实行员额制的做法，在广西自贸试验区探索破解现有体制僵化、利益固化、动力弱化的新方法，鼓励和支持三大片区管理委员会对高级管理人员岗位（处级和副处级岗位）探索实行聘任制、聘期制，通过全球招聘活动选聘优秀管理人才。通过异地交流挂职、定期专业培训、人才定向培养等方式，加强对广西自贸试验区人才的培养，打造高素质管理队伍。

二、投资自由便利化

（一）继续推进投资环境优化

继续在广西自贸试验区内实施集中行政许可改革，整合优化审批服务机构和职责，深化和完善投资管理体制改革。推进广西自贸试验区投资促进业务公司化、市场化运作。依法将更多审批权限（包括但不限于下放至地级及以上城市的自治区级管理权限）下放至广西自贸试验区。改革证照登记制度，广西自贸试验区内外资企业经营范围以主营行业登记，不再列明具体经营范围。建立健全外商投资服务体系，依托外商投资综合管理系统，与相关部门实现信息互联互通，完善外商投资促进、保护功能，按照便利、高效、透明的原则，为外商投资提供生命周期服务。建立健全投资促进工作机制，鼓励广西自贸试验区在法定权限内制定外商投资促进政策，拓展信息渠道，创新招商引资方式。深化境外投资服务平台建设，建立健全境外投资项目库、资金库、信息库，增设共建"一带一路"专栏，引入更多服务机构，提升跨境投资服务能力。

（二）深化外商投资负面清单管理改革

全面落实外商投资"准入前国民待遇"加"负面清单"管理制度，"负面清单"之外领域按照内外资一致原则实施管理，提高外商投资"负面清单"的透明度和市场准入的可预期性，建立与"负面清单"管理方式相适应的事中事后监管制度。外商投资准入特别管理措施（"负面清单"）之外领域的外商投资项目（国务院规定对国内投资项目保留核准的除外）和外商投资企业设立及变更实行备案制，由自贸试验区负责办理。实施外商投资主体国家安全背景审查。配合商务部开展经营者集中反垄断审查。强化外商投资实际控制人管理，建立外商投资信息报告制度和外商投资信息公示平台，完善外资备案信息化体系建设。

（三）持续推进外商投资便利化

充分利用广西自贸试验区先行先试优势，支持和鼓励企业以市场为导向进行技术创新、产品创新、组织创新，引导有关企业充分利用广西自贸试验区支持政策措施，全面扩展对外业务[①]。对标国际投资规则，减少和取消对外商投资准入限制，简化准入管理，不断提高开放度和透明度。创新性建立"一个平台、一次提交、结果反馈、数据共享"的国际贸易单一窗口模式。继续压减自贸试验区外商投资准入负面清单，加大压力测试力度。外商投资项目核准按内外资一致的范围、标准和程序实施。深化国际文化创意和体育赛事合作，设立演艺及文化创意 IP 交易中心，促进文化体育交流和文体装备研发制造等产业集聚。给予内外资检验检测机构申请强制性认证指定机构同等待遇。允许外商投资航空运输销售代理企业。放宽外商投资性公司享受相关优惠政策的标准。取消外商投资人才中介机构投资者资质要求，由广西自贸试验区管理机构负责审批，报广西壮族自治区人力资源社会保障部门备案。

（四）持续推进营商环境优化

持续深化"证照分离"改革、商事登记确认制改革试点和"双随机、一公开"监管。在新技术、新产业、新场景等领域建立更具弹性的包容审慎监管制度。全面提升法律、税务服务水平，建立与国际接轨的商事纠纷解决机制，打造更加市场化、法治化、国际化的营商环境。推进"证照分

---

① 邵卿，周青，刘曙华. 基于国家重大战略的广西对外开放实践与展望 [J]. 经济与社会发展，2021（5）：10－20.

离"改革全覆盖。实行企业住所登记承诺制。大幅压缩企业开办时间，1个工作日内完成企业开办。推进重要工业产品生产许可审批制度改革，除危险化学品外，推行"告知承诺制"。探索推行外籍自然人经营户登记管理制度。深化投资贸易领域"放管服"改革，加快建设市场化水平更高、服务效率更优、管理更规范、综合成本更低的营商环境。

（五）探索向海经济飞地发展新模式

全落实《中共广西壮族自治区委员会 广西壮族自治区人民政府关于加快发展向海经济推动海洋强区建设的意见》，重点发展可再生能源、新材料、生物医药、海洋工程装备制造等战略性新兴产业，升级改造海洋渔业等传统产业和临港（临海）产业，打造临港（临海）产业集群并向内陆腹地延伸产业链。探索向海经济飞地发展新模式，优化海洋空间布局和海洋产业结构，加速内陆腹地产业与沿海产业的协同发展，构建现代化向海经济产业体系。继续推进陆海统筹，强化内陆与沿海地区合作，以广西自贸试验区钦州港片区建设为重点，打造向海开放新高地，培育向海发展新机制新模式，探索建立向海经济发展示范园区和向海经济聚集区的发展模式和相关制度。

三、贸易自由便利化

（一）推进货物贸易便利

进一步优化国际贸易"单一窗口"功能，加强国际贸易"单一窗口"的区域化和国际化。建设广西国际贸易"单一窗口"2.0升级版，健全具有国际先进水平的国际贸易"单一窗口"。健全与东盟国家"单一窗口"的互联互通和信息交换。加快推进与相邻海关间的互联互通，促进口岸管理相关部门信息互换、监管互认、执法互助。加强各口岸管理部门的协同效应，实现口岸监管贸易流程再造，大幅提升货物贸易便利化水平[1]。加

---

[1] 彭羽，唐杰英，陈陶然，等. 自贸试验区货物贸易制度创新研究[M]. 上海：上海社会科学院出版社，2016：73-75.

强口岸管理部门执法合作，推行跨部门一次性联合检查。开展边境贸易升级改革试点，在广西自贸试验区崇左片区加快引进一批边境加工企业。利用 RCEP 原产地累积规则，探索在更多企业实施经核准出口商认证标准。争取国家层面推动与马来西亚"经认证的经营者（AEO）"互认合作，探索两国海关"三互"（即信息互换、监管互认和执法互助）合作。在广西自贸试验区片区内设立技术贸易措施企业服务中心，收集、编译、分析丝绸之路沿线国家口岸措施、通关程序、技术法规、产品标准、优惠原产地规则等信息，助力企业在"走出去"时突破技术性贸易措施壁垒。

（二）推进服务贸易便利

未来的跨境服务贸易将成为全球贸易的关键驱动因素，积极向国家争取支持开展面向东盟的服务业扩大开放综合试点，在金融、信息、物流、跨境电商等领域探索与东盟深化合作的方式方法，形成更多具有国际竞争力的制度创新成果[①]。依托广西自贸试验区范围内的南宁综合保税区、凭祥综合保税区、钦州保税港区等，在优化保税监管模式、发展外贸新业态等方面进行深入探索。借鉴《海南自由贸易港跨境服务贸易特别管理措施（负面清单）2021 年版》，对专业服务、交通运输、金融、教育等领域采取针对性开放举措，取消境外个人参加注册计量师、勘察设计注册工程师、注册消防工程师等职业资格考试的限制，对涉及文化、金融、电信、教育等敏感领域事项实施严格管理，建立制度，明确责任。在国家统一部署下，实施跨境服务贸易负面清单制度，制定出台广西自贸试验区跨境服务贸易负面清单，在更大范围内采取跨境服务贸易管理新模式。顺应当前新产业、新模式、新业态不断涌现的态势，大力发展跨境电商、离岸贸易、数字贸易等对外贸易新业态新模式，推动实现跨境电商综试验区在广西自贸试验区全覆盖，加快建设跨境电商海外仓、边境仓、保税仓和大宗商品交易储运基地。

---

① 邵卿，周青，刘曙华. 基于国家重大战略的广西对外开放实践与展望［J］. 经济与社会发展，2021（5）：10－20.

(三) 推进国际贸易结算

借鉴《中国（上海）自由贸易试验区关于扩大金融服务业对外开放 进一步形成开发开放新优势的意见》《上海市贯彻落实国家进一步扩大开放重大举措加快建立开放型经济新体制行动方案》等文件做法，探索在广西自贸试验区稳步推进资本项目管理的便利化和可兑换，先行先试外汇管理改革，拓展自由贸易账户的投融资功能和适用范围，如在风险可控的前提下，为保险机构利用自由贸易账户开展跨境再保险与资金运用等业务提供更大便利。对通过自由贸易账户向境外贷款先行先试，试点采用与国际市场贷款规则一致的管理要求。支持境外投资者通过自由贸易账户等从事金融市场交易活动，进一步拓展自由贸易账户功能和使用范围。在广西自贸试验区内开展期货保税交易、仓单质押融资等业务，增加期货保税交割试点的品种。

(四) 大力发展边境贸易

大力推进边民互市贸易进口商品落地加工，争取增加边民互市贸易进口商品品类。开展多种运输方式进口互市商品落地加工试点改革。探索广西自贸试验区各片区之间边境贸易创新发展合作。加快推进"一口岸多通道"发展模式，开展边境贸易转型升级、跨境劳务合作试点、中越"两国一检"通关模式、商事制度改革"一照通"等改革探索和试点示范。探索建立通关便利化机制，优化通关过检流程，对"一线"进出货物最大限度简化海关管理手续，对"二线"进出货物全面推行"批次进出、集中申报""区内自行运输"等便利化制度。进一步深化与越南在互联互通、经贸合作、口岸便利化、边境管理等方面的交流与合作，进一步推进通关便利化改革，完善车辆"一站式"验放，全面升级互市"三合一"系统，全面提升口岸通关便利化水平。完善内部联合推进口岸通关机制，建立自助通关系统和触屏式通关信息查询系统，海关、检验检疫部门实现联网核查，进一步提高口岸查验现场实行联合办公效率和水平。全面推行"一站式"办理运输企业全部进出境验放的相关手续业务，进一步提高通关效率，为贸易便利化、投资自由化创造良好的条件。

四、跨境资金便利化

(一) 推进跨境投融资便利

探索建立与广西自贸试验区相适应的账户管理体系，进一步简化跨境贸易和直接投资人民币结算业务办理流程。鼓励符合条件的银行机构在依法合规和有效控制风险的前提下继续发展离岸金融业务。探索与东盟国家开展双边本币结算，拓宽广西自贸试验区内企业资本项下外币资金结汇用途。依托边境经济合作区、中马"两国双园"等跨境经济交流合作平台，按照统筹规划、服务实体、风险可控、分步推进的原则，在广西自贸试验区内创新外汇管理体制，支持开展限额内资本项下人民币可自由兑换试点。推动人民币与东盟货币直接挂牌交易，完善货币现钞跨境调运机制。完善电子商务支付结算管理，稳妥推进支付机构跨境外汇支付业务试点，探索建立跨境电商人民币业务服务平台。

(二) 推进跨境资金自由便利

推动在大宗商品贸易、境外产业园区及工程承包等重点领域使用人民币计价结算。允许金融机构和企业赴境外发行人民币债券并回流使用。开展个人包括证券投资在内的各类人民币境外投资业务试点。在广西自贸试验区建设便捷的跨境无现金二维码支付环境。推动新加坡等东盟国家居民在广西自贸试验区相应分支机构完成异地Ⅱ类或Ⅲ类账户开户，实现非居民在中国进行无现金二维码便捷支付。扩大个人跨境贸易人民币结算业务，放宽个人携带人民币现钞出入境额度。鼓励跨境电商活动中使用人民币计价结算。深入推进中马钦州产业园区金融创新试点，拓展跨境人民币同业融资、跨境人民币双向流动便利化、简化境外机构人民币银行结算账户离岸划转办理流程、人民币信贷资产转让等金融创新。

(三) 着力创新跨境金融产品

以推动人民币面向东盟跨区域使用为重点，深化金融体制机制改革。加快推动面向东盟的跨境金融创新，鼓励金融机构基于真实贸易背景开展跨境金融、离岸金融创新。深化外汇管理改革，推动人民币与东盟货币直接挂牌交易，完善货币现钞跨境调运机制。加快供应链金融创新，完善科技金融服务，扩大人民币跨境结算规模。扩大金融服务业对内对外开放，强化面向东盟的金融市场合作和跨境保险合作，加强金融服务实体经济。推动跨境金融基础设施和跨境金融合作交流机制完善，构建良好金融生态环境。推动人民币与东盟货币通过银行间市场区域挂牌交易。完善货币现钞跨境调运机制。鼓励符合规定的私募基金管理人、证券公司、商业银行、金融资产投资公司等机构依法依规发起设立民营企业股权融资支持工具。鼓励创投企业建立科技投资基金，在广西自贸试验区内与高校等机构合作，共同开设区块链技术、人工智能等金融科技创新培训课程，开展金融创新合作。完善科技企业信用评价体系和标准，推动金融机构探索完善科技企业信用风险管理机制，推动搭建金融安全数字化信息平台。深化与东盟跨境金融合作，加快建设中国—东盟金融城，优化面向东盟的人民币跨境结算和跨境投融资服务。依托广西面向东盟的金融开放门户，推进金融领域开放，促进金融市场主体的多元化、要素市场化，进一步支持对银行业、证券业等领域的外资独资的开放，深化支付与清算领域的跨境本外币资金池一体化等方面的开放①。加快中国—东盟跨境金融服务中心建设，积极争取建设中国—东盟证券交易所、中国—东盟期货交易所，建设面向东南亚资本市场的证券交易所、期货交易所。

（四）大力发展数字金融

积极建设中银金融中心、金融开放门户（广西）跨境金融数字服务平台、面向东盟的供应链金融平台等，开展面向东盟的跨境金融数字化创新行动。利用数字技术推进线上线下相融合的产品营销、运营管理、服务体系、风险防控等创新，打造数字普惠金融产业链。支持开展数字货币和移动支付的研究应用，打造面向东盟的跨境金融先行示范区。加强与东盟国家的金融合作，支持在风险可控的前提下推进人民币国际化，进一步简化优质企业跨境人民币业务办理流程，实施更加便利的跨境金融服务措施。

---

① 张娟，李俊，李计广. 从 RCEP、自贸试验区到 CPTPP：我国服务贸易开放升级路径与建议[J]. 国际贸易，2021（8）：62－69.

推广应用跨境金融区块链服务中心,持续完善中国—东盟跨境征信服务平台,打造面向东盟的数字人民币数据中心。

五、运输往来便利化

(一) 推进运输自由便利

稳步扩大海铁、公铁联运规模和覆盖范围,支持开展中转集拼,推动跨境陆路物流综合信息共享。扩大内外贸同船运输适用范围,支持开行北部湾港至粤港澳大湾区的内外贸集装箱同船货运巴士。探索在广西自贸试验区建立更加开放国际船舶登记制度,推进船检、海事、港航等部门的船舶、船员、企业相关证书信息共享。设立北部湾航运交易所,构建连接中西部各重要陆港的交易机制,提升对沿线省(自治区、直辖市)开放发展的服务能力。完善跨境外籍车辆管理办法,探索将经凭祥友谊关口岸的中越直通车范围延伸至南宁、重庆、成都等西部重要节点城市。在广西自贸试验区内加快推进跨境运输车辆牌证互认。创新中国—东盟跨境汽车自驾游监管模式,自驾车辆按公路车辆出入境申报方式办理手续。扩大内外贸同船运输规模,争取开展沿海捎带业务试点。加快国家物流枢纽建设,推进建设中新南宁国际物流园、南宁国际铁路港、西部陆海新通道凭祥公铁联运物流国际港、区域性冷链物流中心,在南宁国际铁路港探索开行中药材、矿产、汽车等跨境班列。

(二) 推进通关便利化

对标国际高标准,继续优化"一线放开、二线管理、区内自由"的通关监管模式,集中开展境内外货物中转、集拼和国际分拨配送业务,在符合两用物项和技术进出口管理法律法规的前提下,实施开放程度最高的货物进出境管理。优化"两步申报"通关监管模式。在海关特殊监管区域全面实施货物状态分类监管,优化南宁空港、南宁国际铁路港对各海关特殊监管区和边境、港口口岸的连接效率。完善进口商品风险预警快速反应机制和追溯体系。优化生物医药全球协同研发的试验用特殊物品的检疫查验流程。优化海关特殊监管区域进出货物通关管理,除法律另有规定外,区内与区外之间进出实施常规监管,但不实施检疫及出口检验管理。

六、要素资源便利化

(一) 加强面向东盟的国际产业链供应链合作①

在 RCEP 合作框架下,加快打造电子信息、化工新材料、汽车和新能源汽车、中药材加工、东盟特色产品加工等面向东盟的跨境产业链。围绕服务新能源汽车产业发展,聚焦产业链生产企业需求,引导和支持龙头企业开展数据整合,形成全球新能源汽车产业链的供应、需求、采购、物流、价格等数据信息,打造新能源汽车产业链零配件线上交易平台。加大数字产业链强链补链延链力度,重点扶持电子信息行业龙头企业延伸产业链条,带动更多产业链上下游企业汇聚,推动更多企业布局产业链核心环节,加快打造计算机和网络通信、智能终端、新型显示、集成电路(封装测试)等产业链,着力构建"大湾区—广西—东盟"电子信息产业链供应链。促进电子信息产业集聚集群发展,构建面向东盟甚至"一带一路"共建国家的跨境电子信息产业链。做强软件和信息技术服务业,重点发展各类行业应用软件、平台软件,大力发展工业软件,打造完整软件研发、生产和服务体系。聚焦数字产业孵育、制造、贸易、流通、市场、服务,构建面向东盟的跨境数字产业链、供应链投资体系。支持云服务提供商建设一批个性化、多元化、智能化云平台,围绕研发、设计、生产、管理、服务等环

---

① 新时代全球产业链供应链发展趋向为多元化、分散化、本地化和数字化,发展重点是"点""链"协同,发展目标是提升产业链供应链韧性和安全水平,发展手段是建链补链延链强链;产业链供应链发展的新使命是促进产业链供应链深度融合发展、提升产业链供应链现代化水平、增强产业链供应链自主可控能力、维护全球产业链供应链安全稳定。但也要看到,全球层面西方国家对华强推"脱钩断链"威胁全球产业链供应链安全稳定,国家层面提升产业链供应链韧性和安全水平成为我国高质量发展的着力点。全球构建跨区域跨境产业供应链的主要模式有以美国为代表的关键产业供应链韧性重塑计划、以日本为代表的海外供应链多元化支援政策、以欧盟为代表的强化产业链供应链韧性战略、以东盟为代表的保持供应链畅通全方位复苏计划、以中国为代表的产业链供应链韧性和安全水平提升战略。面向东盟的跨境产业链供应链已经成为广西引领中国—东盟开放合作的关键,依托广西自贸试验区构建面向东盟的跨境产业链供应链成为广西推进国内国际双循环市场经营便利地建设的重要手段。

节，推动构建面向东盟的跨境数字产业链供应链投资体系①。针对跨境产业链提供系统性数字化转型解决方案，全面提升跨境产业链供应链的数字化水平。抓住与 RCEP 成员国合作机遇，加强研发设计人才引进，在贸易、投资、供应链、物流、金融等领域嵌入"日韩澳新 + 中国广西 + 东盟"价值链，加强与日韩在汽车、电动车、摩托车及零配件、电子信息、芯片、液晶屏、化工、化纤、纺织、服装面料等优势产业合作，形成"日韩澳新研发 + 广西制造 + 东盟/ RCEP 市场"产业链供应链条，做强做优做大与 RCEP 新伙伴的产业合作增量，实现与日韩澳新和东盟各国产业合作增量相互叠加。

（二）强化面向东盟的现代服务业合作

推进文化创意、非通用语译制等产业发展和广播电视交流合作，推动国外文化演出项目在广西文化艺术中心首演。支持境外高水平大学、职业院校围绕跨境产业链急需专业，开展合作办学和职业技能培训。建立中越跨境旅游合作机制，推动设立中国（凭祥）—越南（文朗）跨境旅游合作区、中越友谊关—友谊跨境旅游合作区。

（三）深化面向东盟的产业园区合作

支持建设中国—东盟跨境产业融合发展合作区、中马"两国双园"升级版、中越跨境产业合作园区、中国—东盟工业设计中心。鼓励和支持广西自贸试验区内物流企业建立一批面向东盟的智慧物流园区，引聚一批面向东盟的智慧供应链运营区域中心，推进海外运营中心、公共海外仓等境外物流共享设施建设。推进产业园区的建设发展，以此带动双方拓展合作的领域和空间，形成全方位、多领域的网络空间合作关系。采取"园中园"建设模式，建设若干具有东盟区域特色的跨境电商产业集聚区。依托南宁综保区、南宁跨境电商综试区、南宁市国家加工贸易产业园等国家级平台，建设智慧跨境物流产业园区。

---

① 广西壮族自治区人民政府办公厅关于印发广西面向东盟的"数字丝绸之路"发展规划（2021—2025 年）的通知［R］. 广西壮族自治区人民政府公报，2022 – 01 – 15.

七、人员跨境流动便利化

(一)优化人才服务管理体制机制

继续优化人才服务制度和服务流程,采用"线上+线下""专线+专人"的双"加"模式,实现政策和业务"一窗通晓、一站受理、一网通办、一链跟踪"。建立面向东盟的国际标准化人才联合培养和双向交流机制,加强人才领域的标准化合作。履行人才"一对一"服务,上门对接服务人才,全速为人才帮办各项事务,收集人才意见建议,全力做好政策落地、企业创立、创业载体、投融资、人才安居、教育培训、人力资源、战略咨询、线上平台等服务项目。推动人才工作数字化转型,共同搭建人才服务新平台,做好广西自贸试验区内高层次人才服务保障,不断提升高层次人才"八小时之外"生活品质,合力打造更优人才生态环境。深入了解高层次人才急办理、难办理的服务事项,有针对性地为高层次人才提供服务,有效解决业务事项办理时限长、流程多的痛点和难点,节约人才时间、空间成本,真正实现人才引得进、用得好、留得住。

(二)构建开放开发人才基地

深入实施外国人来华工作许可制度,开辟外籍及港澳台人才绿色通道,为在广西自贸试验区工作和创业的外籍及港澳台人才提供入出境、居留和永久居留便利,为来广西自贸试验区开展会展活动、商务洽谈、旅游等的外国人提供入出境便利。开展外国高端人才服务"一卡通"试点,探索建立科技创新引才引智计点积分制度,支持服务人才引进的平台发展。探索建立"创新人才房源库"机制。支持开展中国—东盟基础教育、高等教育、职业技能培训、东南亚小语种培训等教育合作。

(三)推进跨境劳务便利化

深化跨境劳务合作,进一步优化沿边重点地区外籍务工人员"四证两险一中心"管理新模式,允许外籍务工人员停留期限由30天延长至180天。探索与越南实施人员、车辆双向自助通关。探索更便利的人员往来措施,允许在中国—东盟博览会前后15日内通过广西口岸入境的境外人员实行落地签。实施东盟10国旅游团144小时入境免签政策和部分国家人员72小时过境免签政策。争取国家层面批准同意在边境地区开展境外边民跨境劳务合作试点。

八、数据安全有序流动

(一)强化面向东盟的大数据服务

积极吸引和培育一批面向东盟市场的数据要素型企业,深化与国内知名数据供应方合作,引入数据服务生态各环节核心服务商,扩展数据交易品类,创新数据交易模式,扩大数据交易规模,逐步培育中国—东盟数据要素市场。面向东盟乃至"一带一路"共建国家构建一批数据融合应用场景,全面推进数据要素跨境融合应用,提升数据要素应用实效。支持广西自贸试验区内龙头企业发展面向东盟的数字化流程外包、行业数字化服务、新零售运营服务等新服务。加快跨境数字产业链供应链的建设和发展,有效提升服务东盟的能力和水平。在东盟国家建立离岸大数据中心,在依法合规、安全可控前提下加快大数据交易产业发展,开展第三方数据交易平台建设试点示范。基于南宁跨境电商综试区、钦州保税港区、凭祥综合保税区、南宁综合保税区等平台,通过专业化数据服务,吸引大型互联网站、电商企业落户广西,带动电子商务、信息服务等现代服务业的发展。加强与国家标准版国际贸易"单一窗口"、海关进出口申报系统、税务退(免)税申报系统、外汇管理数据系统、邮递物品通关管理系统和快件通关管理系统等对接,推动口岸监管、商务、税务、外汇管理等跨境电商全流程业务数据互联互通。推动中国—东盟大数据交易中心的建设与发展,统筹政务数据和社会数据资源交易流通,推动大数据资源在粤港澳大湾区以及周边省区市的跨域交易流通,推动大数据资源在"一带一路"共建国家的跨国交易流通,促进跨领域、跨区域、跨国界大数据合作。邀请东盟国家在广西自贸试验区南宁片区共建"大数据实验室",推动大数据、5G、物联网、人工智能等前沿技术在产业上的应用。

(二) 探索数字产品贸易监管模式

探索兼顾安全和效率的数字产品贸易监管模式，在确保数据安全的前提下，开展面向东盟的离岸数据资源储存、共享交换、大数据交易、应用业务。针对当前数据跨境流动及本地化要求、禁止对源代码和算法的强制接入、公开和转让及免关税及延期和数字税的征收等三大难题。探索有利于促进和保护我国在东盟区域内实施的数字经济的基础设施投资与建设规则，推进中国数字经济硬件强项出口以及包括数字医疗、数字教育、影视动漫、电子游戏、电子支付、社交软件等在内的产品出口。在跨境电商涉及大量的跨境数据流动方面，在中国—东盟自由贸易区内积极探索平衡国家安全、网络安全和跨境数据自由流动的可行方案，以推进中国—东盟自由贸易区内贸易自由化和便利化并向更高质量发展，推动数字经济进一步发展给人们带来福祉。对于数字贸易协定的争端解决机制，建议考虑现行的中国—东盟自由贸易区争端解决机制的同时，结合与数字经济相关的贸易和投资的新型争端特殊性，重构数字贸易争端解决机制。健全数据安全、隐私保护、跨区域数据传输管理和数字内容安全评估等基础制度和标准规范，并建立跨区域跨领域合作机制。

(三) 稳步推进跨境数据流动

在数据跨境有序流动方面先行试点，及时总结试点经验，制定相关的数字经济、数字贸易的新制度，努力提升我国在数字时代经贸规则制定的话语权[1]。探索数据确权和授权运营，制定数据流动规则，建立完善数据要素集聚、运营和交易的机制和平台，建立数据分级分类、数据目录、出境数据评估、多部门协调配合体系，促进数据要素高效流动。推动数据交易产业国际化发展，争取开展数据交易商业模式创新试点。探索培育数据要素市场和数据交易市场，推进多层次、多领域信息资源共享机制和交换体系建设。配合国家、自治区探索推动与东盟国家在数字贸易规则、数据安全监管、便利化等方面的规制互认，构建面向东盟的数据要素市场配置

---

[1] 郭若楠. 自贸试验区推动制度型开放的实现路径研究 [J]. 齐鲁学刊, 2022 (5): 119–129.

机制，推动大数据在跨国业务合作领域的深度应用①。聚焦广西自贸试验区重点产业和关键领域，探索数据跨境流动试点，开展跨境数据流通的审查、评估、监管等工作。支持医疗、信用信息、生物技术、芯片技术、光伏技术等科研合作项目的数据资源有序跨境流通。

（四）大力发展数字贸易

以建设"数字丝路"为抓手，加强与"一带一路"共建国家数字贸易规则对接，以合作融合发展化解技术、市场和制度脱节的风险，拓展我国数字贸易发展的国际空间②。支持信息化企业开展北斗导航、大数据、人工智能等相关领域的国际合作。积极营造贸易数字化良好环境，培育数据交易平台和市场主体，促进贸易主体转型和贸易方式变革，加快贸易数字化发展。着力建设面向东盟的数字贸易平台，加速数字贸易跨境流通，提升数据交易效率③。积极开展数字产品、数字服务、数字技术贸易，支持发展面向东盟的云服务、通信服务、跨境电商、数字内容、数字商贸、数字金融、社交媒体等数字服务贸易新业态，推动广西自贸试验区南宁片区面向东盟的全要素、全场景、全产业链的特色数字贸易枢纽，服务南宁创建国家数字服务出口基地。支持广西自贸试验南宁片区探索构建跨境数据交易试验区，建立离岸数据中心或全球数据港。

---

① 在东盟国家中，除新加坡、马来西亚、泰国和越南等国家已制定数据保护法以外，大部分东盟国家并没有数据跨境相关的法律法规。其中，新加坡的数据保护法律强调特定行业数据类型的保留期，确保未经授权的数据无法访问和限制修改。马来西亚实施PDPA法案，数据保护法没有限制企业在马来西亚开展数据中心建设，但仍需严格遵循个人数据保护法，企业收集存储的数据（尤其涉及个人隐私保护和安全的数据）受到法律监管。老挝、印尼等东盟国家在数据跨境流动等方面均无明确约束，大部分东盟国家在大数据存储、处理分析等领域的技术仍不完善。目前，跨境数据流动规制强调数据安全、限制数据流动的保护主义倾向，对数字贸易发展的阻碍不断加剧。广西自贸试验区可为数据资源交换、大数据交易、应用业务开展提供载体支持，离岸数据中心具有"境内关外"的特点，其在网络与信息安全等方面存在一定风险，如可能存在非法信息存放以及对外泄露对内传播造成意识形态影响等问题。此外，离岸数据中心、海外云计算中心业务涉及其他国家及企业，很容易引发法律适用方面的冲突和矛盾，甚至存在引起国际纠纷的风险。

② 李俊. 自贸试验区数字贸易发展十年探索与未来展望［J］. 人民论坛，2023（20）：60-64.

③ 孙智君，陈霜. 新时代中国共产党数字经济发展战略的演进与重要维度［J］. 重庆社会科学，2022（11）：6-23.

（五）夯实面向东盟的跨境数据流动规制

依托中国—东盟信息港，围绕数据产权、数据要素流通和交易、数据要素收益分配、数据要素治理、知识产权保护、网络安全等及数据安全等领域开展数据基础制度探索创新，与东盟国家在数据要素互认、个人信息跨境流动安全保护等方面建立合作机制，在确保数据安全的前提下，开展面向东盟的离岸数据资源储存、共享交换、大数据交易、应用业务，探索打造数字贸易发展新模式和国际数据合作治理新规则。完善区域内数字产业相关法律制度，对传统行业与互联网融合产生新业态、新模式进行规范管理，增强在跨境数据流动规则制定上的话语权。鉴于中国—东盟业已成为最大规模贸易伙伴、最富内涵的合作伙伴、最具活力的战略伙伴，我国与东盟（国家）已在国际条约缔结方面拥有了较多文本和丰富实践经验，探索推进《中国—东盟数字贸易协定》磋商签署。发挥后疫情时期中国—东盟对电子商务等数字经济和数字贸易发展的共同需求，通过中国—东盟缔结新条约的方式，签订新的数字贸易规则条约，对中国—东盟其他条约中相关数字贸易条款予以修改配套，致力于确保中国与东盟国家数字贸易的互惠共赢，为我国与"一带一路"共建国家的数字贸易协议规则达成提供范例。通过与东盟成员国（"海上丝路"）签署相关"一带一路"合作文件及谅解备忘录，将其列入相关的数字贸易协定的商谈内容和时间表等；协商或修改原有的中国—东盟自由贸易区相关文件或签订新的数字经济合作的条约所要涉及的内容和时间表。通过各种国际组织、机构和平台开展工作，推广我国数字贸易规则价值理念和治理方式。

九、治理法治化

（一）推进治理机构的法定化

开展《中国（广西）自由贸易试验区条例》立法后评估，鼓励支持广西自贸试验区南宁片区、钦州港片区、崇左片区利用设区市立法权，开展管理体制、投资促进、贸易便利、金融创新与服务、面向东盟开放合作和"一带一路"建设、政务服务和综合监管、法治环境等领域专项立法。积极借鉴在市场运行、管理模式等方面的国际通行规则和国际惯例,为市场主体营造市场化、法治化、国际化的营商环境,实现最大限度依法放权,切实提高广西自贸试验区的行政效能。完善设置广西自贸试验区法院(法庭)的立法,以修订人民法院组织法作为契机,明确广西自贸试验区法院(法庭)的性质以及设置依据和程序,注重多元纠纷化解体系的创新。

(二)加强法律服务体系建设

法治化是自贸试验区的"重要基础设施",聚焦构建涉外法律服务资源创新高地,探索改革开放的制度性成果,提炼出富有成效的制度措施予以复制推广,以吸引外资外企的进入。对接新一代国际经贸规则进行压力测试,主动参与面向东盟经济、金融、贸易、航运、科技创新等领域国际规则制定,探索建立与国际通行规则衔接的制度规范。聚焦国际商事争议

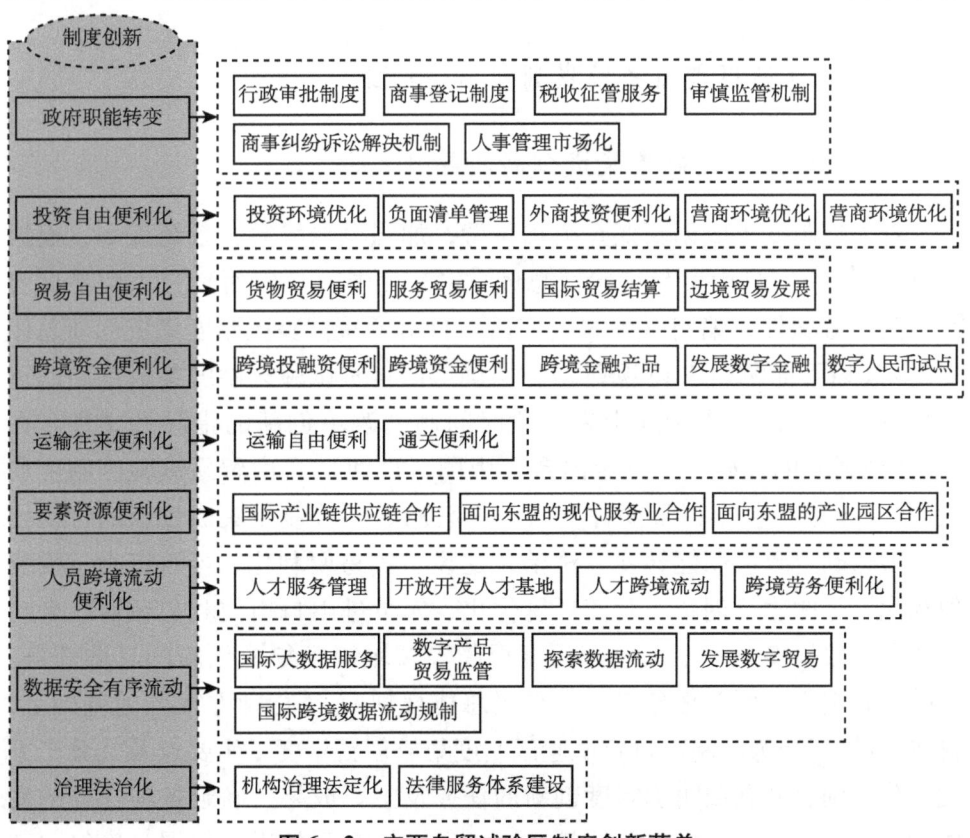

图6-2 广西自贸试验区制度创新菜单

解决，进一步扩大涉及"一带一路"、东盟相关法律服务的对外开放与合作。建设高水平涉外法律服务机构，优化拓展涉外公证法律服务，积极培育广西涉外商事调解组织，完善域外法律查明服务机制，积极吸引有国际影响力的境外仲裁机构入驻广西自贸试验区，探索线上国际商事纠纷解决机制，打造线上调解、仲裁、司法多元化纠纷解决支持系统。聚焦法治化营商环境建设，继续探索加强和创新事中事后监管机制，深化"互联网＋监管模式"，健全行政审批和证明事项告知承诺制、"互联网＋政务服务"、公共数据全生命周期治理，加强数据有序开放、共享，确保公正高效权威的司法保障和完善社会信用机制等。

第六节 广西自贸试验区制度创新复制推广的对策措施

一、加强制度创新系统谋划和顶层设计

（一）研究制定制度集成创新指导性文件

着力把制度集成创新摆在突出位置，加强全局统筹、系统谋划，根据《中国（广西）自由贸易试验区总体方案》《中国（广西）自由贸易试验区条例》等文件，编制《中国〈广西〉自由贸易试验区制度集成创新总体规划》（以下简称《总体规划》），明确广西自贸试验区制度集成创新的重点领域和方向，形成指导未来一段时间制度改革创新的指导性文件。在《总体规划》的基础上，制定出台《中国〈广西〉自由贸易试验区制度集成创新行动方案》（以下简称《行动方案》），明确制度集成创新的行动任务，重点确定政府职能转变、法治化建设、贸易便利化、行政审批、投资便利化、金融改革创新、营商环境优化、人员进出自由便利、运输往来自由便利、数据安全有序流动、要素保障等领域制度集成创新的具体任务，并配套制定集成创新任务清单。在《总体规划》、《行动方案》的基础上，自2025年开始每年制定自贸试验区制度集成创新年度工作要点及其分工方案，分类别、分领域明确制度创新的任务及主要成果，确定各项任务的完成时间、牵头单位、配合单位等。通过以上一系列的谋划部署，确保制度

创新的有效集成、相互协同和整体推进，推动涌现一批高质量、高标准、系统化、集成式制度创新成果。

（二）强化对制度创新的配套政策支持

加大对制度集成创新的规范化建设，在《中国（广西）自由贸易试验区条例》的基础上，鼓励和支持广西自贸试验区三大片区制定片区条例，将本片区制度创新的重点领域和关键环节以立法的方式予以固定，确保制度创新有法为据。根据《总体规划》《行动方案》以及年度工作要点，各有关部门有针对性地制定出台相关配套政策措施。根据《贯彻落实〈中国（广西）自由贸易试验区条例〉需出台的配套政策及工作措施》的通知，尽快推动一批配套政策文件的制定出台，加强实施《中国（广西）自由贸易试验区条例》与相关法规政策在执行中的协调衔接，确保各项条款得到有效执行，保证《中国（广西）自由贸易试验区条例》各项条款落实落细。全面收集梳理国务院及其相关部委、拥有自贸试验区的各省（自治区、直辖市）及其相应地级市出台的支持自贸试验区的相关政策，形成政策汇编，加强相关政策学习，尤其是针对制度创新方面的政策措施。建立制度创新项目库，由各创新主体围绕广西自贸试验区改革发展需要、企业和群众诉求，提出制度创新项目清单和行动方案。

（三）积极推进面向东盟的跨境产业链升级发展

按照《广西壮族自治区人民政府关于以中国（广西）自由贸易试验区为引领加快构建面向东盟的跨境产业链供应链价值链的实施意见》（桂政发〔2021〕17号）文件要求，围绕构建面向东盟的跨境产业链，深化首创性、集成化、差别化改革探索，在跨境投资、贸易、资金、人员以及数据等方面加大制度集成创新的力度。充分利用《区域全面经济伙伴关系协定》（RCEP），进一步扩大与贸易伙伴经贸往来，积极拓展中国—东盟经贸中心服务功能和领域，推动增设RCEP（南宁）国际博览中心，打造成为RCEP博览中心和服务RCEP跨境产业合作的总部基地，成为RCEP协议高质量实施的中心，从服务"10+1"向服务RCEP("10+5")拓展。构建跨境科技创新资源共享机制、制造业产业链区域合作机制，深化服务业领域制度开放创新（包括金融、航运、贸易、科技、商务、法律等服务业制度；法律、会计、医疗、建筑、专利代理等专业服务领域国际职业资质互认），探索构建中国—东盟绿色低碳开放合作规则（包括国际低碳认证、碳足迹标识、碳关税、绿色环境标志、绿色包装制度等），加快形成与"两业融合"相衔接的开放创新制度体系（即在经营模式、牌照、业务范围、经营条件、业务许可等领域促进先进制造业与现代服务业相融合的边境内措施）。

充分利用面向东盟的金融开放门户，进一步加强跨境人民币使用集成创新，积极争取国家层面金融创新试点政策，打造跨境金融产业链。充分利用新时代西部大开发，依托广西自贸试验区崇左片区，联合西部相关省区市，规划建设沿边经济带，促进技术、资本、人员、商品、物流和数字贸易等生产和市场要素跨国、跨区域便捷流动，吸引资金、技术、设备和劳动力等要素集聚，打造依托沿边口岸的西部大通道。进一步加强边民互市贸易集成创新，重点加强与周边国家边民互市政策沟通，在管理模式、运转形式、筹措资金方面大胆创新。积极争取国家层面政策支持打破边民互市交易商品仅限于毗邻两国的限制，允许第三国商品也能进入边民互市贸易区进行交易，提高边民互市贸易水平，做大做强沿边口岸互市贸易[①]。促进资源的调整和配置，推进沿边口岸生产加工区建设，增强口岸生产加工功能，大力发展口岸生产加工或转口加工，构建深加工产业链，实现产品就地生产，降低生产运输成本。突破沿边陆路边境互市贸易的限制，积极争取国家层面支持，探索在中马钦州产业园建立海上边贸互市区，探索开展面向东盟乃至全球的海上互市贸易，全面提升互市贸易的层次和规模。

（四）积极围绕国际先进规则开展高水平开放压力测试

习近平总书记指出，要牢牢把握国际通行规则，在推进投资和贸易自由化便利化方面大胆创新探索，加快形成与国际投资、贸易通行规则相衔

---

① 穆沙江·努热吉. 我国沿边口岸经济地域辐射效应的空间分异研究[J]. 学术论坛, 2021(3): 124-132.

接的基本制度体系和监管模式，形成一批可复制可推广的重大制度创新成果①。全面对接自由贸易区规则标准，重点研究中国—东盟自由贸易区3.0版本的具体落实措施。RCEP与CPTPP是具有新兴性（资本流动、财税支持、区域合作）和前瞻性（知识产权、竞争中立、环境保护）的国际高标准经贸规则，内容庞大且不断演变，我国自贸试验区应从国际经贸规则底层逻辑和国际竞争的核心要素入手，适时调整自贸试验区现有规则，为外资企业和海外经营人员提供与国际高标准经贸规则接轨的国际化、便利化的营商环境②。全面适应RCEP实施机制（在市场开放、数字贸易、跨境电商、知识产权保护等方面实施更大力度的压力测试），加强与RCEP成员国政策、规则、标准对接和服务贸易合作，在知识产权保护、原产地电子联网、制造业相关服务等方面先行先试。积极对接CPTPP规则并进行调试，在投资准入、服务贸易、金融开放、数字经济、政府采购方面进行制度创新和风险压力测试，探索将竞争中性纳入竞争政策体系。深度对接DEPA，在数字税收、数据本地化、数据跨境流动、保护个人隐私等方面开展探索和压力测试。主动研究《美墨加三国协议》（USMCA）、《美日数字贸易协定》（UJDTA）等经贸协定。积极参与共建"一带一路"高质量发展的规则标准（包括提升制度供给水平、基于"一带一路"建设需要的高标准国际通行规则的对接和衔接），依托广西自贸试验区范围内的南宁综合保税区、凭祥综合保税区、钦州保税港区等功能区，在优化保税监管模式、发展外贸新业态方面进行深入探索。

（五）对标国际先进行业标准体系

积极开展国内国际标准比对，通过开放和透明程序制定国际先进标准。完善高质量内外贸一体化的监管和标准体系（涉及货物贸易、服务贸易、离岸贸易等自由化便利化）。提高中国行业标准供给水平（如境外产业园区和经贸园区标准化建设、海外标准化合作示范项目），提升我国行业标

---

① 中共中央宣传部，国家发展和改革委员会. 习近平经济思想学习纲要［M］. 北京：人民出版社，学习出版社，2022：131.
② 孔庆峰. 中国自贸试验区十周年：成就、挑战与机遇［J］. 人民论坛·学术前沿，2023（19）：84–95.

准海外推广应用和国际化水平。例如，推动广西中欧班列在检验检疫、通关、运单一体化、危险品运输、货物跟踪系统、信息平台等方面与共建"一带一路"沿线国家标准互信互认；促进电子商务标准国际合作，促进电子商务数据服务、物流应用、追溯体系标准化，推进海外仓标准建设。积极参与国际标准制定，搭建标准化工作国际交流合作平台。

二、全面激发制度创新内生动力

（一）推动强制性制度创新向自发性制度创新跨越

坚持把制度创新作为广西自贸易试验区的核心任务，将《中国（广西）自由贸易试验区总体方案》明确的强制性的改革创新任务转化为自发性的制度创新动力，特别是结合广西自贸试验区三大片区的实际需求，大胆试、大胆闯、自主改，积极主动探索具有广西特色的制度创新，使自发性制度创新成为广西自贸试验区制度创新的主流。积极开展"首创性"探索，在全国从沿海到内陆再到沿边布局的自贸试验区体系中，结合广西沿海沿边、陆海统筹的发展特色，加快推进制度和机制创新，不间断形成一批又一批可复制可推广的制度创新成果，并以此引领全区的制度改革创新。因地制宜开展差异化探索，通过对比试验、互补试验，形成更多更好的制度创新成果，推动形成多层次、宽领域的改革试点格局。通过开展一系列自发性制度创新，广西自贸试验区南宁片区在面向东盟的跨境金融、数字经济、跨境投资等方面成为自贸试验区建设样本，钦州港片区在面向东盟的港口合作、向海经济以及服务国际陆海贸易新通道建设等方面成为自贸试验区建设的范本，崇左片区在面向东盟的沿边开放开发、沿边金融、跨境贸易、跨境劳务合作等方面成为自贸试验区建设的标杆。

（二）推动强制性制度创新向诱致性制度创新跨越

诱致性制度创新是强制性制度创新的基础和前提，强制性制度创新是诱致性制度创新的完善和保障，广西自贸试验区应该着力开展诱致性制度创新。针对目前全国自贸试验区制度创新的系统性不强问题，鼓励和支持政府、企业等各类主体自发倡导和组织实施对现行制度安排的变更或替代，创造符合广西自贸试验区发展需要的制度安排和设计。广西自贸试验区应着重围绕试点任务加强制度集成创新，尤其是加强广西自贸试验区三大片区专项制度集成首创探索。广西自贸试验区三大片区每年围绕若干重点改革试点任务，加强制度创新集成首创，形成自贸试验区试点强制性与诱致性相结合的制度创新经验，将广西自贸试验区的制度创新效应发挥到极致。

（三）加强分片区（协同区）专项制度集成首创探索

自改革开放以来，尤其是21世纪以来，国家相继授予广西开展诸多开放战略和开放平台建设，但总体来看，自贸试验区、金融开放门户、西部陆海新通道、中国—东盟信息港、沿边重点开发开放试验区等国家开放战略和开放平台政策叠加优势及"帽子"功能仍待进一步加强，建议按照构建"南向、北联、东融、西合"全方位开放发展新格局发展要求，坚持开放发展主导战略，广西自贸试验区各片区着重围绕试点任务加强制度机制集成创新。南宁片区、崇左片区、钦州港片区以及北海、防城港等协同发展区按照城市开放发展导向，着重围绕强首府、强边贸、强工业、强旅游、强向海、强东融等领域，每年度围绕1~2项专项改革试点任务，加强各协同发展区集成首创，着力破解国家涉桂重大开放战略和开放平台"创建"内容、建设模式和政策落地实施问题，努力谋划好、实施好如何更高效率利用国家战略和平台，将国家涉桂开发战略和平台政策落到实处。

（四）全面激发企业参与制度创新的动力

充分激发市场主体活力，集聚各类要素，推进各种改革，打造更多的创新成果。全面优化工作方式，将企业作为广西自贸试验区制度创新复制推广的主要服务主体，增强主动服务企业意识，加强与企业的联系，了解其对制度创新的需求，全面落实相关优惠政策，使企业在制度创新复制推广中得到更多收益。创新工作模式，赋予企业更多改革创新自主权，积极协调解决企业（尤其是金融、物流、商贸、信息、文化等领域的企业）推进改革创新过程中遇到的问题。探索建立企业家参与广西自贸试验区制度创新机制,建立广西自贸试验区企业家参与涉企政策制定的决策咨询机制①。充分利用网上政务平台以及微信公众号,建立健全畅通便捷的政企互动网络平台,充分了解企业对制度创新的需求。研究建立政府与企业家常态化沟通机制,建立广西自贸试验区制度创新复制推广主动向企业家问计求策的程序性规范。

三、积极复制推广自贸试验区制度创新成果

(一) 加强对其他自贸试验区制度创新的跟踪分析

自贸试验区制度改革创新涉及面较广,且目前多数改革仍处于设计和试点阶段。进一步加强与广东、福建、上海、天津等自贸试验区的对接,多渠道建立自贸试验区管理委员会之间的高层互访、互动机制,密切跟踪并及时了解外地自贸试验区在促进投资自由化、贸易市场化、管理规范化、服务便捷化等方面创新成果的最新动态。不定期邀请上海、广东、福建、海南等地相关专家、学者、官员到广西自贸试验区进行授课,不定期组织人员到外地考察学习自贸试验区制度改革创新的经验,及时高效地引入和推广区外自贸试验区的制度创新成果。委托第三方科研机构,对自贸试验区已有制度创新逐条开展研究分析,形成系统全面的研究报告,为开展大规模复制推广形成基础依据。

(二) 开展对其他自贸试验区制度创新的再创新

在对全国自贸试验区制度创新成果进行深入全面了解后,加强深入研究,结合工作实际和需要,组织开展制度再创新行动,进一步延展制度创新的成效。针对建设面向东盟的金融开放门户南宁核心区,广西自贸试验区南宁片区重点开展跨境金融、数字金融等领域的制度创新和再创新;针对中国—东盟信息港南宁核心基地、钦州副中心建设,广西自贸试验区南宁片区和钦州港片区重点开展数据安全有序流动、跨境数据交易等领域的

---

① 刘曙华,周青. 南宁:破瓶颈为自贸区企业发展注入强劲动力 [J]. 当代广西,2021 (Z1): 29-30.

制度创新和再创新；针对南宁综合保税区、钦州保税港区、崇左保税区等建设，广西自贸试验区三大片区重点推进贸易便利化、投资便利化、运输往来自由便利等领域的制度创新和再创新；针对南宁跨境电商综试区、崇左跨境电商综试区等建设，广西自贸试验区南宁片区、崇左片区重点开展跨境电商、跨境贸易等领域的制度创新和再创新。

（三）健全优化制度创新成果全区推广机制

自贸试验区主要承担探索适应贸易投资便利化、自由化、法治化开放体制机制的任务，形成可复制、可推广的经验。目前，自贸试验区已经形成了一系列改革试点经验，广西自贸试验区也在积极探索推进中。建议加大研究力度，编制改革试点经验具体清单，制定详细的操作细则，用于指导具体实施。加强改革试点经验推广，以点带面，将广西自贸试验区的政策改革、经贸规则、发展理念等传导到广西全区，使非试验地区（城市）享受自贸试验区的政策红利，实现平台优势全域共享、政策赋能全域覆盖、创新举措全域适用。进一步完善评估总结复制推广工作机制，及时总结自贸试验区的探索成果，并加以推广，从而使自贸试验区在国家的改革开放事业中进一步发挥好先行先试作用①。

（四）复制推广国家层面改革试点经验

目前，国务院一共公布了七批次自贸试验区改革试点经验，国家相关部委自主向全国复制推广了自贸试验区的改革试点经验。针对国家层面明确的复制推广的改革事项，逐条予以研究，根据广西自贸试验区的实际和需求，对广西有所需要的改革事项提出具体落实方案，明确推进措施、详细步骤以及责任部门。加强同一领域的改革事项的系统集成，强化不同领域的改革事项的协同高效，推进各项改革事项在广西自贸试验区的复制推广，确保复制推广工作顺利推进、取得实效。密切跟踪已有自贸试验区在促进投资自由化、贸易市场化、管理规范化、服务便捷化等方面的创新成果，适时在广西自贸试验区予以复制推广。建立广西自贸试验区试点经验

---

① 隆国强. 充分发挥自贸试验区作用，助力加快构建新发展格局［J］. 中国发展观察，2021（Z2）：7-10.

评估推广机制，定期不定期对已实施的试点任务进行总结和评估，积极推进在全区进行复制推广。

（五）推动将广西经验上升为国家试点经验

鉴于国家层面将复制推广自贸试验区改革试点经验作为一项重要工程，广西自贸试验区要主动作为，在做好制度改革创新的同时，及时总结试点经验，形成规范的申报材料，向商务部及时申请纳入复制推广改革试点经验。广西自贸试验区南宁片区着力在面向东盟的跨境金融、交易市场（如大宗商品交易、股权交易、产权交易等）、产业金融（如供应链金融、科技金融、绿色金融、物流金融等）、数字金融（如金融信息服务、互联网金融等）等领域探索在全国复制推广的改革试点经验；钦州港片区着力在港航物流、大宗商品交易、智能制造、期货交割、融资租赁、检测维修等领域探索在全国复制推广的改革试点经验；崇左片区着力在跨境加工制造、跨境贸易、跨境金融、跨境物流、跨境旅游等领域探索在全国复制推广的改革试点经验。与此同时，针对国际形势不确定性、不稳定性带来的严峻挑战以及新冠疫情带来的一系列冲击（尤其是对全球产业链供应链所产生的深刻影响），广西自贸试验区在构建面向东盟的跨境产业链供应链价值链领域（如建立标志性跨境产业链、产业链协同创新、发展贸易新业态新模式、数字贸易等），探索可以在全国复制推广的经验，力争在全国范围内总结推广广西自贸试验区的重大标志性成果。

四、强化自贸试验区制度创新的评价评估

（一）加大对制度集成创新的统筹协调

自贸试验区制度创新涉及贸易、投资、金融、运输、人员五个自由便利和数据安全有序流动，系统集成改革创新更是跨区域、跨部门、跨层级的工程。着力加强涉及广西自贸试验区制度创新的广西壮族自治区各部门及其相关片区所在地级市和片区管理委员会的统筹协调、联动协作，强化制度集成创新的主体责任，统筹全区资源要素和政策举措，推动更多跨地区、跨部门、跨行业、跨领域穿透式的改革创新。加强制度集成创新的统

筹协调，特别注重改革创新和政策体系的整体性、协同性，做好系统设计，全面开展集成创新，务求实效。加强改革系统集成，打通不同地区、部门和行业之间的壁垒，使各方面创新举措相互配合、相得益彰，提高自贸试验区改革创新的整体效益[1]。加强政府部门之间、政府与企业之间、企业与企业之间的统筹协调与合作，不断提升政策创新的系统集成应用水平，加快形成可复制、可推广的广西试点经验。全面深入推进"放管服"改革，在政府职能转变、投资自由便利化、贸易自由便利化、资金自由便利化、人员进出自由便利化、数据开放共享等领域全面推进制度集成创新，建立与国际经贸规则相适应的新体制，降低各类交易成本（特别是制度性交易成本），为包括外资企业在内的各类市场主体创造更大的发展空间。

（二）优化制度创新复制推广的评价评估

建立广西自贸试验区制度创新复制推广评价评估机制，定期不定期对已实施的试点任务进行评价评估。开展制度创新的评估，重点对广西自贸试验区三大片区推进制度创新的成效进行评估，针对涉及制度创新的各项政策文件的执行情况进行综合评估，杜绝只出政策文件不重视实效的问题。开展制度复制推广的评价评估，重点对广西自贸试验区三大片区在复制推广其他自贸试验区典型做法及其进行再创新的情况进行综合评估，尤其重视对制度再创新的评估，激发内生活力和动力。每年组织开展制度创新成果评选，并根据创新成果层级、实施效果、社会影响等因素，将制度创新成果评定为A、B、C三个等级。其中，A类为被国务院或自贸试验区部际联席会议办公室在全国复制推广；B类为被国家部委复制推广；C类为被自治区级复制推广。定期委托第三方权威机构编制《中国（广西）自由贸易试验区制度创新复制推广评估报告》，对《中国（广西）自由贸易试验区总体方案》《中国（广西）自由贸易试验区建设实施方案》等文件确定的试验任务以及国务院要求复制推广的改革试点经验等的落实情况，逐项予以评估分析。按照相关性、创新性、复制推广性等原则，将政府职能转变、投资自由便利化、贸易自由便利化、资金自由便利化、人员进出自由

---

[1] 海南自由贸易港制度集成创新行动方案 [N]. 海南日报，2020-10-27.

便利化、推进自贸试验区治理法治化、数据开放共享合作等领域制度创新进行分类,对创新绩效作出客观、准确的评价,对制度创新存在的障碍和短板作出识别分析,提出未来制度创新复制推广的方向和思路建议。在对制度创新衔接评价评估的同时,注重将试验过程中相对零散的、碎片化的改革措施进行系统集成,上升为规范化的制度,形成具有相关性、运行层面有关联、需要前后呼应的制度集成体系。

(三) 强化对制度创新复制推广的考核激励

进一步加大考核力度,建立广西自贸试验区考核评估长效机制和重大标志性成果奖励制度,制定出台广西自贸试验区制度集成创新绩效考核管理办法,加强制度创新复制推广工作的过程管理和考核评价。通过绩效考核"指挥棒",将责任具体落实到每一个部门、每一个岗位,确保制度创新复制推广有明确的责任主体,确保确定的制度改革创新事项按时按质完成。尊重差异化的事实,改进考评方式方法,树立正确的政绩观,戒除乱表态、喊口号、雷声大雨点小等突出问题。将广西自贸试验区制度创新复制推广分解成可量化的工作事项,增强考评的针对性和可操作性,探索以实绩为导向量化的考评办法,着力构建科学、精准的考评机制。强化考评结果运用和反馈,将考评结果作为干部选用、问责追责的重要参考,将制度创新复制推广过程中涌现出来的优秀案例、先进单位和个人纳入重点表彰范围,并在绩效考核时予以适当加分。对于评定为 A、B、C 三个等级的制度创新成果所在单位和核心团队,每项分别给予 100 万元、50 万元、10 万元的奖励。对制度创新复制推广成效明显的单位,在评优评先时予以适当倾斜;对制度集成创新过程中表现优秀的干部,同等条件下优先晋升职务职级或进一步使用①。每年评定一定数量的广西自贸试验区制度创新优秀单位、先进个人,并予以牌匾和证书,配套在新增用地指标、评先评优等方面予以优先考虑。

(四) 加强对制度创新复制推广的督促指导

进一步加强对广西自贸试验区制度创新复制推广督查督办工作重要性

---

① 海南自由贸易港制度集成创新行动方案 [N]. 海南日报, 2020 - 10 - 27.

和必要性的认识，把督查督办工作作为推动广西自贸试验区高质量发展的重要手段。紧紧围绕重点工作和中心工作，中国（广西）自由贸易试验区工作领导小组办公室自贸试验区制度创新处制定翔实细致的督查方案，跟踪落实各项工作。加强督促指导，及时总结制度集成创新工作开展情况、取得成效和存在问题，并向广西壮族自治区党委、政府进行报告。对制度集成创新工作中存在敷衍塞责、阳奉阴违、弄虚作假等问题的单位和个人，依法依规追责问责并督促整改。科学细分制度创新事项，督促建立工作专报制度，压实责任主体，推动建立层层落实机制。在保持过程督查力度不减弱的同时，强化结果督办，突出目标导向，制订《广西自贸试验区制度创新复制推广督办通知单》，不定时对确定要督查的工作事项进行督查，根据督办事项的难度和时限实行分阶段督办和一次性督办。定期汇编《广西自贸试验区制度创新复制推广督查督办通报》。

（五）构建激发制度创新的容错纠错机制

自贸试验区建设需要先行先试，大胆试、大胆闯、自主改，在此过程中存在试错的风险，尤其是在进行压力测试（如对标CPTPP先进国际经贸规则进行压力测试）时，更需要包容试错的机制。给改革创新者撑腰鼓劲，使宽容失败纠正错误成为监督执纪自觉行动，解除干部在推进广西自贸试验区先行先试过程中的思想包袱。在《广西容错纠错办法（试行）》《中国（广西）自由贸易试验区条例》的基础上，制定出台《中国（广西）自由贸易试验区工作人员容错纠错办法》，精准界定容错范围，严格规范容错程序，完善风险防范和纠错机制，完善澄清保护机制。坚持"三个区分"原则①，对干部在推进广西自贸试验区建设发展时解决问题、突破瓶颈、改革创新的过程中（如先行先试、创新实践、改革开放、产业引领、优化营商环境等），主观上是出于担当尽责，但在客观上由于不可预见因素的影响导致政策落实不如预期的，或由于客观原因造成的失误与错误，可以免除相关责任或从轻、减轻处理；对推动发展的无意过失，但并未造成重

---

① "三个区分"即把干部在推进改革中因缺乏经验、先行先试出现的失误和错误同明知故犯的违纪违法行为区分开来；把上级尚无明确限制的探索性试验中的失误和错误同上级明令禁止依然我行我素的违纪违法行为区分开来；把为推动发展的无意过失同谋取私利的违纪违法行为区分开来。

大损失或违法违规的，可免予问责。通过最大限度地保持和激发干部队伍的积极性，推动在广西自贸试验区内形成勇于创新、敢于担当、奋勇争先的浓厚氛围。

第七节　本章小结

　　提升制度竞争力是自贸试验区的根本任务，通过推进实施一系列改革试点和制度创新，可以有效提升自贸试验区的制度竞争力。十余年来，我国自贸试验区在制度创新方面取得了丰硕的成果，充分发挥了制度创新"试验田"的作用。广西自贸试验区充分借鉴其他自贸试验区的经验，在贸易投资便利、金融改革创新、行政审批流程再造等方面取得了阶段性成效，但存在的问题也不可忽视。习近平总书记提出，加快自由贸易试验区、自由贸易港等对外开放高地建设，推动规则、规制、管理、标准等制度型开放①。下一步，广西自贸试验区应该按照国务院印发的《关于在有条件的自由贸易试验区和自由贸易港试点对接国际高标准推进制度型开放的若干措施的通知》（国发〔2023〕9号）文件要求，将制度创新的重点集中在政府职能转变、投资自由便利化、贸易自由便利化、跨境资金便利化、运输往来便利化、要素资源便利化、人员跨境流动便利化、数据安全有序流动、治理法治化等领域。通过开展标志性、引领性制度创新，全系统集成探索制度创新改革，强化制度创新成果的全国、全域复制推广，打造全区高水平制度型开放先行区和"试验田"。

---

　　① 中共中央宣传部，中华人民共和国外交部. 习近平外交思想学习纲要[M]. 北京：人民出版社，学习出版社，2021：102.

第七章

协同竞争力：广西自贸试验区协同发展的实践模式和靶向路径

"协同"强调相互配合、协调一致的行动，协同发展是把协同的思想引入事物的发展过程中，指出各个要素在发挥各自作用、提升自身效率的基础上，通过机制性互动产生质的变化，带来价值增加和价值创造，即各子系统相互作为产生出超越各要素自身的单独作用，从而形成整个系统的联合作用①②。2019年5月，国务院在制度层面确认了联动发展是各地自贸试验区推进先行先试改革开放举措的重要途径。自贸试验区协同发展可以归纳为不同自贸试验区间的链接关系以及通过自贸试验区内部各子系统相互协同共生，充分发挥各自的优势与功能，推动整个系统由无序到有序、由低级到高级的动态转变，最终实现互利共赢和共同开放发展的目标③。协同发展旨在实现以重点区域突破带动整体区域的协同发展，这也是实现可持续发展的基础。

---

① 张蕙，王珍珍. 福建自贸试验区建设能力提升的路径选择与学习策略——基于三大片区协同发展的演化博弈视角 [J]. 福建师范大学学报（哲学社会科学版），2016（6）：2－10，168.
② 饶燕婷. "产学研"协同创新的内涵、要求与政策构想 [J]. 高教探索，2012（4）：29－32.
③ 张鑫，杨兰品. 沿海、内陆、沿边自贸试验区开放优势特色与协同开放研究 [J]. 经济体制改革，2021（3）：59－64.

第一节 我国自贸试验区的协同发展模式

自贸试验区在扩大对外开放、推动经济高质量发展中发挥重要作用，自贸试验区系统内部各子系统通过协同合作而使整个系统形成平衡和有序的结构，最终实现利益共享和合作共赢的目标。对于自贸试验区而言，不仅要实现自贸试验区内部各片区的协同，还要开创自贸试验区之间的协同[①]。自贸试验区的协同联动发展可以拓展制度创新先行先试的广度和深度，丰富自贸试验区政策应用的场景，扩大自贸试验区的红利效应。

一、合作联盟

2021年5月，我国第一个自贸试验区联盟——长三角自由贸易试验区联盟在上海成立，该联盟由沪苏浙皖三省一市自贸试验区共同发起成立，标志着自贸试验区发展正式进入联盟时代。作为自贸试验区区域协同发展的重要载体和平台，自贸试验区联盟具有一系列显著特点。一是区域战略的系统性。自贸试验区联盟在结合各自贸试验区的实际条件推动差异化改革创新的同时，加强优势互补，实现长板共享。例如，2021年10月，新亚欧陆海联运通道自由贸易试验区联盟在连云港成立，由新亚欧大陆桥沿线9个自贸试验区片区与霍尔果斯经开区、阿拉山口口岸2个重要口岸组成，聚焦推进通关便利化改革、健全信息共享共用机制、重点产业协同发展、对外贸易合作、完善合作体系等重点事项，积极探索"共建共用"合作新模式[②]。二是改革发展的协同性。自贸试验区在制度创新方面可采用联盟或联合体形式[③]，联盟将强化自贸试验区之间的协同联动，更高水平、更高质量地落实国家深化自贸试验区建设的各项任务，提供更多可复制可推

---

① 李清，孙佳欣. 中国自贸试验区协同促进地区间发展分析 [J]. 商业经济，2022 (6)：8-11.
② 仲其庄，刘路宣. 新亚欧陆海联运通道自由贸易试验区联盟成立 [J]. 大陆桥视野，2021 (10)：16.
③ 李嘉美，韩建雨. 自贸试验区推进我国数字经济发展的路径研究 [J]. 宏观经济管理，2022 (7)：28-35.

广的经验①。例如，京津冀三地自贸试验区联合推出179项"无差别受理、同标准办理"的"同事同标"事项，包括行政许可、行政征收、其他行政权力、公共服务等4种事项类型，方便三地企业群众。三是参与主体的多元性。合作联盟从市场主体的需求出发，以自贸试验区具体项目建设为纽带，搭建多样化、多元化、多层次的交流平台，让企业有实实在在的获得感。例如，2022年8月，黄河流域自贸试验区联盟启动，2023年12月，黄河流域自贸试验区联盟秘书处（山东省）公布黄河流域自贸试验区联盟第一批25项"最佳实践案例"，已经建立社会信用体系"一体化建设"、行政审批服务"一体化通办"、知识产权保护"一体化协作"、物流运输服务"一体化畅通"等四大合作机制。四是市场要素的流动性。合作联盟在数据、技术等现代新型要素的自由流动方面可以主动探索新机制、新模式、新场景。

自贸试验区联盟担负着一系列重要任务。一是打造构建新发展格局的枢纽。自贸试验区联盟具有政策创新和空间资源的双重优势，是联通国内国际两个市场的重要枢纽。促进国内大循环，自贸试验区联盟围绕企业、要素、产业、市场和政府五大维度推动体制改革，为国内大循环清除路障；畅通国内国际双循环，自贸试验区联盟通过国际化的市场准入标准、统一的法律法规、高效透明的行政服务，吸引外资进入国内市场，推动我国从商品和要素流动型开放转向规则、规制、管理、标准等制度型开放，成为我国"引进来"与"走出去"的桥梁纽带。二是为我国对标国际高标准投资贸易协定积累有益经验。当前，国际高标准经贸规则和谈判中新议题不断涌现，对扩大市场准入、知识产权保护、数据跨境自由流动等提出更高要求。自贸试验区联盟对标国际高标准经贸规则和通行做法进行压力测试，有助于加快我国与国际贸易伙伴的自由贸易协定谈判，提升我国国际经贸规则制定的话语权，为我国参与和引领国际规则制定奠定坚实基础。三是打造区域一流营商环境样板。建设自贸试验区联盟，按符合现代市场经济通行原则建立贸易投资自由化规则，有助于在更大区域内打造公平、稳定、可预期的国际一流营商环境，在商事、投资、贸易、事中事后监管等重点

---

① 唐玮婕. 长三角自贸区联盟：合力打造制度创新试验田［N］. 文汇报，2021-05-11.

领域深入研究破解改革的重点难点,实现资源配置效益最大化和效率最优化,为全方位对外开放提供更全面的制度保障。四是率先下好推动重大国家战略的先手棋。自贸试验区联盟与重大国家战略协同,全力服务共建"一带一路",同京津冀协同发展、长三角一体化、粤港澳大湾区建设等深度对接,培育发展新动能,为推动我国经济实现高质量发展奠定新基础。五是推动区域发展优势互补和转型升级。自贸试验区联盟注重制度创新的联动,既强调特色,又要求综合,更要提高政策之间的系统集成和政策合力,突出区域综合优势,以自贸试验区为连接点,实现域内各地资源禀赋与产业基础所形成的优势与特色之间的互补①。对重大改革任务集中攻坚、联合发力,强化叠加放大自贸试验区效应,形成一批跨区域、跨部门、跨层级的制度改革新成果②。

二、协同创新

协同创新是自主创新内涵的不断丰富和提升。一是通过一系列顶层设计,推动制度协同创新。例如,2023 年 12 月,京津冀三地共同签署《京津冀自贸试验区协同发展行动方案》,共同发布"1 + 1 + 18"系列协同创新成果③,以务实举措推进京津冀三地自贸试验区协同创新。二是通过在业务方面的联合行动,推动协同改革创新。其具体表现为自贸试验区之间的协同改革、自贸试验区与其他功能区之间的协同改革创新。其中,前者的案例有上海、安徽等自贸试验区联合开展"长三角海关特殊货物检查作业一体化改革",跨境贸易通关时间大幅压缩;后者的案例有云南、四川、陕西、广西、湖南、重庆等自贸试验区与地方铁路局合作推进中老铁路多式联运"一单制",促进国内国际物流畅通。三是建立协同

---

① 韩剑. 打造具有国际竞争力的世界级城市群 [N]. 中国社会科学报,2020 - 12 - 23.
② 冯奎,王铁铮. 自贸区联盟:制度型开放新机遇 [J]. 前线,2022(3):53 - 56.
③ "1"即《京津冀自贸试验区协同发展报告》;"5"即《京津冀跨境贸易营商环境一体化的报告》《京津冀海关协同推进自贸试验区跨境贸易便利化的报告》《京津冀深化政务服务协同合作的报告》《京津冀联合编制〈自贸试验区外商投资指引〉的报告》《中国(河北)自贸试验区大兴机场片区跨省市共建"一二三"发展模式的报告》;"18"即 18 项京津冀自贸试验区协同制度创新案例,其中,北京市有 6 项、天津市有 6 项、河北省有 6 项。

改革先行区，赋予自贸试验区更大的自主权，简单地说，除了涉及中央事权的改革需要报相关部委同意外，其他各方面都参考自贸试验区进行。例如，黑龙江自贸试验区和云南自贸试验区签署《中国沿边自由贸易试验区协同制度创新框架协议》，双方将深入合作，聚焦重点领域开展协同创新，深入探索更多改革创新经验；重庆市人民政府办公厅和四川省人民政府办公厅联合印发《川渝自贸试验区协同开放示范区深化改革创新行动方案（2023—2025年）》，强化目标、领域、政策、产业、机制和时序协同，联动推进贸易投资、物流枢纽、产业发展、开放平台、营商环境5大领域协同改革开放。

三、相互投资

我国已进入高质量发展的新阶段，必须深入贯彻新发展理念，加快构建新发展格局，这离不开更高水平的对外开放。自贸试验区是我国对外开放的核心平台，应进一步深入推进投资便利化等制度创新，打造改革开放新高地。投资便利化改革创新碎片化问题是自贸试验区整体改革创新碎片化的具体体现，其主要原因在于：一方面，国家对自贸试验区的投资便利化等主要任务有明确目标导向（如加大对外开放，提升便利化水平），但又未明确推动投资便利化系统化的创新举措，因此需要每个自贸试验区自行探索试点；另一方面，自贸试验区在探索推动过程中，面临的核心问题是大部分改革创新事项的权限集中在中央部委，地方能主导的改革创新很少，从而导致零散、碎片化的制度创新多[1]。投资便利化是自贸试验区的核心任务之一，经过数年发展，已取得重大成效，并带动提升了全国投资便利化水平。各个自贸试验区仍在更大力度推进自贸试验区建设，持续提升贸易投资便利化水平。投资便利化可以促进各自贸试验区相互投资。自贸试验区或各片区之间相互投资优势产业，从而促进自贸试验区经济高效发展。例如，中国（天津）自由贸易试验区机场片区新型离岸贸易产业联盟以促进联盟成员产业互补、资源共享、创新发展、项目互动为目标，大

---

[1] 聂平香，游佳慧. 中国自贸试验区投资便利化成效、问题及对策［J］. 国际经济合作，2022（1）：51-59.

力发展新型离岸贸易产业投资。

四、政策协同

政策协同是指两个或多个自贸试验区共同推动政策的同步一致,建立相同的政策共同促进自贸试验区经济发展[①]。自贸试验区的重要目标是对标国际高水平贸易投资规则,增强产业政策的适应性。目前,国际环境的快速变化促使各级政府在制定战略性新兴产业扶持政策时要顺应国际形势的发展,制定出更加国际化的产业政策[②]。自贸试验区片区的政策协同主要归纳为两种:第一,后设立的自贸试验区学习借鉴先有自贸试验区在政策方面的建设经验,包括基本领域、特色领域、保障领域等;第二,自贸试验区或自贸试验区各片区之间为了达到某种共同目的或共同完成某项战略使命而建立政策协同关系。例如,长三角各自贸试验区航运政策协同,根据长三角一体化发展的整体规划出台航运政策,避免"零和博弈"与"无序竞争",并逐步向自贸试验区外扩展与推广;上海自贸试验区与海南自由贸易港的管理机构签署框架协议,就深化战略对接合作、构筑制度型开放新优势、共同推进制度创新复制推广、重点园区交流合作、立法领域交流合作等方面达成合作,还提出两地高层加强交流互访、建立合作事项会商和交流互访机制、推动合作事项有效落实和两地干部学习交流等具体举措。又如,京津冀三地政务服务部门牵头联合印发《推动京津冀自贸试验区内政务服务"同事同标"工作方案》,2022年12月,京津冀三地政务服务部门联合推出第四批京津冀自贸试验区政务服务"同事同标"事项26项,包括行政许可、行政征收、公共服务等5种事项类型,涉及税务、市场监管、住房建设等12个部门,三地跨境贸易便利度和对外开放深度进一步提高。

[①] 李清,孙佳欣. 中国自贸试验区协同促进地区间发展分析 [J]. 商业经济,2022 (6): 8 – 11.
[②] 韩剑. 区域一体化与自贸区联动发展 [J]. 群众,2019 (20): 22 – 24.

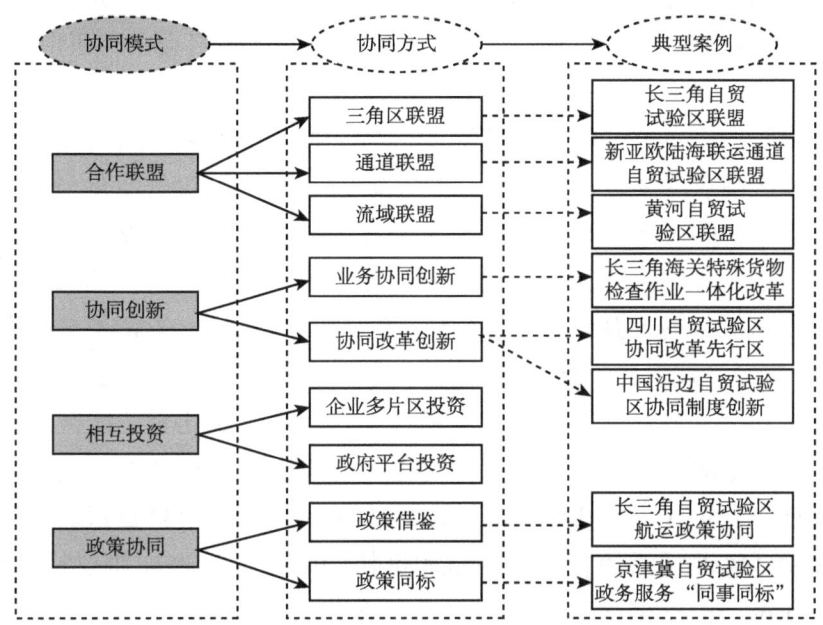

图 7-1 我国自贸试验区协同发展模式

第二节 广西自贸试验区协同发展的现状及其存在问题

一、广西自贸试验区协同发展的现状

(一) 对外协同情况

广西自贸试验区对外协同采取了一系列措施。一是积极推动建立合作联盟。例如,推动成立粤桂琼自由贸易试验区(港)联盟,推动粤桂琼自贸试验区(港)联动发展。二是加强开放协同,通过与周边自贸试验区建立联系,联合扩大对外开放。例如,2023年8月,广西、黑龙江、云南自贸试验区签署了《2023—2024年协同创新发展行动计划》,广西自贸试验区钦州港片区与黑龙江自贸试验区绥芬河片区签署合作协议,加强内贸货物跨境运输和陆海联运通道建设;广西自贸试验区崇左片区与云南自贸试验区红河片区、德宏片区就加强跨境产业合作达成协议。三是充分利用西

部陆海新通道，推进通道沿线自贸试验区的联动发展。例如，2021年9月，西部陆海新通道沿线省份自贸试验区高效联动闭门会在广西南宁召开，广西、重庆、四川、云南、海南等省份自贸试验区共同探讨推进西部陆海新通道沿线省份自贸试验区联动发展，会议对《西部陆海新通道沿线省份自贸试验区高效联动合作倡议》进行了研讨与交流。四是强化与区域内其他国家级平台的协同，通过与国家级开发区、综合保税区等国家级功能区的融合，建立协同发展关系，联合提升合作的水平和层次。例如，五象新区（自贸试验区南宁片区）管委会负责对五象新区（自贸试验区南宁片区）、南宁经济技术开发区、"两港一区"区域范围内的规划、开发建设、经济发展和行政事务实行统一领导和管理，由此形成几大功能区统一的管理体制。五是加强试验协同，联合周边自贸试验区进行试点经验分享和相互复制推广，实现协同共赢。例如，2021年9月，广西自贸试验区与云南自贸试验区签署《沿边自由贸易试验区协同制度创新框架协议》，双方加强协同建设，积极推动政策协同联动，在政府职能转变、贸易转型升级、跨境劳务合作、跨境结算、互市贸易、通关便利化等领域强化经验交流，相互复制推广改革试点成果。

（二）三大片区之间协同情况

广西自贸试验区三大片区之间通过各种方式推进协同发展。一是强化三大片区优势的互补。例如，《钦州市推进北钦防一体化和高水平开放高质量发展的实施方案》明确提出：加强钦州港片区与南宁片区、崇左片区联动发展，促进沿海沿边、陆海联动高水平开放。二是组织开展联合招商。例如，三大片区管委会协办2023年中国（广西）自由贸易试验区暨中国—东盟产业合作区国际招商推介会。三是企业在三大片区的联动。例如，作为广西自贸试验区内首家总部银行，广西北部湾银行在三大片区设立自贸试验区支行，推动业务创新与联动。

（三）自贸试验区协同发展区推进情况

《中国（广西）自由贸易试验区条例》第十一条规定：经自治区人民政府同意，片区所在地设区的市人民政府可以在毗邻自贸试验区的集中连片区域设立自贸试验区的协同发展区。2022年9月,中国(广西)自由贸易试验区工作办公室印发的《关于设立中国(广西)自由贸易试验区协同发展区的指导意见》明确:优先在南宁市、钦州市、崇左市的自贸试验区毗邻区、国家级经济技术开发区、海关特殊监管区、边境经济合作区等区域设立协同发展区。2023年12月,自治区人民政府正式批复同意在南宁、钦州、崇左、北海、防城港设立广西自贸试验区协同发展区,这标志着协同发展区正式落地实施(见图7-2)。通过放大广西自贸试验区开放平台优势和改革创新溢出效应,广西自贸试验区协同发展区将在制度创新、产业发展、物流合作、要素共享、服务配套、监督管理等方面与广西自贸试验区三大片区实现协同发展。

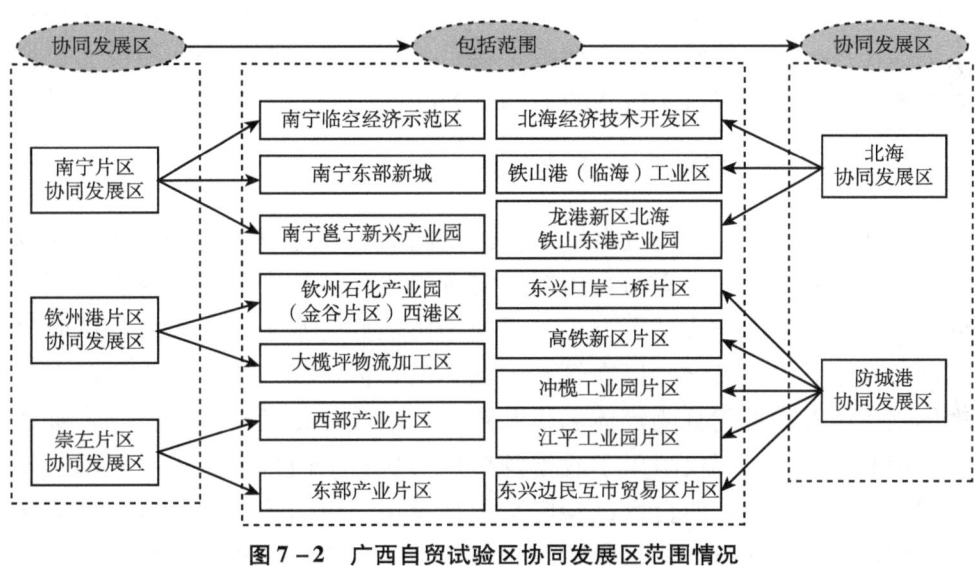

图7-2 广西自贸试验区协同发展区范围情况

二、广西自贸试验区协同发展存在的问题

(一)三大片区协同发展缺乏顶层设计

广西自贸试验区各片区之间的协同发展需要加强顶层设计,目前广西壮族自治区层面对三大片区的规划管理、招商引资、协调推进等方面缺乏统筹机制和有效抓手,三大片区之间也没有建立紧密的日常联络机制和联

席会议制度，基本上是各自为政、单打独斗，缺乏整体意识、合作精神，尽管规划定位上有分工，但实际操作过程中仍是竞争多于合作。三大片区之间尚未构建完善的一体化政务服务平台，在涉及联动发展的行政审批、监管监督等方面尚未实现"一站式"服务。

（二）协同发展区关系还需理顺

广西自贸试验区协同发展区建设还处于初期阶段，广西自贸试验区协同发展区需要与三大片区建立成本（责任）共担、利益共享的协调机制，利益平衡尤为重要，尤其是 GDP 统计、税收分成、考核绩效等，这些都会影响建立协同发展区的效果。如果考虑不到或不周，协同发展区所在地方政府或者管理机构不会积极主动地推动协同发展区的建设发展，甚至会在实际操作过程设置障碍影响企业的市场行为，最终的结果是即使设立了协同发展区，但不会取得实质性的 $1+1>2$ 效应。

（三）对外协同发展水平比较低

广西自贸试验区与先进自贸试验区之间的联动通道比较少，尤其在推动与广东自贸试验区、海南自由贸易港等周边区域的产业互动融合、制度创新联动、要素无缝流动等方面，还处于比较低的水平。广西自贸试验区与国内其他省份自贸试验区在管理体制上的整体协同性难度较大，现有管理体制仍旧存在部门分割等体制机制障碍，造成自贸试验区之间要素资源的集中共享困难，不仅阻碍了政策的落地与执行，而且极大程度地限制了协同的合力发展。广西自贸试验区与包括重庆、海南等在内的自贸试验区的协同发展主要还是围绕货物贸易领域，主要聚焦货物流通、物流等货物贸易业务，导致存在较大程度的同质化竞争，从而降低了协同发展的成效。

第三节　广西自贸试验区协同发展的主要任务和目标

一、规划共谋确保协同发展的衔接性

构建广西自贸试验区内外协同发展的大格局，实现以自贸试验区为链

接点，三大片区、各协同发展区和相关区域的资源禀赋与产业基础优势和特色形成互补的发展格局。从整体规划层面，站在区域协调发展战略全局的高度对广西自贸试验区发展进行总体谋划。一方面，做好广西自贸试验区三大片区之间的产业支点联动规划，构建更具引领性和标志性的自贸试验区深度融合平台；另一方面，从规划上为三大片区找准协同合作的新腹地。在制订广西自贸试验区协同发展规划的过程中，应注重进一步发挥自贸试验区点轴协同的带动作用。具体而言，一是以创新、协调、绿色和自贸试验区融合发展为指导，明确提出自贸试验区辐射带发展构想；二是结合广西自贸试验区的实际情况，创新以自贸试验区三大片区为核心热点、三大片区中间联接区域为主轴、周边协同发展区及其他相关区域为辐射带的点轴协同的区域发展和规划理念；三是结合广西"三大定位"和"一区两地"建设①，研究制订广西自贸试验区对接粤港澳大湾区、积极融入西部陆海新通道等相关区域的合作发展规划，并在各类对外区域合作规划的大版图上找准三大片区、协同发展区及相关区域的产业发展落脚点及发力点。重视广西自贸试验区协同发展的顶层设计，鼓励自贸试验区三大片区、协同发展区及各有关区域共同制订相关发展规划，注重自贸试验区各类规划与各类国家战略的纵向衔接及各区域规划间的横向协调，使各相关区域从原来的"单打独斗"转向"集团作战"，避免重复和同质化竞争，实现战略协同。

二、产业共链确保协同发展的互补性

广西自贸试验区是广西特色产业发展的重要载体，实现广西相关区域经济协同发展的关键在于以广西自贸试验区内特色优势产业为核心，将自贸试验区各区域的产业优势转化为整体的产业优势，在区域价值链分工中重新定位，并通过产业转移和延长产业链，将价值链中低端环节布局在要素成本较为低廉的自贸试验区外，促进区内和区外协同发展。同时，通过深化产业结构调整等方式，使广西自贸试验区政策效应充分惠及周边区域，

---

① "一区两地"即铸牢中华民族共同体意识示范区，打造国内国际双循环市场经营便利地、粤港澳大湾区重要战略腹地。

实现区域资源的优化配置,最终达到加强区域经济协同的目的,实现经济发展共赢。不断强化广西自贸试验区三大片区、协同发展区及各相关区域的功能关联,有效衔接起广西自贸试验区内部价值链和外部价值链,增进自贸试验区内外产业链的前后向联系,为自贸试验区产业发展打造强有力的支撑腹地。

三、机制共商确保协同发展的协调性

广西自贸试验区三大片区、协同发展区与其他相关区域的协同发展,其最有效的推动力来自各有关部门及各级相关政府的共同推动,建立切实有效的自贸试验区内外统筹协调协同合作机制是关键。一是应建立政府间的协同机制,在当前已有合作的基础上,积极探索建立广西自贸试验区三大片区、协同发展区及各相关区域参与的政府更高层级的协同一体的决策和协同机制,及时解决各区域协同发展中存在的困难和问题,推动各区域间深度融合发展[1]。二是建立区域间的互助机制,各区域之间通过这一机制,可以比较顺畅地进行跨区域对口支援和协助工作(包括资金、项目、技术等方面的互助合作)。三是建立良性竞争机制,广西自贸试验区三大片区、协同发展区及各相关区域多用普惠性的税收政策,避免税收竞争和补贴竞争。同时,从区域整体性出发,协调好各地区间分工合作的相关利益分享。

四、监管共筑确保协同发展的安全性

广西自贸试验区各片区应进一步加强监管部门的沟通协作,并由广西壮族自治区相关部门牵头,共同构建"信用自贸"协同监管机制。一是逐步强化广西自贸试验区各片区"一二线"监管协同,增强监管合力。二是通过构建各片区间与事中事后监管体系相对应的协同机制,确保事中事后监管到位。三是推进广西自贸试验区智慧监管一体化模式的建设,打造广

---

[1] 韩剑. 区域一体化与自贸区联动发展[J]. 群众, 2019(20): 22-24.

西自贸试验区一体化大数据协同监管平台、一体化市场监管风险洞察平台、一体化智能审批平台等一批一体化智慧监管平台，并配套建立事后终身追责制，坚持以风险防控为底线，全面提升广西自贸试验区的风险防范水平。

五、环境共享确保协同发展的同步性

环境共享即环境一体化是广西自贸试验区三大片区、协同发展区及各相关区域实现协同发展的重要保障。环境一体化包括软硬环境一体化，一是软环境一体化建设注重在充分借鉴发达地区自贸试验区金融创新、人才培引以及投资贸易便利化等先进经验的基础上，制定广西自贸试验区三大片区共同遵守和执行的标准，整合资源，构建有利于各片区、协同发展区及各相关区域协同发展的机制。二是硬环境一体化则是在构建合理的投资机制基础上，推进广西自贸试验区三大片区间交通网络一体化建设，进一步推进三大片区、协同发展区及各相关区域交通网络的互联互通，积极探索并打造一体化公共服务平台，为自贸试验区三大片区、协同发展区及各相关区域的协同发展提供良好的基础条件。

第四节 广西自贸试验区推进协同发展的对策措施

一、推进广西自贸试验区与其他自贸试验区建立合作联盟

（一）建立泛珠三角自贸试验区联盟

借鉴长三角自由贸易试验区联盟、黄河流域9省区自贸试验区联盟、新亚欧陆海联运通道自由贸易试验区联盟等的经验，广西自贸试验区应推动国际国内改革效应协同，建立与国内其他自贸试验区协同改革机制，开展对比试验、互补试验、联动试验。充分利用泛珠三角合作机制，建立泛珠三角自贸试验区联盟，将福建、湖南、广东、海南、四川、云南等自贸试验区（自由贸易港）纳入联盟的范畴。充分发挥粤桂琼自贸试验区（港）联盟等作用，促进三地自贸试验区（港）

在营商环境、现代产业、区域贸易、港航港口、金融服务等领域的协同合作与联动发展。

(二) 建立西部陆海新通道自贸试验区联盟

充分发挥西部陆海新通道的辐射作用和自贸试验区的示范引领作用，进一步夯实西部陆海新通道沿线省级行政区自贸试验区联盟，建立重大事项沟通协调机制和交流合作互动机制，推动资源共建共享和改革发展联动。依托西部陆海新通道自贸试验区联盟，加强沟通联系、信息共享和经验互鉴，共同构建央地协同、省际协作、市场共赢的多层次协同发展格局，推动自贸试验区协同发展任务落实落地，共建协同"试验田"。积极推动建立沿边自贸试验区联盟，促进沿边自贸试验区在口岸通关、跨境贸易等领域的协同创新。

二、推动广西自贸试验区三大片区协同发展

(一) 推动三大片区业务协同

在推动广西自贸试验区三大片区发展特色产业的基础上，着力探索三大片区协同发展新路径。积极推动广西自贸试验区南宁片区南向发展，有效缩减与钦州港片区的时空距离。鼓励和支持大型企业采取扩大投资、联合进行项目开发、园区合作开发等方式，在多个片区进行业务拓展，形成片区之间协同发展的微观基础。鼓励和支持广西自贸试验区三大片区管理委员会所属平台公司到其他片区拓展业务，深化片区政企联动。探索建立以产业园区为载体的合作发展模式，突出专业化分工、集群式发展，共同打造优势互补、分工合作、相互促进的产业发展体系，促进三大片区协同发展。积极探索"区内注册、区外运营""运营在前、管理在后"模式，鼓励和支持企业将总部注册在南宁片区，生产基地在钦州港片区、崇左片区，通过合作前协商制定的分配比例实现税收分享和奖励，进一步增强协同发展水平。探索建立三大片区产业互动和多层次要素流动便利化平台，形成各片区优势互补、产业互连并实现差异化发展。

(二) 促进三大片区机制协同

积极促进广西自贸试验区三大片区制度创新政策在自贸试验区的全域推广,提升三大片区之间制度创新和支持政策的外溢、辐射带动效应,增强三大片区协调发展能力和协同发展能力。建立跨片区、跨部门、跨区域协同联动机制,促进三大片区改革试点各有特色、各项试点经验系统集成。通过进一步促进自贸试验区体制机制软流通来构建广西自贸试验区三大片区、协同发展区及各相关区域间各种要素的自由便利交流机制,政策协同和资源共享的一体化机制。通过广西自贸试验区三大片区交流协同机制建设,打造科技、金融、人才等新型合作平台,促进自贸试验区内人流、物流、资金流、信息流和技术流等资源要素自由畅通流动,实现三大片区、协同发展区及各相关区域间优势互补、竞合发展、协同共赢,推动广西自贸试验区的整体协调发展。

三、全面理顺广西自贸试验区协同发展区涉及关系

(一) 理顺协同发展区与自贸试验区片区的关系

《中国(广西)自由贸易试验区条例》明确提出:自贸试验区内登记设立的市场主体到自贸试验区协同发展区再投资或者开展业务的,可以享受自贸试验区优惠政策,其税收等收益可以由片区与投资地分享[①]。探索建立统一协同的联合管理机制,不断强化广西自贸试验区三大片区与协同发展区的功能关联。构建税收按比例分享机制、人员交叉任职机制等,实现三大片区与协同发展区充分共融。推动协同发展区与自贸试验区三大片区形成产业链供应链上下游配套关系,探索共建产业协作基地,强化产业链协作与专业分工,实现协同发展区与自贸试验区的相互衔接、联动发展。

(二) 推动协同发展区与自贸试验区片区的政策共享

增强广西自贸试验区的政策延伸,最大限度释放自贸试验区的政策红

---

① 广西壮族自治区人民代表大会常务委员会. 中国(广西)自由贸易试验区条例 [EB/OL]. http://gxyhgl.qinzhou.gov.cn/pages/cfxih.shtml, 2020-12-21.

利,及时研究制定支持协同发展区发展的政策措施,建立和完善协同发展的政策体系(具体见后面分析)。落实《中国(广西)自由贸易试验区工作办公室印发关于设立中国(广西)自由贸易试验区协同发展区的指导意见的通知》文件要求①,广西自贸试验区探索形成的制度创新成果,优先在协同发展区予以复制推广。支持协同发展区所在设区市参照广西自贸试验区相关政策,制定协同发展区支持政策措施,推动土地、资金、人才等生产要素集聚,承接部分下放行政权力事项,积极争取自治区相关部门的政策支持,为推动协同发展区高质量协同发展提供政策保障。支持协同发展区与广西自贸试验区三大片区协同开展制度创新、产业发展、物流建设、要素共享、服务配套、监督管理等,促进土地、劳动力、资本、技术、数据等要素高效流动。

四、推进广西自贸试验区与其他国家级平台的协同发展

(一) 强化自贸试验区与西部陆海新通道的对接

加快广西自贸试验区物流网建设,建设一批重点物流园区和基地,并与西部陆海新通道沿线的国家示范重点物流园等建立紧密联系。依托物联网、车联网及大数据云计算技术,推进智慧物流园区建设②。加强与西部陆海新通道沿线城市在物流、通关、"无水港"等方面的合作,构建各具特色的物流枢纽。引入总部企业入驻,重点引入西部物流商、东南亚大型物流企业入驻,推动物流产业发展。利用国家建设的西部陆海新通道经济、高效、便捷的交通物流体系,推动广西自贸试验区与中、西部大市场联成一个整体,拓展市场腹地,扩大市场规模。充分发挥钦州港片区门户港优势,大力开展粮油、能源、矿产等大宗商品进出口贸易,建立区域性大宗商品市场。充分利用西部陆海新通道,积极争取建设南宁智慧物流交易结算中心,充分利用国内与东盟两大市场和资源,探索推动商流、物流、信

---

① 该《通知》从协同制度创新、协同产业发展、协同物流建设、协同要素共享、协同服务配套、协同监督管理等六大方面提出了具体的任务和措施,推进广西自贸试验区协同改革先行区建设发展,推动广西自贸试验区某些改革事项向区外延展。

② 李世泽,马仕生,张卫华. 中国(广西)自由贸易试验区对接西部陆海新通道建设研究 [J]. 北部湾大学学报,2020 (12): 47 – 53.

息流和资金流"四流合一"新模式。依托中国—东盟多式联运联盟,不断整合更多优质资源,吸引更多更好的国内外企业落户,提升服务国际陆海贸易新通道沿线区域、城市间的物流分拨、集中配送的能力。推动标准化建设,推进西部陆海新通道海铁联运班列、中越国际联运班列实行集装箱专列运输,制定西部陆海新通道多式联运提单互认标准与规范、建立"一票制""一口价"多式联运服务品牌[①]。推动国内外知名航运、物流企业设立区域总部或运营中心,开展国际中转、中转集拼、航运保险、航运仲裁、海损理算、航运交易、船舶融资租赁等高端服务,打造北部湾港国际航运综合服务平台。加快推动重要物流园区高效协同,重点加快中新物流园、南宁国际铁路港、钦州保税港区现代服务业集聚区物流、仓储基地、崇左片区友谊关口岸物流组团的建设,推进南宁国际铁路港与南宁综合保税区"口岸+基地"物流模式。出台广西自贸试验区三大片区间保税货物流动便利化监管措施,构建重要物流园区间物流高效流动、互动机制。

(二) 强化自贸试验区与金融开放门户的协同

鉴于广西自贸试验区与广西建设面向东盟的金融开发门户的试点任务存在叠加,全面推进金融开放创新,重点支持和引导南宁片区内金融机构和企业推进金融领域开放创新,着力探索采取创建制推进移动支付先行区建设,建立中国—东盟金融城"一站式"服务中心[②]。积极向国家争取支持开展面向东盟的服务业扩大开放综合试点,在金融等领域探索与东盟深化合作的方式方法。针对国家对区块链予以大力支持,积极开展跨境金融区块链服务,加快建成广西跨境金融区块链服务平台[③],大力推广应用

---

① 刘娴. 建设西部陆海新通道:中国广西的现状、问题及对策 [J]. 东南亚纵横,2019 (6): 67-76.

② 邵卿,周青,刘曙华. 基于国家重大战略的广西对外开放实践与展望 [J]. 经济与社会发展,2021 (5): 10-20.

③ 2019 年 3 月,"跨境金融区块链服务平台"率先在上海、重庆两个直辖市和江苏、浙江和福建三省的省会城市试点;2019 年 10 月中下旬,跨境金融区块链服务平台试点范围进一步扩大,扩大后的试点地区包括国家外汇管理局天津、上海、江苏、广东、四川、陕西、北京、重庆、河北、山西、吉林、浙江、福建、安徽、江西、湖南、广西、厦门、宁波等分局,试点银行增至 20 家全国性商业银行(新增光大银行、华夏银行、广发银行、平安银行、渤海银行、邮储银行)在试点分局辖内的全部分支机构。该平台是目前国内级别最高、规模最广的区块链应用。

"出口应收账款融资""企业跨境信用信息授权查证"业务场景,在提高信息可信度、解决虚假融资和重复融资难题、提升融资效率、管控融资风险等方面探索形成"广西模式"。推动面向东盟的跨境人民币业务创新,推动人民币跨境支付系统与东盟区域性国际支付清算系统对接,推进中国—东盟区域支付清算一体化建设。推动金融与信息的融合发展,加快建立面向东盟的国际金融大数据中心,为面向东盟开展金融开放合作提供基础支撑条件,为国内外企业深化合作提供金融信息服务。主动争取接入人民币跨境支付系统(CIPS),提高人民币跨境清算效率,扩大其应用范围,并在差异化的政策下,防范金融风险。深度研究我国与东盟国家存在的文化、法律、监管政策等方面差异,根据最优货币区理论,对东盟开展差异化金融业务,编制针对不同国家的金融业务实操指南。在 RCEP 框架下,请求国家支持鼓励东盟国家在南宁片区设立金融分支机构,并提供在岸和离岸金融服务。引进国内金融机构在广西自贸试验区三大片区落户,积极引进具有互联网金融经营资质的企业,与东盟国家合作建立跨境电商支付平台,共建金融消费者权益保护合作机制。依托国家赋予广西自贸试验区的相关支持政策措施,积极探索建立面向东盟的人民币国际金融结算和服务中心,开展人民币回流境内试点。在跨境人民币结算、外汇管理、多种所有制金融企业进入、离岸金融业务发展等方面深化改革,拓展我国与越南等东盟国家的金融合作[①]。

(三)强化自贸试验区与中国—东盟信息港的协同

积极申报建设国家大数据(南宁)综合试验区或国家数字经济创新发展试验区,积极向国家争取支持建设面向东盟的大数据试验区,国家新一代人工智能创新发展试验区(具体见后面分析),加快探索云计算、大数据人工智能与广西产业、区域经济的融合发展。探索构建数据资产价值评估体系,围绕贸易、产业投资等具体应用场景,探索建立数据资产交易平台,实现"数据资源 > 数据产品 > 数据资产 > 数据资本"的良性价值链生态。积极参与和引导制定中国—东盟跨境数据流动规则,完善区域内数字

---

① 刘曙华,张鹏飞,周青,等."一带一路"背景下中越跨境经济合作区支持政策研究[J].广西社会科学,2021(9):71-79.

产业相关法律制度，对传统行业与互联网融合产生新业态、新模式进行规范管理，增强我国在跨境数据流动规则制定上的话语权。规划建设安全、可信的南宁片区数字信息港，以各类外汇统计数据为基础，开展跨境外汇数据"可视化应用"，利用现有数据和跨境资金监测平台，进行外汇数据"可视化应用场景"开发。搭建中国—东盟投资贸易大数据实验室，邀请东盟国家在南宁片区共建"大数据实验室"，推动大数据赋能5G、物联网、高级机器人等前沿技术在产业上的应用。

（四）强化自贸试验区与跨境电商综试区的互动

发挥南宁跨境电商综试区、崇左跨境电商综试区、凭祥综合保税区、钦州保税港区等海关特殊监管区政策优势，全力推动南宁、钦州、崇左跨境电商协同发展。加快建设中国—东盟电子商务产业园、北部湾东盟线上到线下（O2O）跨境电商产业园等一批跨境电商产业集聚区，引导面向东盟的跨境电子商务产业集聚发展。推进跨境电子商务平台建设，不断完善现有跨境电商综合服务平台，针对企业"走出去"需求，加强与阿里巴巴、京东等国内知名电商的战略合作，构建辐射全区、面向东盟的跨境贸易电子商务服务体系。积极推动钦州港片区内钦州港保税区、中马钦州产业园等协同发展，实现优势互补。加快崇左片区产业发展，以跨境产业园、边境经济合作区等为载体，着力发展口岸经济和边贸经济，加快跨境贸易、跨境物流、跨境金融、电子信息、智能终端和特色边境加工业、跨境旅游和跨境劳务合作，打造跨境产业合作示范区。充分利用广西自贸试验区先行先试的特点，积极向国家争取在发展跨境电商人民币计价结算等方面获得更多的支持政策。

第五节　本章小结

增强协同竞争力是自贸试验区提升竞争力的主要手段。自贸试验区的生命力就是制度创新，建设广西自贸试验区协同发展区，推动自贸试验区与协同发展区"政策叠加、产业互补、协同创新"的发展优势，可为广西自贸试验区引领带动全区产业高质量发展和高水平开放注入强劲动力。自贸试验区的协同包括自贸试验区之间的协同、自贸试验区与其他国家级功能区的协同以及自贸试验区片区之间的协同，外部协同与内部协同的相互促进可认为是协同竞争力的核心。合作联盟、协同创新、相互投资、政策协同等是自贸试验区协同发展的主要模式。其中，合作联盟具体表现为三角区联盟、通道联盟、流域联盟等方式；协同创新具体表现为业务协同创新、协同改革创新等；相互投资表现为企业多片区投资、政府平台公司投资等；政策协同表现为政策借鉴、政策同标等。广西自贸试验区在推动三大片区协同及其与外部协同等方面进行了有益的探索，但存在的一些问题也不容忽视。基于规划共谋、产业共链、机制共商、监管共筑、环境共享的视角，可以实现广西自贸试验区协同发展的衔接性、互补性、协调性、安全性和同步性。广西自贸试验区可以通过建立合作联盟、推动三大片区协同发展、理顺协同发展区涉及关系以及推动与其他国家级平台的协同联动，实现制度创新、产业发展、监督管理等领域的全方位合作，打造广西区域协同发展的牵引区。

第八章

体制竞争力：广西自贸试验区管理体制的运行规律与优化重构

第一节 我国自贸试验区管理体制总体情况

一、我国自贸试验区管理体制情况

在我国所有自贸试验区中，由于自贸试验区所包括的范围及其区位分布以及部分片区与其他国家级功能区（如国家级新区、经济技术开发区等）存在重叠，其在管理体制顶层设计方面存在一定的差异（见表8-1）。部分自贸试验区根据发展需要，适时对管理体制进行优化调整，构建层级清晰、执行高效、统一协调、科学合理的管理体制机制成为自贸试验区管理体制优化调整的方向。

表8-1 我国自贸试验区管理体制情况

序号	自贸试验区名称	管理体制
1	上海自由贸试验区	成立中国（上海）自由贸易试验区管理委员会，与浦东新区人民政府合署办公。成立中国（上海）自由贸易试验区临港新片区管理委员会，内设办公室（审计室）、党群工作部（人力资源处）、发展改革处、制度创新和风险防范处、高新产业和科技创新处、金融贸易处、商业和文体旅游处、财政处、特殊综合保税区处（航运处）、规划和自然资源处、建设和交通管理处、生态和市容管理处、应急管理处、综合治理处、社会发展处
2	广东自贸试验区	成立中国（广东）自由贸易试验区广州南沙新区片区工作办公室、中国（广东）自由贸易试验区广州南沙新区片区管理委员会，与广州南沙经济技术开发区管理委员会合署办公

续表

序号	自贸试验区名称	管理体制
3	天津自贸试验区	成立中国（天津）自由贸易试验区滨海新区中心商务片区办事处，与天津市滨海新区中心商务区管理委员会合署办公，滨海新区政府按照各自职责支持管理委员会各项工作，承担自贸试验区其他行政事务
4	福建自贸试验区	成立中国（福建）自由贸易试验区福州片区工作领导小组及其办公室。将福州保税港区管理委员会改组为中国（福建）自由贸易试验区福州片区管理委员会（福州保税港区管理委员会），作为省人民政府的派出机构，由福州市人民政府管理，内设办公室、人力资源局、政策法规研究室、经济发展局、财政金融局、规划建设和环境管理局、福州保税区管理局、综合监管和执法局（知识产权局）
5	浙江自贸试验区	成立中国（浙江）自由贸易试验区舟山管理委员会，内设综合协调局、政策法规局、综合服务中心，与舟山市人民政府、舟山群岛新区管理委员会合署办公，实施"三块牌子一套人马"。成立中国（浙江）自由贸易试验区宁波片区建设领导小组、宁波片区管理委员会。成立中国（浙江）自由贸易试验区杭州片区萧山管理办公室。成立中国（浙江）自由贸易试验区金义片区建设领导小组、金义片区（金东）行政服务中心
6	重庆自贸试验区	成立中国（重庆）自由贸易试验区两江新区管理办公室，作为两江新区管理委员会内设机构，内设综合协调部、创新规划部、项目发展部
7	四川自贸试验区	成立中国（四川）自由贸易试验区成都片区建设工作领导小组及其办公室，领导小组办公室设在商务厅。成立中国（四川）自由贸易试验区成都管理委员会，内设成都天府自贸试验区管理局、成都高新自贸试验区管理局、成都双流自贸试验区管理局、四川自贸试验区青白江片区管理局
8	陕西自贸试验区	成立中国（陕西）自由贸易试验区西咸新区办公室，与西咸新区管理委员会改革创新发展局合署办公
9	湖北自贸试验区	成立中国（湖北）自由贸易试验区工作领导小组，领导小组办公室设在省商务厅。设立中国（湖北）自由贸易试验区武汉片区管理委员会、中国（湖北）自由贸易试验区襄阳片区管理委员会、中国（湖北）自由贸易试验区宜昌片区管理委员会，分别作为武汉市、襄阳市、宜昌市人民政府的派出机构，在湖北自贸试验区工作领导小组的统一领导下，负责各片区改革试验的具体事务

续表

序号	自贸试验区名称	管理体制
10	河南自贸试验区	成立中国（河南）自由贸易试验区建设领导小组，领导小组办公室设在省商务厅。设立中国（河南）自由贸易试验区郑州片区管理委员会、中国（河南）自由贸易试验区洛阳片区管理委员会、中国（河南）自由贸易试验区开封片区管理委员会，接受自贸试验区建设领导小组和所在地省辖市人民政府的领导
11	辽宁自贸试验区	成立中国（辽宁）自由贸易试验区工作领导小组，领导小组办公室设在省商务厅。沈阳、大连、营口市人民政府分别成立自贸试验区工作领导小组，分别成立工作领导小组办公室、管理委员会
12	海南自贸试验区（海南自由贸易港）	目前尚未设立相关机构，由海南省政府统筹自贸试验区、自由贸易港建设相关工作
13	山东自贸试验区	成立中国（山东）自由贸易试验区济南片区工作推进领导小组、中国（山东）自由贸易试验区济南片区管理委员会。成立中国（山东）自由贸易试验区青岛片区管理委员会，内设综合部、党群工作部、财政金融部、制度创新部、经济发展部（大数据部）、审批管理部、规划建设部（应急管理部）、航运物流部、产业促进部（国际合作推广部）、纪检监察机构，与青岛前湾保税港区管理委员会合署办公。成立中国（山东）自由贸易试验区烟台片区管理委员会，内设综合协调局、制度创新局，与烟台经济技术开发区管理委员会合署办公
14	江苏自贸试验区	设立中国（江苏）自由贸易试验区南京工作领导小组办公室、中国（江苏）自由贸易试验区南京片区管理委员会，设在南京市江北新区管理委员会，内设自贸区综合协调局、自贸区制度创新局及新区党工委、管理委员会其他各职能机构、派出机构。中国（江苏）自由贸易试验区苏州片区工作领导小组办公室设在苏州市商务局，由市商务局主要负责同志兼任办公室主任，由苏州自贸区管理委员会相关负责同志、苏州市商务局分管负责同志兼任办公室副主任。设立国（江苏）自由贸易试验区连云港片区工作领导小组办公室（设在连云港市商务局）、中国（江苏）自由贸易试验区连云港片区管理委员会（设在连云港经济技术开发区管理委员会），内设机构有综合协调局、制度创新局
15	河北自贸试验区	设立中国（河北）自由贸易试验区雄安片区管理委员会，与河北雄安新区管理委员会合署办公。设立中国（河北）自由贸易试验区正定片区管理委员会，内设自贸协调联络局、自贸制度创新局。设立中国（河北）自由贸易试验区曹妃甸片区建设工作领导小组、中国（河北）自由贸易试验区曹妃甸片区管理委员会，与唐山曹妃甸经济技术开发区管理委员会合署办公。设立中国（河北）自由贸易试验区大兴机场片区（北京大兴）管理委员会，与北京大兴国际机场临空经济区（大兴）管理委员会合署办公

续表

序号	自贸试验区名称	管理体制
16	云南自贸试验区	成立中国（云南）自由贸易试验区昆明片区管理委员会，与昆明经济技术开发区管理委员会实行两块牌子、一套人马，合署办公、一体化融合发展。成立中国（云南）自由贸易试验区红河片区管理委员会，内设综合协调局、政策法规局、规划建设局、投资促进局，在河口县属有关职能部门加挂红河片区管理委员会内设机构牌子，承担相关职责，实行两块牌子、一套班子管理体制。成立中国（云南）自由贸易试验区德宏片区管理委员会
17	黑龙江自贸试验区	在黑龙江省商务厅加挂中国（黑龙江）自由贸易试验区工作办公室。成立中国（黑龙江）自由贸易试验区哈尔滨片区管理局，内设综合协调处、审批服务处、制度创新处、商务外联处。成立中国（黑龙江）自由贸易试验区黑河片区管理委员会、中国（黑龙江）自由贸易试验区绥芬河片区管理委员会
18	北京自贸试验区	科技创新、国际商务服务、高端产业三个片区分别由所在城区政府负责
19	湖南自贸试验区	成立中国（湖南）自由贸易试验区长沙片区管理委员会以及中国（湖南）自由贸易试验区长沙片区雨花管理委员会、中国（湖南）自由贸易试验区长沙片区临空管理委员会。成立中国（湖南）自由贸易试验区岳阳片区管理委员会。中国（湖南）自由贸易试验区郴州片区管理机构与郴州高新技术产业开发区管理机构统筹设置，郴州高新技术产业开发区管理委员会加挂中国（湖南）自由贸易试验区郴州片区管理委员会牌子
20	安徽自贸试验区	成立中国（安徽）自由贸易试验区合肥片区管理委员会、中国（安徽）自由贸易试验区芜湖片区管理委员会、中国（安徽）自由贸易试验区蚌埠片区管理委员会
21	新疆自贸试验区	成立中国（新疆）自由贸易试验区工作领导小组及其办公室，办公室设在自治商务厅。成立中国（新疆）自由贸易试验区工作办公室，下设自贸实验区综合协调处、自贸试验区制度创新处、自贸试验区评估指导处。成立中国（新疆）自由贸易试验区乌鲁木齐片区工作领导小组及其办公室、中国（新疆）自由贸易试验区、喀什片区、工作领导小组及其办公室、中国（新疆）自由贸易试验区、霍尔果斯片区工作领导小组及其办公室

二、我国自贸试验区管理体制的特点

（一）具有特定的管理职能

作为特定的功能区，自贸试验区管理机构的职能主要分为四类：一是政策执行职能，主要负责执行上级下达的政策和命令，保证政策实施、工作协调、信息公布等，是自贸试验区管理的基本职能；二是行政管理职能，主要承担政府在自贸试验区内的日常行政管理工作、协调综合监管等；三是社会服务职能，负责招商引资工作，承担指导、咨询和服务工作等，也是自贸试验区对内对外协同所具备的主要职能；四是创新职能，主要开展创新人才的培养发展、创新制度设计等，"放""管""服"结合，促进资源要素的流动，进行职能改革①。

（二）部分纳入行政区管理体制

出于行政管理的需要，部分自贸试验区的管理按照属地原则，成立自贸试验区（片区）管理委员会，但与所在行政区人民政府进行合署办公。例如，上海自贸试验区选址在浦东新区，上海自贸试验区管理委员会与浦东新区人民政府进行合署办公；浙江自贸试验区舟山管理委员会与舟山市人民政府、舟山群岛新区管理委员会合署办公；北京自贸易试验区科技创新、国际商务服务、高端产业三个片区分别由所在城区政府负责管理。

（三）部分建立自贸试验区管理机构

为了最大化发挥自贸试验区的功能，很多自贸试验区片区成立了片区管理委员会，内设相关部门，具体负责自贸试验区的建设发展。例如，上海自贸试验区临港新片区、福建自贸试验区福州片区、湖北自贸试验区武汉片区、河南自贸试验区郑州片区、山东自贸试验区青岛片区、江苏自贸试验区南京片区、安徽自贸试验区合肥片区等都成立了片区管理委员会。此外，部分自贸试验区片区采取成立片区管理局的方式，如黑龙江自贸试验区哈尔滨片区管理局、成都天府自贸试验区管理局、成都高新自贸试验区管理局、成都双流自贸试验区管理局、四川自贸试验区青白江片区管理局等。

（四）与已有功能区管理机构合署办公

由于部分自贸试验区位于国家级功能区（如国家级开发区、国家级新

---

① 王炜，史妍．"双循环"下新兴自贸区深化"放管服"改革的路径［J］．哈尔滨市委党校学报，2022（2）：35-39．

区等）的区域范围内，为了避免出现管理"两层皮"，通常采用自贸试验区管理机构与功能区管理机构合署办公的方式，即实行两块牌子、一套人马。例如，广东自贸试验区广州南沙新区片区管理委员会与广州南沙经济技术开发区管理委员会合署办公；浙江自贸试验区舟山管理委员会与舟山群岛新区管理委员会合署办公；山东自贸试验区青岛片区管理委员会与青岛前湾保税港区管理委员会合署办公；山东自贸试验区烟台片区管理委员会与烟台经济技术开发区管理委员会合署办公；河北自贸试验区雄安片区管理委员会与河北雄安新区管理委员会合署办公；云南自贸试验区昆明片区管理委员会与昆明经济技术开发区管理委员会合署办公等。采取这种模式有利于形成国家级平台的叠加效应，促进各个功能区的一体化融合发展。

（五）建立自上而下层级管理架构

由于自贸试验区涉及省（自治区、直辖市）、地级市、城区、功能区等各个层面的管理机构或部门，建立自上而下管理清晰、权责明确的管理架构显得尤为重要。总体而言，一般采取省级层面成立自贸试验区领导小组（下设办公室在省商务厅），负责自贸试验区的统筹推进工作；在地级市层面成立自贸试验区片区管理办公室（设在市商务局），在片区成立自贸试验区片区管理委员会。通过层级化的管理模式，实现国家层面意图向下的层层传导。

第二节 广西自贸试验区管理体制运行情况

一、自治区层面管理体制情况

广西自贸试验区建立"横到边，纵到底"扁平高效指挥协调机制，获得商务部肯定，并向全国推介。具体而言，广西自贸试验区在全国率先建立"工作领导小组+建设指挥部+自贸办+片区管理机构"的组织架构（见图8-1）。

（一）成立中国（广西）自由贸易试验区工作领导小组

广西成立了由广西壮族自治区党委书记、自治区主席为组长的中国

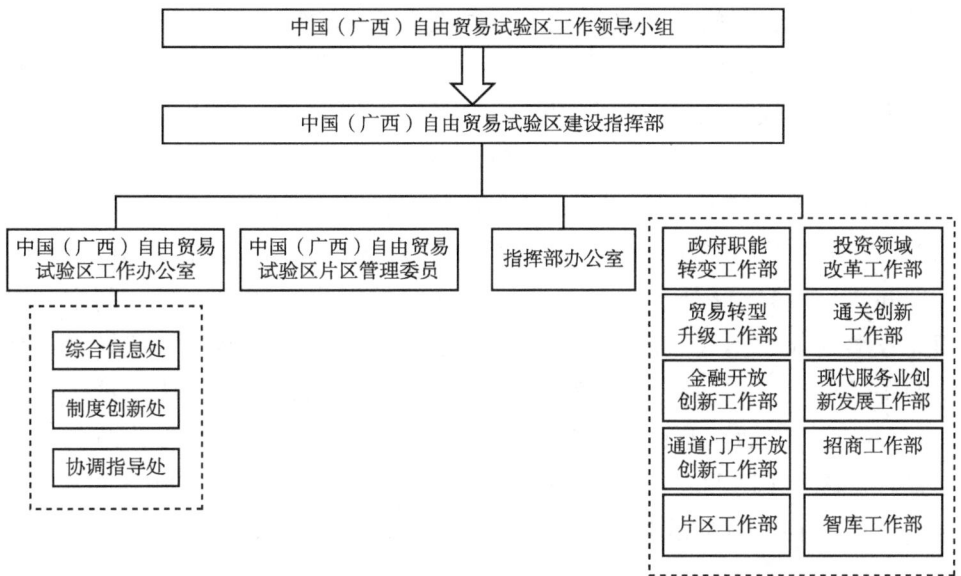

图 8-1 广西自贸试验区管理组织架构

（广西）自由贸易试验区工作领导小组（以下简称领导小组），其是省级层面统筹广西自贸试验区建设发展的最高组织机构。领导小组通过举行全体会议的方式（每年召开 1~2 次工作会议），重点研究广西自贸试验区建设过程中的重大事项，具体了解广西自贸试验区工作开展情况及其存在的问题，审议相关重要文件，并对下一阶段工作进行部署。领导小组下设办公室，设在广西壮族自治区商务厅（自贸办）。制定出台《中国（广西）自由贸易试验区工作制度》，明确了领导小组及其办公室的组织架构，并建立重大改革创新管理制度、统计制度、日常管理制度、督办考核制度等。

（二）成立中国（广西）自由贸易试验区建设指挥部

广西成立了由广西壮族自治区政府常务副主席、自治区人大常委会副主任为指挥长的中国（广西）自由贸易试验区建设指挥部。指挥部下设办公室（设在自治区商务厅（自贸办））、政府职能转变工作部、投资领域改革工作部、贸易转型升级工作部、通关创新工作部、金融开放创新工作部、现代服务业创新发展工作部、通道门户开放创新工作部、招商工作部、片区工作部、智库工作部、中国—东盟经贸中心运营管理工作部等。通过召开指挥长工作会议的方式（原则上每月召开1~2次），主要研究需要跨部门跨领域协调解决的重大事项，研究部署年度工作计划、高质量指标安排以及审议相关政策文件。与此同时，指挥部审议通过一系列政策文件（如《中国（广西）自由贸易试验区创新示范项目建设行动计划（2020—2022年）》《中国（广西）自由贸易试验区产业发展要素集聚三年行动计划（2022—2024年）》《中国（广西）自由贸易试验区"广西自贸招商大使"管理办法》等）。此外，指挥部下属工作部根据自身职责，研究制定出台相关方案（如中国（广西）自由贸易试验区建设指挥部政府职能转变工作部印发《中国（广西）自由贸易试验区调整完善省级管理权限下放工作方案》《中国（广西）自由贸易试验区实施相对集中行政许可权改革的工作方案》《中国（广西）自由贸易试验区"极简审批"改革实施方案》《中国（广西）自由贸易试验区"一事通办"改革实施方案》等）。

（三）成立中国（广西）自由贸易试验区工作办公室

自治区政府层面设立中国（广西）自由贸易试验区工作办公室，办公室内设综合信息处、制度创新处、协调指导处，根据具体职能开展各项工作（见表8-2）。中国（广西）自由贸易试验区工作办公室是推进广西自贸试验区建设发展的实体化机构，其通过统筹协调、指导服务、制定出台文件（如印发《关于设立中国（广西）自由贸易试验区协同发展区的指导意见》）、运行评估等方式，在推进自治区层面自贸试验区以及指导三大片区建设方面发挥重要作用。

表8-2　　　　广西自贸试验区工作办公室各处室职能分工

处室名称	具体职能
综合信息处	负责研究拟订自贸试验区发展规划和工作计划。负责开展自贸试验区评估统计，发布有关公共信息，综合评估自贸试验区运行情况。负责自贸试验区对外宣传和交流工作
制度创新处	统筹自贸试验区综合改革、投资、贸易、金融、人才等政策的拟订并指导实施。组织开展自贸试验区课题研究。跟踪、评估有关自贸试验区法规、政策实施情况。指导自贸试验区各片区建立完善相关配套制度
协调指导处	负责与自治区相关部门的协调，配合有关部门落实自贸试验区国家安全审查、反垄断审查。负责与自贸试验区各片区管理机构联络，督促检查各片区贯彻落实试点任务、发展规划和工作计划等。负责推动各片区建立健全事中事后监管体系

(四) 委托或授权实施自治区级行政权力

广西自贸试验区三大片区分别成立了片区管理委员会，广西壮族自治区人民区政府通过委托或授权的方式，赋予其自治区级行政权力。其中，第一批自治区级行政权力事项共 82 项，包括行政许可事项 65 项、行政确认事项 5 项、其他行政权力事项 12 项；第二批自治区级行政权力事项共 79 项，包括行政许可事项 74 项、行政确认事项 1 项、其他行政权力事项 4 项（见表 8 – 3）。总体而言，广西区层面的委托或授权主要集中在行政许可事项，充分体现了政府职能转变"放"的特征。

表 8 – 3　　广西层面委托或授权自贸试验区的权力事项情况

行政权力类型	第一批	第二批
行政许可事项	65	74
行政确认事项	5	1
其他行政权力事项	12	4

二、南宁片区管理体制情况

(一) 成立中国（广西）自由贸易试验区南宁片区建设工作领导小组

2019 年 9 月，南宁市委、市政府印发《中国（广西）自由贸易试验区南宁片区建设工作领导小组方案》，成立南宁市市长任组长的工作领导小组，下设办公室及政府职能转变、投资领域改革、法治保障、金融开放创新、数字经济发展、文体医疗发展、加快物流发展、新兴产业发展、招商引资、智库工作等 10 个专责工作组，分领域推进各项改革工作。领导小组通过召开工作会议的方式，审议相关政策文件，并部署全年重点工作。

(二) 中国（广西）自由贸易试验区南宁片区管理委员会

南宁市设立了中国（广西）自由贸易试验区南宁片区管理委员会（以下简称南宁片区管委会），由南宁市管理，与广西南宁五象新区规划建设管理委员会（以下简称五象新区管委会）合署办公。在初始阶段，为了与广西自贸试验区工作办公室内设机构相对应，南宁片区管委会内设协调指导局、制度创新局（政策法规室）、新经济发展局（金融创新局），但也出现了管理职能重叠、分工不清等问题。2023年，五象新区（自贸试验区南宁片区）管委会进行了机构调整，五象新区（自贸试验区南宁片区）管委会负责对五象新区（自贸试验区南宁片区）、南宁经济技术开发区、"两港一区"区域范围内的规划、开发建设、经济发展和行政事务实行统一领导和管理，下设党政办公室（组织人才局）、财政局、发展改革局（两港发展促进办公室）、自然资源局（行政审批局）、建设和生态环境局（安全生产监督管理办公室）、科技创新和产业发展局、商务和贸易发展局、投资促进局、自贸创新发展局等9个内设机构。其中，与广西自贸试验区南宁片区关系最为紧密的是自贸创新发展局，其承担了广西自贸试验区南宁片区的绝大部分工作职责（见表8-4和图8-2）。由此，广西自贸试验区南宁片区在管理体制方面实现了从分到合的转变，也充分顺应了片区发展的要求和趋势，其也将进一步激发内在发展潜能。

表8-4　　五象新区（自贸试验区南宁片区）管理委员会
自贸创新发展局的职能分工

处室名称	具体职能
自贸创新发展局	负责自贸试验区南宁片区建设领导小组办公室日常工作；牵头起草自贸试验区南宁片区法规政策及管理制度，负责推进落实各项改革试点任务；统筹自贸试验区协同发展区建设工作；组织开展与自贸试验区建设相关的国际交流合作，牵头自贸试验区相关涉外合作项目的协调和推进；负责研究提出自贸试验区南宁片区深化改革发展思路，并组织落实；负责指导自贸试验区南宁片区建设领导小组成员单位开展制度创新，总结提炼实践成果，组织研究、评估上报、复制推广制度创新成果和改革经验；负责自贸试验区南宁片区创新发展智库建设和管理工作，开展重大、重点课题研究；负责自贸试验区南宁片区会议、活动和宣传、信息工作；负责制定自贸试验区南宁片区考核评估体系，牵头组织实施；协调开展自贸试验区南宁片区行政审批工作；牵头开展自贸试验区南宁片区数据统计工作

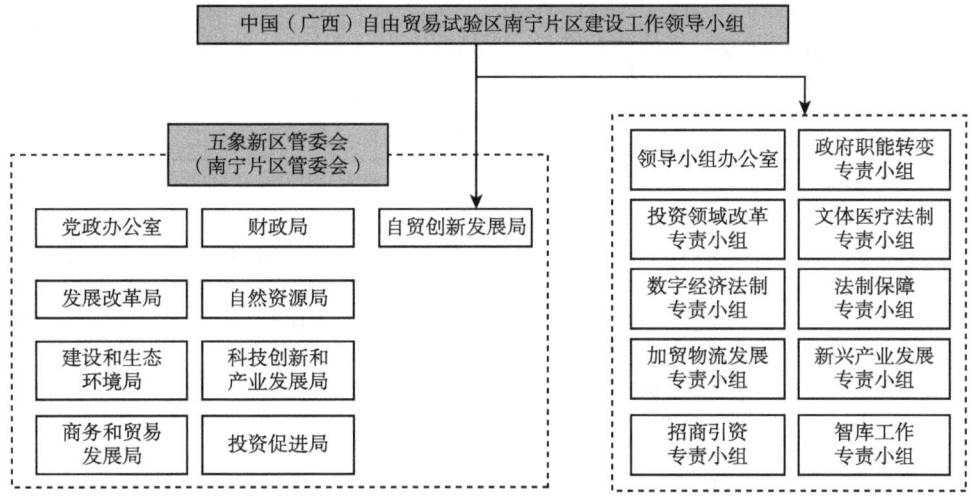

图8-2 广西自贸试验区南宁片区管理组织架构

(三) 委托或授权行使市级行政管理权

2020年7月，南宁市人民政府印发《关于委托中国（广西）自由贸易试验区南宁片区管理委员会行使有关行政管理权的决定》，明确市人民政府及其有关部门、城区人民政府及其有关部门、南宁高新技术产业开发区管理委员会（以下统称委托机关）在各自法定职责范围内，依法委托南宁片区管委会在广西自贸试验区南宁片区范围内行使有关行政管理权。南宁片区管委会被赋予市级相关行政管理权。

三、钦州港片区管理体制情况

(一) 成立中国（广西）自由贸易试验区钦州港片区管理委员会

钦州市成立了中国（广西）自由贸易试验区钦州港片区管理委员会（以下简称钦州港片区管委会），与中国—马来西亚钦州产业园区管理委员会合署办公，具体包括办公室、组织人社局、经济发展局、制度创新局（政策研究室）、工业与高新技术产业局、财政金融局、自然资源和建设局、贸易与物流发展局、联合理事会秘书处（对外合作交流处）、应急管理局、协调指导局、行政审批局、综合执法局、社会事务局、产业服务中心、招商服务中心。其中,制度创新局(政策研究室)、协调指导局对应广西自贸试验区工作办公室内设机构(见表8-5和图8-3)。

表8-5　广西自贸试验区钦州港片区管理委员会部分处室职能分工

处室名称	具体职能
协调指导局	负责组织钦州港片区改革创新任务及政策措施的指导实施、督办督查、考核评估。负责钦州港片区改革创新措施实施过程中的综合协调和沟通衔接。负责临港区域(钦州港片区)信息收集、经济运行分析和统计、对外宣传。承担中国(广西)自由贸易试验区钦州港片区推进工作领导小组办公室的日常工作,对接广西自贸办日常工作
制度创新局(政策法规室)	负责研究国内外自贸(自贸试验区)改革创新举措,研究提出钦州港片区改革创新的思路、计划和方案。负责自贸试验区专项政策研究、政策制定。总结提炼自贸试验区制度创新、功能拓展等实践成果,提出可复制可推广的政策制度建议。组织开展自贸试验区课题研究及智库合作。负责临港区域发展研究

图8-3　广西自贸试验区钦州港片区管理组织架构

(二)授权行使市级行政权力

根据《中国(广西)自由贸易试验区钦州港片区管理委员会关于行使设区市有关市级行政权力事项的通知》,钦州市人民政府授权钦州港片区管委会在管辖区范围内(涵盖广西钦州综合保税区全部规划区范围)行使设区市市级市场监管、交通运输、应急管理、城市管理、自然资源、海洋、林业领域的行政处罚权。本次授权行政处罚事项共865项，其中，市场监管领域159项、交通运输领域165项、应急管理领域4项、城市管理领域385项、自然资源领域122项、海洋领域16项、林业领域14项。与行政处罚对应的行政检查等行政权力由承接行政处罚权的钦州港片区管委会一并行使。

四、崇左片区管理体制情况

（一）中国（广西）自由贸易试验区崇左片区建设指挥部

崇左市成立了中国（广西）自由贸易试验区崇左片区建设指挥部，崇左市委书记、市长任指挥长，崇左市委常委、宣传部部长任副指挥长，通过每季度组织召开全体会议的方式，研究片区试点任务有关问题及其解决方案。

（二）中国（广西）自由贸易试验区崇左片区管理委员会

2020年，崇左市组建中国（广西）自由贸易试验区崇左片区管理委员会，由崇左市管理，与广西凭祥综合保税区管理委员会合署办公。内设办公室、制度创新局（政策法规室）、产业发展局、跨境合作局、金融服务局、招商引资局、行政审批局（见图8-4）。

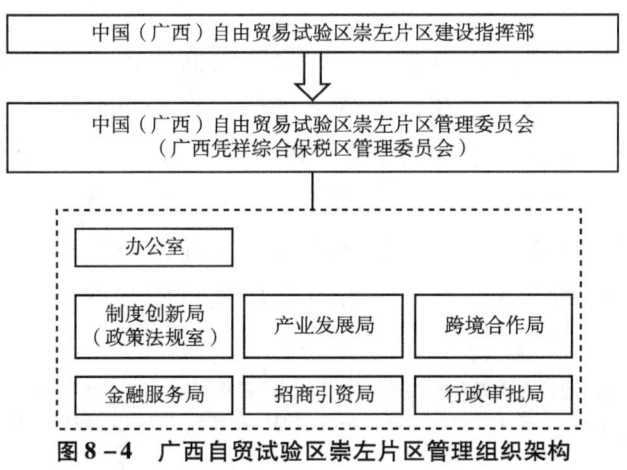

图8-4 广西自贸试验区崇左片区管理组织架构

第三节 广西自贸试验区管理体制存在的问题

我国自贸试验区在管理体制方面进行了有益的探索，并形成了具有一定差别性的管理模式。通过调查发现，广西自贸试验区管理体制不同程度存在一些问题。

一、管理权限下放落实不到位

管理架构与人员配置的优化与创新，实质上是政府职能转变的过程，也是自贸试验区建设的中心任务①。一是自治区级行政权限下放尚未形成良好的运行机制，尤其是由于建设协调机制不完善，片区管理机构不是法定机构，人员编制有限，导致面临的阻力比较大，权限下放难。二是一些单位下放行政权力的过程中，存在法律主体、适用范围、配套保障、审批用章、大数据管控等不够明确的问题，一些审批事项存在"接不住，批不了"的情况。三是部分核心管理权限没有下放给自贸试验区管理机构，导致管理机构沦为一般的协调部门，所承担的职责和使命无法实现②。

二、管理机构精细化不明显

一是管理机构精简化不明显，自治区层面管理机构太多，导致职责不分、管理效率低下。尤其是改革试点任务沟通协调难度大，个别单位认为广西自贸试验区工作由工作部长单位负责推进，主动配合意识不强，存在观望心理，少数单位推进工作还存在慢半拍的情况。二是片区设立的管理机构级别不高，广西自贸试验区三大片区都是采取与其他功能区管委会合署办公的方式，在一定程度上出现机构协调作用有限、功能得

---

① 葛丰. 自贸区建设需要更大自主权 [J]. 中国经济周刊, 2020 (17): 3.
② 刘曙华, 周青. 中国（广西）自贸试验区管理体制建设"五化"建议 [J]. 广西经济, 2019 (9): 16 – 17.

不到充分发挥等问题。加之管理边界模糊,上下级和同级沟通协调不畅的现象时有发生,距离构建协调统一、分工明确、精简高效的管理体制的标准存在一定差距。三是广西自贸试验区的治理主体应该是以政府、企业为主,地方政府被动执行上级政策,广西自贸试验区管理组织结构缺乏弹性,难以适应当前复杂多变的外部环境,对当前行政审批制度的改革、综合体系的监管等造成了极大的阻碍。

三、管理人员专业化水平有待提升

一是广西自贸试验区开发建设缺乏具有国际化视野、专业化知识的行政管理人才,具有改革创新精神和攻坚克难意识的干将闯将不足,后备管理人才严重短缺。管理机构配备的部分工作人员专业知识缺乏、相关业务不熟悉,导致指导协调能力有限、试点任务落实难,干部队伍建设不能满足制度集成创新的需要,这些都阻碍了制度创新政策的落地。二是专业人才较为缺乏。广西自贸试验区国际贸易、现代金融、信息技术、第三方服务等发展对高层次和高技能专业人才需求旺盛,但熟悉自贸试验区规则、跨境合作领域的外向型人才以及熟悉现代金融、国际贸易、数字经济、智慧物流、新兴制造等重点产业领域的科技人才、专业人才较为缺乏。例如,南宁片区高层次、专业化、国际化的产业创新创业领军人才与国际贸易、现代金融、信息技术等领域的高技能、高质量复合型人才严重匮乏。三是人才政策的竞争力和吸引力不强,导致人才瓶颈和人才资本储备不足的制约较为明显。

第四节 广西自贸试验区推进管理体制改革的对策措施

按照管理体制行政层级扁平化、顶层设计高配化、管理机构法定化、工作人员专业化、管理权限下沉化等原则,加快构建与开放型经济相适应的权责明确、运转协调、管理高效、依法行政的广西自贸试验区管理体制。

一、建立层级清晰执行高效管理架构

省级、市级管理权限下放有利于赋予自贸试验区更大改革创新自主权，充分激发自贸试验区在自主决策、制度创新、探索实践等方面的活力。已获批的大部分自贸试验区所在省份在省级管理权限下放方面的推进力度非常大。例如，广东省在第一批下放60项省级管理权限的基础上，2017年2月，第二批下放（委托实施）广东自贸试验区各片区管理委员会6项管理事项；2017年8月，河南省政府向河南自贸试验区下放455项省级经济社会管理权限（其中，108项省级行政许可事项、204项省级行政处罚事项由河南自贸试验区各片区管理委员会集中实施，57项省级行政检查事项、行政确认事项和其他职权事项下放河南自贸试验区各片区管理委员会或有关部门实施，86项省级行政检查事项、行政确认事项和其他职权事项委托河南自贸试验区各片区管理委员会实施）。建议广西壮族自治区尽快研究制定出台自治区党委、政府支持广西自贸试验区建设的指导性文件，广西自贸试验区需要的自治区、市级管理权限全部下放，法律和行政法规明确不能下放的管理权限，自治区、市人民政府可以委托给各片区管理委员会行使；组织研究提出自治区、市级下放各片区管理委员会的管理权限清单，明确下放时间表，自治区、市各有关部门按要求、按时下放，给予广西自贸试验区各片区管理委员会充分的行政管理权和改革自主权[①]。继续调整完善自治区级管理权限下放，推动关联、相近类别审批事项全链条取消、下放或委托。

二、构建精简高效的管理机构

持续推进管理体制机制改革创新，继续深化改革扩大开放，推动自贸试验区管理体制改革，加快建立适应改革创新需要，更具活力、创新力和吸引力的管理运行模式。理顺广西自贸试验区与各级政府、开发区的权责

---

① 刘曙华，周青. 中国（广西）自贸试验区管理体制建设"五化"建议[J]. 广西经济，2019（9）：16－17.

关系，优化相关组织架构，探索法定机构治理模式。按照行政层级扁平化、顶层设计高配化、管理机构法定化、管理权限下沉化的要求，全面推进建立与开放型经济相适应的权责明确、运转协调、管理高效的广西自贸试验区三大片区管理体制和运行机制。加强管理机制改革创新，自贸试验区三大片区管理委员会实行岗位管理、身份留档、人员聘用、绩效考核、薪酬挂钩的法定机构人事管理体制改革。建立灵活高效的人事管理体制，实行按需设岗、按岗定职、分类管理的职位管理制度和竞争上岗、双向选择、合同管理的全员聘用制度，实行聘任制、聘期制，建立高效的人才引进和培养体系。推行管理机构企业化、专业化，加大公开选拔干部和管理人才的力度。建立健全干部激励、人才引进培育等方面相关制度安排，强化机制体制改革创新，全面提高政策执行力，增强发展向心力，提高人才集聚力。

三、加强管理机构人事制度改革创新

可以学习借鉴深圳前海和天津滨海新区的人事管理经验，创新人事管理制度，采取取消编制管理、建立市场化选聘机制、为参与改革工作人员解除后顾之忧等方式加强管理机构人事制度改革创新。同时为充分激发广西自贸试验区工作人员的工作动力，加强人事监管，营造优胜劣汰的良性竞争环境，建立完善的聘任淘汰机制。

广西自贸试验区建设涉及投资贸易、跨境电商、现代金融、信息服务、云计算大数据、科技创新、文化艺术、现代传媒、国际医疗等一系列领域，专业性强，需要高素质专业人才才能确保建设工作的加快推进。建议采取"两条腿走路"的方式，一是从全区机关事业单位选拔部分自贸试验区管理人才和专业技术人才，充实到领导小组办公室，增强其统筹全局、指导业务的能力；二是充分借鉴天津经开区实行员额制的做法，在自贸试验区探索破解现有体制僵化、利益固化、动力弱化的新方法，鼓励和支持片区管理委员会对高级管理人员岗位（处级和副处级岗位）探索实行聘任制、聘期制，通过全球招聘活动选聘优秀管理人才。通过异地交流挂职、定期专业培训、人才定向培养等方式，加强对广西自贸试验区人才的培养，打

造高素质管理队伍①。

第五节　本章小结

　　构筑体制竞争力是自贸试验区的重要保障。我国自贸试验区管理架构与人员配置的优化主要体现在三大方面：一是机构设置的优化，主要表现为"大部制改革"；二是以"合署办公"为主要表现形式的组织结构优化；三是市场化用人机制的建立。由于自贸试验区的独特定位和特定功能，自贸试验区的管理架构和人员配置与其他功能区存在明显的区别，但层级清晰、高效运转的精细化管理是主要方向，全国各个自贸试验区及其片区在这个方面进行了有益的探索并形成了各具特色的管理架构和运行模式。广西形成了"自治区级—市级—管委会"三大层级的自贸试验区管理架构，层级结构清晰，管理职责明确，但也存在管理权限下放落实不到位、精细化不明显、管理人员专业化水平有待提升等问题，需要在高效管理架构、精简管理机构、人事制度等方面精准发力，才能有效破解制约广西自贸试验区高质量发展的体制瓶颈。

---

　　① 刘曙华，周青. 中国（广西）自贸试验区管理体制建设"五化"建议［J］. 广西经济，2019（9）：16–17.

第九章

政策竞争力：广西自贸试验区支持政策的体系构建与努力方向

第一节 广西自贸试验区政策支持情况

一、自治区层面相关政策支持

自广西自贸试验区设立以来，广西层面制定出台了一系列支持政策文件（见表9-1）。深入分析可知，这些政策文件具有一系列特点：一是政策出台的部门各异，具体有广西壮族自治区人民政府、广西壮族自治区人民政府办公厅、中国（广西）自由贸易试验区工作办公室、中国（广西）自由贸易试验区建设指挥部、中国（广西）自由贸易试验区建设指挥部办公室、中国（广西）自由贸易试验区建设指挥部政府职能转变工作部以及广西壮族自治区人民政府各直属部门等，发文主体繁多，体现了相关单位在推进广西自贸试验区建设发展方面所发挥的积极作用；二是政策涉及面比较宽泛，具体包括改革开放、制度创新、招商引资、产业发展、人才发展等方面，涉及政府职能转变、投资贸易便利化、鼓励科技创新、吸引人才聚集、便利外国人往来等领域，充分体现了广西自贸试验区在探索改革开放、推进制度创新等方面所发挥的先行试验功能；三是宏观层面和操作层面的政策文件兼而有之，其中，宏观层面的政策文件有《进一步深化中国（广西）自由贸易试验区改革开放方案》《促进中国（广西）自由贸易试验区高质量发展支持政策》等，操作层面的政策文件有《关于促进中国（广西）自由贸易试验区人才集聚的若干措施》《中国（广西）自由贸易试验区调整完善省级管理权限下放工作方案》《中国（广西）自由贸易试验区财税政策兑现操作办法》《中国（广西）自由贸易试验区落实跨境电商零售进口政策工作方案》等。总体而言，后者的数量明显多于前者，这体现了广西自贸试验区建设发展政策文件具有实操性的特征。

表9-1　广西层面出台支持广西自贸试验区的政策文件清单

时间	出台部门	政策名称
2024年2月	广西壮族自治区人民政府	《促进中国（广西）自由贸易试验区高质量发展行动计划》
2023年10月	中国（广西）自由贸易试验区工作办公室	《以制度型开放推进中国（广西）自由贸易试验区提升发展工作方案》
2023年9月	广西壮族自治区市场监督管理局、住房和城乡建设厅、林业局、体育局	《中国（广西）自由贸易试验区推行市场准入承诺即入制实施方案（试行）》
2023年2月	广西壮族自治区人民政府	《进一步深化中国（广西）自由贸易试验区改革开放方案》
2022年8月	中国（广西）自由贸易试验区工作办公室	《中国（广西）自由贸易试验区制度创新奖励办法（试行）》
2022年8月	中国（广西）自由贸易试验区建设指挥部	《中国（广西）自由贸易试验区"广西自贸招商大使"管理办法》
2022年4月	中国（广西）自由贸易试验区建设指挥部办公室	《提升广西自贸试验区对接RCEP的能力与优势分工方案》
2022年1月	中国（广西）自由贸易试验区建设指挥部	《中国（广西）自由贸易试验区产业发展要素集聚三年行动计划（2022—2024年）》
2021年12月	自治区党委组织部等四部门	《关于促进中国（广西）自由贸易试验区人才集聚的若干措施》
2021年12月	广西壮族自治区海事局	《服务中国（广西）自由贸易试验区、西部陆海新通道建设若干措施（第一批）》
2021年7月	广西壮族自治区人民政府	《关于以中国（广西）自由贸易试验区为引领加快构建面向东盟的跨境产业链供应链价值链的实施意见》
2020年12月	广西壮族自治区人力资源和社会保障厅	《中国（广西）自由贸易试验区重点产业急需紧缺人才目录》
2020年10月	广西壮族自治区市场监督管理局	《关于支持中国（广西）自由贸易试验区高质量发展的实施意见》

续表

时间	出台部门	政策名称
2020年10月	自治区教育厅、商务厅、市场监督管理局	《关于加强中国（广西）自由贸易试验区外商独资经营性教育培训机构管理服务工作的指导意见（试行）》
2020年9月	自治区市场监督管理局	《关于支持中国（广西）自由贸易试验区高质量发展的实施意见》
2020年8月	中国（广西）自由贸易试验区建设指挥部	《中国（广西）自由贸易试验区创新示范项目建设行动计划（2020—2022年）》
2020年7月	中国（广西）自由贸易试验区建设指挥部政府职能转变工作部	《中国（广西）自由贸易试验区调整完善省级管理权限下放工作方案》
2020年7月	广西壮族自治区财政厅 国家税务总局广西壮族自治区税务局	《中国（广西）自由贸易试验区财税政策兑现操作办法》
2020年7月	广西壮族自治区商务厅	《中国（广西）自由贸易试验区落实跨境电商零售进口政策工作方案》
2020年7月	广西壮族自治区人民政府办公厅	《促进中国（广西）自由贸易试验区跨境贸易便利化若干政策措施》
2020年6月	广西壮族自治区人民政府办公厅	《深入推进"稳企贷"助力中小微企业发展若干措施》
2019年12月	中国（广西）自由贸易试验区建设指挥部政府职能转变工作部	《中国（广西）自由贸易试验区实施相对集中行政许可权改革的工作方案》
2019年12月	中国（广西）自由贸易试验区建设指挥部政府职能转变工作部	《中国（广西）自由贸易试验区"极简审批"改革实施方案》
2019年12月	中国（广西）自由贸易试验区建设指挥部政府职能转变工作部	《中国（广西）自由贸易试验区"一事通办"改革实施方案》
2019年12月	广西壮族自治区科学技术厅	《关于深化外国人来中国（广西）自由贸易试验区工作许可管理的若干措施（实行）》
2019年12月	广西壮族自治区科学技术厅	《关于在中国（广西）自由贸易试验区实施科技创新引才引智试点积分制度的通知》
2019年12月	国家税务总局广西壮族自治区税务局	《关于创新税收服务支持中国（广西）自由贸易试验区发展的意见》

续表

时间	出台部门	政策名称
2019年12月	中国人民银行南宁中心支行、广西地方金融监督管理局、中国银行保险监督管理委员会广西监管局、中国证券监督管理委员会广西监管局	《关于金融支持中国（广西）自由贸易试验区建设的若干政策措施》
2019年12月	广西壮族自治区人民政府	《促进中国（广西）自由贸易试验区高质量发展支持政策》
2019年11月	广西壮族自治区人民政府	《中国（广西）自由贸易试验区"证照分离"改革全覆盖试点实施方案》

二、南宁片区相关政策支持

作为广西自贸试验区的重要组成部分，南宁片区在推进支持政策方面比较积极，制定出台的政策也具有一系列特征：一是出台的部门相对比较集中，主要是由南宁片区管委会制定出台相关政策措施，南宁市人民政府及其办公室出台的文件主要是针对在南宁片区管委会职责范围内无法解决的问题；二是政策文件涉及的领域比较广，具体包括产业发展、外商投资、行政审批、人才认定等方面，而这些是南宁片区亟待破解的重大问题；三是针对上级部门配套制定出台落实文件，例如，南宁市人民政府和南宁片区管委会配套自治区的相关文件，分别出台了《南宁市以中国（广西）自由贸易试验区为引领加快构建面向东盟的跨境产业链供应链价值链的实施方案》《广西自贸试验区南宁片区关于〈促进中国（广西）自由贸易试验区高质量发展的支持政策〉实施指引（2023年版）》等。这充分体现了自治区层面政策在广西自贸试验区南宁片区的进一步落实（见表9-2）。

表9-2 南宁市层面出台支持广西自贸试验区南宁片区的政策清单

时间	出台部门	政策名称
2023年5月	中国（广西）自由贸易试验区南宁片区管理委员会	《广西自贸试验区南宁片区关于〈促进中国（广西）自由贸易试验区高质量发展的支持政策〉实施指引（2023年版）》

续表

时间	出台部门	政策名称
2023年2月	中国（广西）自由贸易试验区南宁片区管理委员会	《中国（广西）自由贸易试验区南宁片区外商投资股权投资企业试点办法》
2022年5月	中国（广西）自由贸易试验区南宁片区管理委员会	《中国（广西）自由贸易试验区南宁片区急需紧缺人才认定办法（试行）》
2022年4月	中国（广西）自由贸易试验区南宁片区管理委员会	《中国（广西）自由贸易试验区南宁片区支持外商投资若干措施（试行）》
2021年11月	南宁市人民政府办公室	《南宁市以中国（广西）自由贸易试验区为引领加快构建面向东盟的跨境产业链供应链价值链的实施方案》
2021年4月	中国（广西）自由贸易试验区南宁片区管理委员会	《中国（广西）自由贸易试验区南宁片区关于支持新兴制造业发展的若干措施（试行）》
2020年12月	中国（广西）自由贸易试验区南宁片区管理委员会	《中国（广西）自由贸易试验区南宁片区促进外商投资股权投资类企业发展暂行办法》
2020年11月	南宁市科学技术局	《中国（广西）自由贸易试验区南宁片区科技创新引才引智计点积分制度实施方案》
2020年10月	中国（广西）自由贸易试验区南宁片区管理委员会	《中国（广西）自由贸易试验区南宁片区重大项目审批代办服务实施办法（试行）》
2020年10月	中国（广西）自由贸易试验区南宁片区管理委员会	《中国（广西）自由贸易试验区南宁片区重大项目审批代办服务实施办法（试行）》
2020年8月	南宁市科学技术局	《中国（广西）自由贸易试验区南宁片区C类外国人员工作许可证2020年度限额管理工作方案》
2020年4月	中国（广西）自由贸易试验区南宁片区管理委员会	《中国（广西）自由贸易试验区南宁片区支持人才发展若干措施》
2019年10月	南宁市人民政府	《加快建设中国（广西）自由贸易试验区南宁片区支持政策》

三、钦州港片区相关政策支持

作为广西自贸试验区片区中唯一临海的片区，钦州港片区在支持政策文件方面进行了有益的探索，并形成了一定的特色。一是出台文件的部门主要是中国（广西）自由贸易试验区钦州港片区管理委员会，其他综合性政策文件则由钦州市层面予以出台；二是政策文件以办法（如暂行办法、管理办法等）形式为主，体现了管理规范化的特色；三是政策文件涉及领域比较集中，主要集中在行政审批和企业（项目）两大领域（见表9-3）。

表9-3 钦州市层面出台支持广西自贸试验区钦州港片区的政策清单

时间	出台部门	政策名称
2023年9月	中国（广西）自由贸易试验区钦州港片区管理委员会	《中国（广西）自由贸易试验区钦州港片区用地规划许可和工程规划许可"两规合一"改革实施办法》
2023年7月	中国（广西）自由贸易试验区钦州港片区管理委员会办公室	《中国（广西）自由贸易试验区钦州港片区进一步规范市场化招商引资管理工作暂行办法》
2023年7月	中国（广西）自由贸易试验区钦州港片区管理委员会	《中国（广西）自由贸易试验区钦州港片区外商投资股权投资类企业试点办法》
2023年4月	中国（广西）自由贸易试验区钦州港片区组织人社局	《中国（广西）自由贸易试验区钦州港片区促进就业创业若干措施》
2022年8月	中国（广西）自由贸易试验区钦州港片区行政审批局	《中国（广西）自由贸易试验区钦州港片区告知承诺制审批管理办法》
2022年3月	中国（广西）自由贸易试验区钦州港片区管理委员会	《高质量发展支持政策及钦州港片区补充政策实施细则（修订版）》
2021年8月	中国（广西）自由贸易试验区钦州港片区管理委员会	《中国（广西）自由贸易试验区钦州港片区企业全生命周期服务办法（试行）》
2021年7月	中国（广西）自由贸易试验区钦州港片区管理委员会	《中国（广西）自由贸易试验区钦州港片区工程建设项目极简审批办法》及8个配套文件
2020年12月	中国（广西）自由贸易试验区钦州港片区管理委员会	《中国（广西）自由贸易试验区钦州港片区深化鼓励外商投资若干支持措施》
2020年4月	钦州市人民政府	《中国（广西）自由贸易试验区钦州港片区建设实施方案》
2020年2月	钦州市人民政府	《促进中国（广西）自由贸易试验区钦州港片区高质量发展补充政策》
2019年12月	钦州市人民政府办公室	《中国（广西）自由贸易试验区钦州港片区联动招商暂行办法》

四、崇左片区相关政策支持

作为广西自贸试验区片区中唯一沿边的片区，崇左片区支持政策文件偏少，但也形成了一定的特色。一是政策文件出台的部门类型多样，既有地级市的崇左市（包括市委、市政府以及市委人才工作领导小组），又有县级市的凭祥市，还有作为管理主要职能部门的中国（广西）自由贸易试验区崇左片区管理委员会；二是支持政策主要涉及人才、外商投资、制度创新等领域，这也是崇左片区需要重点补齐的短板（见表9-4）。

表9-4　崇左市层面出台支持自贸试验区崇左片区的政策清单

时间	出台部门	政策名称
2023年4月	中国（广西）自由贸易试验区崇左片区建设指挥部办公室	《中国（广西）自由贸易试验区崇左出片区深化改革实施细案和2023年度工作计划》
2021年9月	中共崇左市委员会人才工作领导小组	《关于促进中国（广西）自由贸易试验区崇左片区人才集聚的若干措施》
2021年9月	中国（广西）自由贸易试验区崇左片区管理委员会	《中国（广西）自由贸易试验区崇左片区促进外商投资股权投资类企业发展暂行办法》
2021年8月	中国（广西）自由贸易试验区崇左片区管理委员会、凭祥市人民政府	《中国（广西）自由贸易试验区崇左片区支持和促进外商投资若干政策措施》
2020年11月	中共崇左市委员会、崇左市人民政府	《中国（广西）自由贸易试验区崇左片区联合推进制度创新及创新成果激励工作方案（试行）》
2020年9月	崇左市人民政府	《关于支持中国（崇左）跨境电子商务综合试验区建设的政策措施》
2020年4月	崇左市人民政府	《中国（广西）自由贸易试验区崇左片区建设实施方案》
2019年12月	凭祥市人民政府	《中国（广西）自由贸易试验区崇左片区发展支持政策》

第二节 广西自贸试验区政策支持存在的问题

一、政策体系尚未成型

一是"自治区—地级市—管委会"三级层面政策的衔接性不强,处于各自为策的局面,也导致自治区层面的政策在片区层面的落实力度不强。二是支持政策的系统化设计不够,大部分支持政策是为了解决短期内面临的问题,长期性政策需要予以加强。三是以制度创新为首要任务,广西自贸试验区及其片区在制度创新尤其是制度集成创新方面的支持政策比较少,这在一定程度上削弱了广西自贸试验区的内在价值。四是制定出台的政策涉及面广,类型五花八门,定向激励和扶持政策尚未体系化。

二、政策的针对性不强

一是针对广西自贸试验区的特色政策比较少。例如,广西自贸试验区崇左片区重点发展跨境贸易、跨境物流、跨境金融、跨境旅游和跨境劳务合作,但围绕这些领域的专项政策比较少,已出台的政策存在同质化、重复化的现象。二是部分急需政策未予出台。例如,上海、海南、浙江、广东等地对于 QFLP 资金的进入和汇出已经采用便利化措施,而广西自贸试验区外汇的进入、汇出还是按照外商直接投资程序,在政策层面还没有针对 QFLP 的支持措施。三是部分政策的效果不明显。例如,尽管各级政府出台了一些支持股权基金发展的政策,但是该政策对市场主体的吸引力不大,对基金的集聚发展作用不强。

三、政策落实不到位

一是有些政策落实非常困难。例如,广西壮族自治区人民政府印发的《中国(广西)自由贸易试验区建设实施方案》提出,积极推动在崇左片区内务工的越南籍人员可办理最长有效期为 180 天的停留证件，但该政策需要国家移民局、人社部支持，政策落实仍然存在较大困难。二是一些政策出现兑现不到位的情况。例如，企业执行电价未履行招商时承诺；享受政策不平衡，在自治区注册入驻南宁片区企业不能享受南宁市人才引进政策；延长港澳台、外国医生在华（广西自贸试验区内）执业注册有效期限，根据《外国医师来华短期行医暂行管理办法》（有效期 1 年）、《香港、澳门特别行政区医师在内地短期行医管理规定》（有效期 3 年）、《台湾地区医师在内地短期行医管理规定》（有效期 3 年）相关规定，均存在执业注册时间较短，需要反复注册的情况，不利于港澳台、外国医师在广西自贸试验区长期执业。三是一些政策国内宣传力度不够导致知晓度不高的问题。例如，有些民营企业反馈不知道广西自贸试验区的政策，或者不知道怎么申请政策支持。

四、政策协同性不强

一是广西自贸试验区与其他自贸试验区在建立政策协同机制方面还处于初期阶段。例如，粤桂琼自由贸易试验区（港）联盟在推动政策协同方面还处于探索阶段；西部陆海新通道沿线省份自贸试验区政策联动尚未落地。二是广西自贸试验区三大片区之间的政策协同没有纳入视野，尤其在审批互认、通关便利、信息共享、政务服务"同事同标"等方面，这与推进力度更大的国内其他自贸试验区相比，明显处于滞后状态。三是由于广西自贸试验区协同发展区框架已基本建立，但三大片区与周边区域的政策协同发展尚未实施，制度创新共享、空间布局合理、业务链条清晰的协同发展格局还未落地生效。

第三节 广西自贸试验区政策支持的重点方向和关键领域

一、现代产业发展支持政策

针对广西自贸试验区现代产业发展的重点领域和关键环节，推进产业政策体系建设,激发市场发展活力。一是金融支持政策。放宽跨境金融业务限制条件,鼓励人民币跨境业务办理,简化人民币结算业务流程。着力支持自贸试验区的点对点金融政策改革扩大到中马"两国双园",进一步支持开放型金融发展。二是QFLP发展支持政策。在现有股权基金支持政策的基础上,加快推出支持金融大厦基金集聚发展的专项政策,特别是针对QFLP在落地奖励及对基金有限合伙人(LP)的税收支持政策,支持QFLP按照余额管理模式自由汇出、汇入资金,争取开展合格境内有限合伙人(QDLP)试点。三是贸易支持政策。对标国际最高标准,实施海关特殊监管领域制定更高标准管理制度,开设进口药品和生物制品报关便利政策,推动建立数字化、自动化程度最优的海关特殊监管制度;加快中国—东盟博览会平台功能从服务"10+1"向服务RCEP扩展(具体见后面分析)。四是税收支持政策。在落实《财政部 生态环境部 商务部 海关总署 税务总局关于在有条件的自由贸易试验区和自由贸易港试点有关进口税收政策措施的公告》的基础上,积极争取重点领域、急需产品货物贸易零关税,服务贸易完全自由,降低资金流动限制,提高外汇兑换额度;联合其他自贸试验区,争取国家针对自贸试验区设立专门的鼓励类目录,对落户自贸试验区内的鼓励类企业进口的自用生产设备、科研用设备,实行关税和增值税减免政策;积极支持中国—马来西亚"两国双园"升级版建设,推进中国—马来西亚"两国双园"实施特殊税制安排(具体见后面分析)。五是跨境产业合作支持政策。结合中国与越南一致同意构建具有战略意义的中越命运共同体,积极争取推进中国凭祥—越南同登跨境经济合作区、中国(凭祥)边境互市贸易示范区建设(具体见后面分析)。

二、先行先试支持政策

先行先试支持政策是激发自贸试验区活力的关键,广西自贸试验区可在争取先行先试政策方面取得更大突破。一是试点产业准入政策。降低对投资方式、企业注册资本、外方持股比例等方面的限制,放宽基础设施建设方面国产化比例要求,在相关服务业领域允许外商独资经营模式。二是争取先行先试政策。推动在自贸试验区率先打造制度型开放标准体系,积极开展高水平开放压力测试，争取国家层面支持，推动《区域全面经济伙伴关系协定》（RCEP）①、《全面与进步跨太平洋伙伴关系协定》（CPTPP）②、《数字经济伙伴关系协定》（DEPA）③ 等国际先进规则率先在自贸试验区内开展试点，加快建立与国际高标准规则接轨的自贸试验区制度框架，形成与国际投资、贸易通行规则对接的监管模式④。积极向海关总署争取支持，推进广西自贸试验区海关监管制度集成创新和复制推广，并在广西自贸试验区先行先试 CPTPP 部分规则，优先对"基本接受条款"（如原产地规则、贸易救济等）和"难度较小条款"（如技术性贸易壁垒、环境规则等）进行对标探索⑤。争取生物医药、医疗器械等领域注册人制度试点，争取生物医药、医疗器械、高端装备等领域注册申请人或注册人委托当地具备相应生产条件、满足产品标准的企业从事生产活动，降低生产性服务业环节外商持股比例限制。三是依托广西自贸试验区南宁片区，积极争取支持建设面向东盟的大数据试验区，在数字产业化、产业数字化、数字化治理、数据价值化（包括数据资源化、数据资产化、数据资本化）等方面探索新模式。四是依托广西自贸试验区南宁片区，积极争取支持建设国家新一代人工智能创新发展试验区，大力推进人工智能创新试验和应用试点（具体见后面分析）。五是依托广西自贸试验区钦州港片区，积极

---

① RECP 的货物贸易领域主要包括市场准入、原产地规则、海关程序与贸易便利化、卫生与植物卫生措施、标准、技术法规和合格评定程序和贸易救济等内容，通过取消或降低关税和非关税壁垒，实现较高的货物贸易自由化、便利化水平；服务贸易领域主要包括具体开放承诺、自然人移动以及金融、电信等内容；投资领域主要包括市场准入、投资者待遇、业绩要求等内容，通常采用负面清单的开放模式，并引入棘轮条款锁定开放成果；规则议题主要包括知识产权、电子商务、竞争、政府采购、中小企业、经济技术合作等，从宽泛化、概念化、形式化向更具体、更具操作、更具约束性转变。

② CPTPP 主要内容分为两大部分：一是与自由化有关，包括关税、市场准入、贸易便利化等方面；二是更高标准的制度型开放，覆盖国有企业、竞争中性、劳工标准、环境保护等"边境后规则"。根据我国的接受程度，可将 CPTPP 条款分为三类，即基本接受条款（如原产地规则、贸易救济等）、难度较小条款（如技术性贸易壁垒、环境规则等）和难度较大条款（如国有企业、知识产权等）。

③ DEPA 由十六个主题模块构成，包括商业和贸易便利化、处理数字产品及相关问题、数据问题、更广阔的信任环境等，内容涵盖数字时代支持数字经济和贸易方面的内容。

④ 致公党北京市委员会. 加强北京自贸区建设［J］. 北京观察，2022（7）：50.

⑤ 《广西壮族自治区人民政府关于印发进一步深化中国（广西）自由贸易试验区改革开放方案的通知》明确提出：提升对接《全面与进步跨太平洋伙伴关系协定》（CPTPP）规则能力。探索投资准入、服务贸易、金融开放、数字经济、政府采购等重点领域制度创新，开展风险压力测试，探索将"竞争中性"纳入竞争政策体系，试点集成电路产业与东盟国家"三零"（零关税、零壁垒、零补贴）规则。

争取支持建设向海经济发展试验区,探索陆海统筹发展新模式(具体详见后面分析)。

三、协同创新支持政策

根据第七章关于协同竞争力的分析,广西自贸试验区的协同创新支持政策可以集中在诸多领域。一是以通道(如西部陆海新通道)、经济区(如泛北部湾经济区)、流域经济带(如珠江—西江经济带)等为依托,进一步建立自贸试验区合作联盟,推动跨区域自贸试验区之间制度协同创新和成果共享。二是广西壮族自治区层面制定出台《关于推进中国(广西)自由贸易试验区与协同发展区互动发展的指导意见》,协同发展区可享受自治区层面出台支持广西自贸试验区的所有政策红利,自治区层面赋予广西自贸试验区的改革自主权和先行先试权,协同发展区同等享受。三是广西自贸试验区探索形成的制度创新成果,优先在协同发展区予以复制推广。四是广西自贸试验区协同发展区建设发展急需的先行先试政策需求,以广西自贸试验区的名义向国家相关部委争取支持,并在自贸试验区三大片区和协同发展区一并实施。

四、制度集成创新支持政策

根据第六章关于制度竞争力的分析,广西自贸试验区制度集成创新支持政策可以集中在诸多领域。一是借鉴海南自由贸易港的典型做法,制定出台《广西自贸试验区制度集成创新行动方案(2025-2027年)》,在投资自由便利化、贸易自由便利化、跨境资金便利化、运输往来便利化、要素资源便利化、人员跨境流动便利化、数据安全有序流动等领域提出具体的制度创新措施,通过制定制度集成创新的指导性文件,完善制度集成创新的顶层设计。二是规则、规制、管理和标准对接是推进制度型开放的主要领域,围绕产业政策和补贴规则(产业政策的公平性以及补贴主体、补贴领域、补贴方式、补贴透明度等领域的调适)、跨境劳务规则、竞争中性规则、市场经济导向、数字贸易规则(数据跨境流动、数字跨境交易、数据跨境安全有序流动等)、外商投资、知识产权保护、电子商务、国有企业、政府采购、补贴政策等重点领域,强化制度性安排和设计,加快构建广西自贸试验区制度型开放体系,打造中国—东盟开放合作制度创新先行区、面向东盟跨境产业链规则标准试验区、我国对内对外制度开放有机衔接示范区。三是鼓励和支持广西自贸试验区三大片区立足自身功能定位和特色特点,持续深化首创性、差别化探索。其中,南宁片区着力推进现代金融、数字经济等领域的制度集成创新;钦州港片区着力推进国际通关、通道门户等领域的制度集成创新;崇左片区着力推进跨境金融、跨境劳务、跨境旅游等领域的制度集成创新。

第四节 积极争取国家层面赋予先行先试政策

深入分析广西自贸试验区制度创新面临的瓶颈,及时开展细化政策创新,对于无法通过广西自身力量达成的事项,积极向国家相关部委寻求支持。加强相关政策的研究,根据广西自贸试验区建设的需要,每年提出需要争取国家部委予以支持的政策清单,明确牵头部门和配合部门,积极与国家相关部委加强对接沟通,积极争取先行先试支持政策。

一、争取启动中越跨境经济合作区建设并进行制度型开放探索

跨境经济合作区是指在两国边境附近划定特定区域,赋予该区域特殊政策,并对区内部分地区进行跨境海关特殊监管的功能区域。目前,我国已与周边国家建立了一系列跨境经济合作区,其中包括中蒙跨境经济合作区(二连浩特—扎门乌德经济合作区)、中哈跨境经济合作区(霍尔果斯国际边境合作中心)、中俄跨境经济合作区(绥芬河—波格拉尼奇内跨境经济合作区)、中缅跨境经济合作区(瑞丽—木姐跨境经济合作区)等,部分跨境经济合作区正在建设中,部分还处于研究论证或规划阶段,而中越跨境经济合作区包括中国东兴—越南芒街跨境经济合作区、中国河口—越南老街跨境经济合作区、中国凭祥—越南同登跨境经济合作区、中国龙

邦—越南茶岭跨境经济合作区。在经济领域，越南先后与有关国家和地区签署以 RCEP、CPTPP、越南—欧盟 FTA 为代表的 16 个自贸区协定，对外开放合作的态势十分明显，而中越关系的深化为跨境经济合作区落地建设提供了新的契机。目前，中越跨境经济合作区还处于中越双方商洽、前期研究论证阶段，由于《中越跨境经济合作区建设共同总体方案》未获得中越两国的批复（越南对中越跨境经济合作区建设心存顾虑，越南部分政府部门对《总体方案》持不同的意见），顶层设计未正式确定①，导致合作区规划设计、口岸开放、政策制定、机制体制建设等工作全面停滞，制约了基础设施建设和投融资等的推进进程。

建议依托广西自贸试验区崇左片区，积极对接沟通国家发展改革委、商务部，争取协调推进并利用各种时机（如"一带一路"国际合作峰会论坛）与越南进行沟通，商洽签署《中越跨境经济合作区建设共同总体方案》或相关框架协议；争取国家层面给予对越经贸更为优惠便利的政策措施，使双方在经济合作过程中进一步增进认识、达成共识，为跨境经济合作区建设创造有利条件；广西壮族自治区按照突出重点、发挥示范的原则，先期启动中国东兴—越南芒街跨境经济合作区东兴园的开发建设（建议选址中越北仑河二桥周边东兴市域范围），加大资金、政策、先行先试等方面的支持力度，促进中方园区尽快成型，打造跨境经济合作区样板，使越方看到真实的成果和收益，从而主动参与中越跨境经济合作区的规划建设。

二、争取支持建设面向东盟的大数据综合试验区

近年来，我国积极试点探索大数据与传统产业、区域经济的融合发展，先后批复了贵州、京津冀、珠江三角洲、上海、河南、重庆、沈阳、内蒙古等 8 个国家级大数据综合试验区，通过促进数据要素与其他生产要素的整合利用，构建高质量、多层次的供给体系，有力推动了供给侧结构性改革。例如，首个获批的国家级大数据综合试验区——国家大数据（贵州）综合试验区，围绕数据资源管理与共享开放、数据中心整合、数据资源应

---

① 刘曙华，张鹏飞，周青，等．"一带一路"背景下中越跨境经济合作区支持政策研究［J］．广西社会科学，2021（9）：71–79．

用、数据要素流通、大数据产业集聚、大数据国际合作、大数据制度创新等7大主要任务，全面开展系统性试验，形成了一批可借鉴、可复制、可推广的实践经验①。2019年10月，第六届世界互联网大会举行国家数字经济创新发展试验区，四川、河北（雄安新区）、浙江、福建、广东、重庆被确定为国家数字经济创新发展试验区。鉴于中国—东盟信息港已上升为国家战略平台，与东盟国家和地区在信息基础设施互通、信息资源共享、信息产业投资等领域的合作不断加强，设立中国—东盟国际大数据先行示范区，对于加快中国—东盟信息港建设、加强与东盟国家的信息交流、构建面向东盟的"信息丝绸之路"等，具有十分重要的意义。

建议积极争取国家层面支持设立国家大数据综合配套改革试验区——国家大数据（南宁）综合试验区，围绕数据资源管理与共享开放、数据中心整合、数据资源应用、数据要素流通、大数据产业集聚、大数据国际合作、大数据制度创新等主要任务，加快探索大数据与广西产业、区域经济的融合发展模式；争取开展国家级大数据交易试点，推进多层次、多领域信息资源共享机制和交换体系建设，推动大数据在跨国业务合作、区域应急管理及网络安全犯罪治理等领域的深度应用，形成区域性数据资源要素汇聚和大数据应用服务与交易枢纽；对标DEPA，探索数据跨境流动的高效管理方式，推动数据跨境流动的规制，推进形成跨境数据交易的管理模式。依托广西自贸试验区南宁片区，争取设立中国—东盟国际大数据先行示范区（东盟信息港离岸数据中心），构建以离岸数据中心为核心，以离岸金融后台、互联网文化、跨境电商、远程医疗、北斗导航、通信服务为重要领域，实现业务创新、监管创新、运营模式创新的先行先试政策试验区。注重以离岸数据中心产业链带动现代服务业等战略性新兴产业的提升和发展，为推进国际数据处理和应用积累经验，通过不断总结可借鉴、可复制、可推广的实践经验，最终形成广西自贸试验区的辐射带动和示范引领效应②。

---

① 吴桂华，周晓军. 奋力建成大数据综合创新试验区［J］. 贵阳市委党校学报，2016（2）：13–17.
② 段尧清，何俊雨，尚婷. 政府开放数据赋能与价值提升路径研究［J］. 知识管理论坛，2020（4）：246–255.

三、争取支持建设国家新一代人工智能创新发展试验区

根据《国家新一代人工智能创新发展试验区建设工作指引》，计划到 2023 年布局建设 20 个左右试验区。截至 2023 年底，全国 18 个城市获批建设国家新一代人工智能创新发展试验区（北京市、上海市、天津市、深圳市、杭州市、合肥市、德清市、重庆市、成都市、西安市、济南市、广州市、武汉市、苏州市、长沙市、郑州市、沈阳市、哈尔滨市先后入选）。由于国家层面在体制机制、政策法规等方面支持新一代人工智能创新发展试验区进行先行先试，试验区在促进人工智能与经济社会发展深度融合方面发挥着重要作用，将成为推动地区经济高质量发展的主要动力。当前，东盟国家日益增长的人工智能需求为广西提供人工智能的辐射契机，与东盟国家相比，除新加坡外，广西的人工智能技术和产业均具有相对优势。

建议积极抢抓机遇，积极汲取其他城市申报国家新一代人工智能创新发展试验区的经验，选择人工智能产业基础较好、发展潜力较大且国家高新技术产业开发区所在城市为申报对象，组织开展人工智能创新试验和应用试点①。一方面，依托广西自贸试验区南宁片区，争取设立国家新一代人工智能创新发展试验区，开展面向东盟的人工智能技术示范、政策试验和社会实验，推动具有东盟特色和广西特色的人工智能相关产业落地，相关产品和服务向东盟国家推广应用，推动人工智能创新发展方面先行先试，创新体制机制，深化政产学研结合，构建独具特色的面向东盟人工智能生态圈。另一方面，积极争取中央的支持，加快推进中国—东盟技术转移中心等合作平台建设，通过人工智能技术加快中国—东盟产业链供应链合作，加快构建中国—东盟命运共同体。

四、积极争取面向东盟的数字人民币试点政策

习近平总书记指出："积极参与数字货币、数字税等国际规则制定，塑

---

① 黄轲，廖欣，刘曙华，等. 新一代人工智能与广西实体经济融合发展：发展路径、重点领域与政策保障 [J]. 改革与战略，2021（2）：100-108.

造新的竞争优势"①。为了保障金融体系总体安全，我国积极推进货币制度改革，尤其2020年启动了数字人民币试点，我国四批次批复部分地区开展数字人民币试点。2020年4月，中国人民银行公布了首批数字人民币试点城市，包括深圳、成都、苏州和雄安新区。2020年10月，第二批批复增加上海、海南、长沙、西安、青岛、大连六个试点地区和2022北京冬奥会场景。2022年4月，第三批新增天津市、重庆市、广东省广州市、福建省福州市和厦门市、浙江省承办亚运会的6个城市（杭州、宁波、温州、湖州、绍兴、金华）作为试点地区，北京市和河北省张家口市在2022北京冬奥会、冬残奥会场景试点结束后转为试点地区。2022年12月，第四批数字人民币试点将第一批试点的深圳、苏州、雄安、成都扩展至广东、江苏、河北、四川全省，并增加山东济南、广西南宁和防城港、云南昆明和西双版纳傣族自治州作为试点地区。法定数字货币的发行不仅是货币形态的巨大变化，而且深刻影响我国货币政策的有效性，对区域经济社会发展将产生巨大的促进作用。由此，我国形成了覆盖"5省+4直辖市+17城"的试点格局，各地区积极推进数字人民币试点，形成了一批可供借鉴的经验和做法。2023年8月，五象新区（自贸试验区南宁片区）管委会出台《中国（广西）自由贸易试验区南宁片区数字人民币试点工作方案》，提出片区重点推动和探索"中国（广西）自由贸易试验区南宁片区"和"中国—东盟合作"两大区域特色场景以及争取"智慧政务""智慧食堂"等通用类场景落地②。

积极争取面向东盟的数字人民币试点，打造面向东盟的数字人民币应用先行示范区，进一步助力广西建设面向东盟的金融开放门户，为人民币国际化提供新动力。加快数字人民币的试点推广，着力提高金融运行效率、降低金融交易成本。进一步优化跨境数字人民币政策，支持跨境电商等贸易新业态开展跨境数字人民币结算业务。充分利用南宁获批数字人民币试

---

① 习近平. 国家中长期经济社会发展战略若干重大问题［N］. 人民日报，2020-11-01.
② 目前，南宁片区已成功落地多项全国领先的试点场景，例如，在国家和总行的统一部署下，中国银行广西自贸区南宁片区支行参与了中国、中国香港、泰国、阿联酋4国（地区）央行共同实施的多边央行数字桥项目的业务实测，实现了数字人民币跨境使用领域的突破；结合绿色金融创新和数字人民币试点工作，邮储银行广西分行发放了全国首笔"碳减排支持工具+可持续发展挂钩+数字人民币"贷款。

点城市，积极推进在中国—东盟金融城开展数字人民币试点、中国—东盟数字人民币跨境支付结算试点。积极探索拓展我国法定数字货币的应用场景和跨境贸易数字货币使用场景，助力我国法定数字货币适用中国—东盟经贸合作领域支付、交易、结算、流通等场景。推动在广西自贸试验区南宁片区设立数字货币研究院，探索成立中国—东盟数字货币联盟，积极探索法定数字货币的创新应用，加强对技术路线、监管模式、运营体系的研究。依托中国—东盟金融城等，规划建设数字人民币展示体验中心，以影像、图文、实物等形式，展现数字人民币的重点推广领域、硬钱包产品展示，尤其是数字人民币在商圈零售、智慧食堂、绿色出行、智慧园区、智慧医疗、民生缴费、智慧政务、互联网平台、金融机构同业合作等试点场景，积极展示广西数字人民币特色类场景应用试点成效。将数字人民币展示体验中心打造成为数字人民币试点宣传的主阵地，并作为中国—东盟博览会、中国—东盟信息港论坛、面向东盟的"数字丝绸之路"峰会、中国—东盟信息港智慧城市论坛等参会者（尤其是参会外宾）的主要参观点，向东盟乃至"一带一路"共建国家和地区展示数字人民币强大的应用成效。

五、争取支持设立中国（凭祥）边境互市贸易示范区

近年来，广西在沿边开放采取了一系列政策措施，取得了一定成效。沿边开发开放平台逐步完善，东兴、凭祥重点开发开放试验区建设加快推进，边境经济合作区发展良好，跨境经济合作区建设有序开展。沿边地区自身以及对越南的交通基础设施日臻完善，开放合作的腹地正在有效扩大。沿边口岸建设卓有成效，广西边境地区的7个国家一类口岸（凭祥、友谊关、东兴、水口、龙邦、平孟、爱店）、5个二类口岸（峒中、硕龙、岳圩、科甲、平而关）、26个边民互市贸易点建设有序推进，为沿边口岸经济的发展创造了条件。通过口岸经济的发展，带动沿边地区的生产、投资、贸易发展和基础设施建设，进而促进沿边地区经济崛起，成为口岸经济地域辐射效应的具体表现[①]。随着口岸经济成为推动国内国际双循环的重要

---

① 穆沙江·努热吉．我国沿边口岸经济地域辐射效应的空间分异研究［J］．学术论坛，2021（3）：124–132．

基点，其重要性和所承担的功能与日俱增。广西边民互市贸易蓬勃发展，但由于互市贸易缺乏龙头企业支撑，互市贸易产品没有在当地落地加工，生产加工业发展相对滞后，加工贸易产业集群有待培育，这些直接导致口岸产业辐射半径小，产业发展出现结构性失衡。此外，沿边口岸之间各自为政，地方利益、部门利益的藩篱，导致恶性竞争时有发生，口岸之间合作的深度和广度有待加强。广西自贸试验区是我国首批在沿边布局的自贸试验区，在探索沿边开放中承担着重要使命。在此定位下，广西自贸试验区崇左片区在未来的发展中必须在跨境贸易、跨境劳务、跨境物流、跨境金融、跨境旅游、跨境产能合作等方面先行先试，建设沿边开放新高地和跨境产业合作示范区，做足"边"的文章，为全国沿边开放发展探索经验。

建议依托广西自贸试验区崇左片区，积极向国家争取设立中国（凭祥）边境互市贸易示范区，积极探索既符合国际规则又适合边境特点的先行先试政策，探索沿边地区货物自由、贸易自由、投资自由的新模式。一是依托区域全面经济伙伴关系（RCEP）和新时代西部大开发，联合西部相关省区市，规划建设沿边经济带，促进技术、资本、人员、商品、物流和数字贸易等生产和市场要素跨国、跨区域便捷流动，吸引资金、技术、设备和劳动力等要素集聚，打造依托沿边口岸的西部大通道。二是加强与周边国家边民互市政策沟通，在管理模式、运转形式、筹措资金方面大胆创新，积极争取国家层面政策支持打破边民互市交易商品仅限于毗邻两国的限制，争取国家支持扩大市场采购贸易方式试点范围和边境贸易政策，做大做强沿边口岸互市贸易。三是实施边民互市贸易落地加工商品进口环节"集中式"申报和"直通式"通关模式，推广"附条件提离""先放后检、定点加工""实验室优先检测"等便利化监管措施。四是突破沿边陆路边境互市贸易的限制，积极争取国家层面支持在中马钦州产业园建立海上边贸互市区，积极开展海运互市贸易试点，探索优化海运互市商品退运流程，大力推进面向东盟乃至全球的海上互市贸易，全面提升海上互市贸易的层次和规模。

六、争取支持中国—东盟博览会平台功能从服务"10+1"向服务 RCEP 扩展

2017 年，习近平总书记视察广西时指出，中国—东盟博览会已成为广

西靓丽的名片，要创新区域合作机制，形成各有侧重、主题鲜明、特色突出的高层对话平台以及专业合作平台，畅通"南宁渠道"。2019 年 4 月，第二届"一带一路"国际合作高峰论坛上发布的《共建"一带一路"倡议：进展、贡献与展望》，肯定了中国—东盟博览会对推动"一带一路"建设发挥的作用。2023 年 10 月公布的《共建"一带一路"：构建人类命运共同体的重大实践》白皮书提出，中国—东盟博览会等有力促进了共建国家之间的经贸投资合作①。截至 2023 年底，广西已经成功举办 20 届中国—东盟博览会、商务与投资峰会，无论在展会执行、会展人才还是其他会展资源方面都有了丰富的积累，专业化日益提升，市场化的条件日益成熟。2020 年 2 月，广西壮族自治区人民政府发布了《中国（广西）自由贸易试验区建设实施方案》，明确要从延伸中国—东盟博览会服务区域，实现会展业集群发展，打造"永不落幕"的东博会等各个方面，推动东博会升级发展，助力广西自贸试验区打造成为面向东盟的国际投资贸易先导区②。2023 年 6 月，商务部印发《自贸试验区重点工作清单（2023—2025 年）》明确提出，促进中国—东盟博览会升级发展。会展平台是集专业性、行业性、综合性于一身，人、物、技术、信息等诸多要素聚集的特殊载体。为更好服务广西会展业发展，中国—东盟博览会秘书处履行出资人职责成立广西国际博览集团有限公司（简称博览集团），推动东博会升级发展，夯实提升中国—东盟开放平台，并带动广西会展业和现代服务业发展。推动中国—东盟博览会升级发展，扩大特邀合作伙伴邀请范围，支持中国—东盟博览会服务区域从中国—东盟"10 + 1"向"一带一路"国家延伸，成为适应新时代发展要求的必然选择。建议向国家争取推进中国—东盟博览会升级版建设，推动平台由服务"10 + 1"向服务 RCEP 扩展，并打造国家主场外交和"一带一路"议事合作平台。探索"展会 + 跨境电商 + 保税仓"展览、贸易模式。在国际会展检验检疫监管模式下，支持中国—东盟博览会扩大原产于东盟国家农产品的展示。适时将中国—东盟博览会升级

---

① 中华人民共和国国务院新闻办公室. 共建"一带一路"：构建人类命运共同体的重大实践 [R/OL]. https://news.cctv.com/2023/10/10/ARTIbOyCQyHCXwZn9vzBMPG6231010.shtml，2023 - 10 - 10.

② 广西壮族自治区人民政府关于印发中国（广西）自由贸易试验区建设实施方案的通知 [R]. 广西壮族自治区人民政府公报，2020 - 02 - 29.

扩展为中国—东盟博览会暨 RCEP 博览会。利用中国—东盟博览会发布 RCEP 相关政策，召开部长级会议、高官会议、工作组会议或相关会议论坛，举办面向企业的政策说明会和培训会，签署重大合作项目。

七、争取支持中国—马来西亚"两国双园"升级版建设

2012 年，国务院批准设立中国—马来西亚产业园区，成为继中新合作的苏州工业园、天津生态知识城后中国第三个中外两国政府合作的园区，并与在马来西亚彭亨州的马中关丹产业园开创了"两国双园"国际经贸合作新模式。2014 年 7 月，《国务院办公厅关于支持中国—马来西亚钦州产业园区开发建设的复函》（国办函〔2014〕67 号）明确支持中马钦州产业园区打造中国—东盟自贸区升级版，在实现投资便利化、贸易便利化、金融国际化等方面先行先试。2023 年 6 月，商务部印发《自贸试验区重点工作清单（2023—2025 年）》明确提出，推动中马"两国双园"升级发展，推动中马"两国双园"联合合作理事会机制常态化运转。建议依托广西自贸试验区钦州港片区，积极向国家争取支持中马"两国双园"实施"两国一检"和"进口国单边验收"等通关便利化措施，支持中马钦州产业园区与马中关丹产业园事项对等税收政策。允许在广西自贸试验区钦州港片区实施中国—马来西亚"两国双园"特殊税制安排。深入推进中马钦州产业园区金融创新试点，拓展跨境人民币同业融资、跨境人民币双向流动便利化、简化境外机构人民币银行结算账户离岸划转办理流程、人民币信贷资产转让等金融创新[①]。

八、争取支持建立向海经济发展试验区

根据《2023 年中国海洋经济统计公报》《2023 年广西海洋经济统计公报》，2023 年广西海洋生产总值 2568.4 亿元，对广西经济增长的贡献率为

---

① 广西壮族自治区人民政府关于印发广西加快对接 RCEP 经贸新规则若干措施的通知［R］．广西壮族自治区人民政府公报，2022 - 01 - 30．

24.2%，占全国海洋生产总值的比重仅为 2.59%，两项占比都非常低①②。2017 年 4 月，习近平总书记视察广西时强调"要建设好北部湾港口，打造好向海经济，写好新世纪海上丝路新篇章"；2021 年 4 月，习近平总书记再次视察广西时进一步强调要"大力发展向海经济"。2023 年 12 月，习近平总书记在广西考察时提出"解放思想、创新求变、向海图强、开放发展"重要要求。2021 年 12 月印发的《广西向海经济发展战略规划（2021—2035 年）》明确提出，努力将广西打造成为我国发展"向海经济"的主力军和先行示范区，把广西建设成为具有重要区域影响力的海洋强区。全面贯彻习近平总书记关于建设海洋强国的重要论述以及视察广西时关于向海图强的重大方略，积极谋划向海经济发展。向海经济是陆海统筹、高效联通的经济发展模式，也是符合广西发展需求的发展新模式。建议依托广西自贸试验区钦州港片区，积极争取国家层面批复设立向海经济综合试验区，围绕陆海统筹先行先试，探索多层次、大空间、海陆资源综合利用的新发展模式。争取国家支持以钦州港作为离境港、以西部陆海新通道沿线相关物流枢纽作为启运港，实施启运港退税政策试点。

九、争取广西自贸试验区扩区升级

进一步强化广西自贸试验区三大片区向外形成多点辐射，适时争取广西自贸试验区升级扩区，打造自贸试验区与协同发展区有层次的梯度开放，具体可以采取两套升级版方案。一是充分利用西部陆海新通道、面向东盟的金融开放门户、防城港国际医学开放试验区等国家战略平台，在条件合适时积极向国务院申请广西自贸试验区新增片区（或扩区），形成广西自贸试验区升级版 1.0。按照将协同发展区升级为自贸试验区片区的思路，着力推进北海协同发展区内的铁山港（临海）工业区以及北海综合保税区、防城港协同发展区内的东兴口岸二桥片区、东兴边民互市贸易区片区

---

① 刘诗瑶. 2023 年海洋生产总值增长 6.0% 我国海洋经济量质齐升［N］. 人民日报，2024 – 03 – 22.

② 袁琳，杨晓佼. 2023 年广西海洋生产总值同比增长 9.3% 海洋经济对广西经济增长贡献率为 24.2%［N］. 广西日报，2024 – 03 – 28.

以及防城港综合保税区分别作为广西自贸试验区北海片区、防城港片区的范围，与钦州港片区一起组成北部湾片区，实现自贸试验区扩区与协同发展区升级的联动发展。二是全面加强广西自贸试验区（尤其是钦州港片区）与海南自由贸易港的对接，积极借鉴其做法和经验，复制推广其改革创新和先行先试的做法，争取试行自由贸易港某些支持政策措施。三是积极探索保税货物抵港（钦州港）后直提入区查验检验试点，争取钦州综合保税区试行进出境货物"一线径予放行、二线单侧申报、区内不设海关账册"。四是深入推进广西自贸试验区钦州港片区的制度创新和建设发展，在广西自贸试验区建设模式上大胆开展差异化探索，积极创造条件并适时向国家申请升级为钦州自由贸易港区，形成广西自贸试验区升级版2.0。

第五节 本章小结

政策竞争力是自贸试验区建设的基础条件。从自贸试验区提出之始，就被反复说明不是优惠政策"洼地"，但先行先试政策是自贸试验区提升战略实施必不可少的环节。广西自贸试验区三大片区获得了自治区、地级市、片区管委会等各个层面的政策支持，这些政策既包括先行先试政策，也包括具有一定倾向性的优惠政策，部分政策虽然有悖于自贸试验区设立的初衷，但对于广西自贸试验区而言是必不可少的。广西自贸试验区存在政策体系尚未成型、政策的针对性不强、政策落实不到位、政策协同性不强等问题，需要将现代产业发展、先行先试、协同创新、制度集成创新等方面作为政策创新的重点方向和突破口，并积极向国家层面争取一系列先行先试支持政策，将广西自贸试验区的潜力充分释放，加快打造国内国际双循环市场经营便利核心区。

附录：

中国（广西）自由贸易试验区总体方案

建立中国（广西）自由贸易试验区（以下简称自贸试验区）是党中央、国务院作出的重大决策，是新时代推进改革开放的战略举措。为高标准高质量建设自贸试验区，制定本方案。

一、总体要求

（一）指导思想。以习近平新时代中国特色社会主义思想为指导，全面贯彻党的十九大和十九届二中、三中全会精神，统筹推进"五位一体"总体布局和协调推进"四个全面"战略布局，坚持稳中求进工作总基调，坚持新发展理念，坚持高质量发展，以供给侧结构性改革为主线，主动服务和融入国家重大战略，更好服务对外开放总体战略布局，解放思想、大胆创新，把自贸试验区建设成为新时代改革开放的新高地。

（二）战略定位及发展目标。以制度创新为核心，以可复制可推广为基本要求，全面落实中央关于打造西南中南地区开放发展新的战略支点的要求，发挥广西与东盟国家陆海相邻的独特优势，着力建设西南中南西北出海口、面向东盟的国际陆海贸易新通道，形成21世纪海上丝绸之路和丝绸之路经济带有机衔接的重要门户。经过三至五年改革探索，对标国际先进规则，形成更多有国际竞争力的制度创新成果，推动经济发展质量变革、效率变革、动力变革，努力建成贸易投资便利、金融服务完善、监管安全高效、辐射带动作用突出、引领中国—东盟开放合作的高标准高质量自由贸易园区。

二、区位布局

（一）实施范围。自贸试验区的实施范围119.99平方公里，涵盖三个片区：南宁片区46.8平方公里（含南宁综合保税区2.37平方公里），钦州港片区 58.19 平方公里（含钦州保税港区 8.81 平方公里），崇左片区 15 平方公里（含凭祥综合保税区 1.01 平方公里）。

自贸试验区土地开发利用须遵守土地利用、生态环境保护、城乡规划法律法规，符合土地利用总体规划和城乡规划，并符合节约集约用地的有关要求；涉及海洋的，须符合《中华人民共和国海域使用管理法》《中华人民共和国海岛保护法》《中华人民共和国海洋环境保护法》等法律法规有关规定。

（二）功能划分。南宁片区重点发展现代金融、智慧物流、数字经济、文化传媒等现代服务业，大力发展新兴制造产业，打造面向东盟的金融开放门户核心区和国际陆海贸易新通道重要节点；钦州港片区重点发展港航物流、国际贸易、绿色化工、新能源汽车关键零部件、电子信息、生物医药等产业，打造国际陆海贸易新通道门户港和向海经济集聚区；崇左片区重点发展跨境贸易、跨境物流、跨境金融、跨境旅游和跨境劳务合作，打造跨境产业合作示范区，构建国际陆海贸易新通道陆路门户。

三、主要任务和措施

（一）加快转变政府职能。

1. 打造国际一流营商环境。推进"证照分离"改革全覆盖。深化"一事通办"改革。对标国际标准，在开办企业、办理建筑许可、登记财产等方面加大改革力度。推进重要工业产品生产许可制度改革。探索建立普通注销登记制度和简易注销登记制度相互配套的市场主体退出制度。强化竞争政策的基础性地位。配合做好外商投资安全审查工作。

2. 深入推进行政管理职能与流程优化。调整完善省级管理权限下放内容和方式。推行"极简审批"改革。实施相对集中行政许可权改革试点。优化经营范围登记改革试点。探索实施投资项目先建后验管理新模式。全面开展工程建设项目审批制度改革，实现"一口受理""两验终验"，推行"函证结合""容缺后补"等改革。全面推行"互联网+政务服务"模式，涉企政务服务事项实现"应上尽上、全程在线"。继续探索创新公共部门绩效管理模式。建立企业信用修复制度。

（二）深化投资领域改革。

3. 深入推进投资自由化便利化。全面落实外商投资准入前国民待遇加负面清单管理制度,加强事中事后监管,推动准入前和准入后管理措施的有效衔接。简化外商投资企业设立程序,全面实行外商投资企业商务备案与工厂登记"一口办理"。探索建立外商投资信息报告制度。支持外商独资设立经营性教育培训和职业技能培训机构。统一内外资人才中介机构投资者资质要求,由自贸试验区管理机构负责审批,报自治区人力资源社会保障部门备案。支持外商投资设立航空运输销售代理企业。支持将无船承运、外资经营国际船舶管理业务备案下放给广西。深化国际文化创意和体育赛事合作,依托现有交易场所开展演艺及文化创意知识产权交易。

4. 完善投资促进和保护机制。建立健全外商投资服务体系,完善外商投资促进、项目跟踪服务和投诉工作机制。鼓励自贸试验区在法定权限内制定外商投资促进政策。推动准入前和准入后管理措施的有效衔接,实施公平竞争审查制度。

5. 提高境外投资合作水平。完善企业"走出去"综合服务和风险防控体系。鼓励企业"走出去"在周边国家开展农业合作。鼓励金融机构提高对境外资产或权益的处置能力,支持"走出去"企业以境外资产和股权、采矿权等权益为抵押获得贷款。

(三)推动贸易转型升级。

6. 提升贸易便利化水平。加快建设国际贸易"单一窗口",依托"单一窗口"标准版,探索与东盟国家"单一窗口"互联互通。加快建设国际贸易"单一窗口",加强与新加坡对接国际版的"单一窗口"。试行"两步申报"通关监管新模式。探索对自贸试验区海关特殊监管区域内企业取消工单核销和单耗管理。依照自由贸易协定安排,推动实施原产地自主声明制度和原产地预裁定制度。优化生物医药全球协同研发的试验用特殊物品的检疫查验流程。优先审理自贸试验区相关口岸开放项目。支持依法依规建设首次进口药品和生物制品口岸。研究开展贸易调整援助试点。

7. 培育贸易新业态新模式。逐步实现自贸试验区内综合保税区依法依规全面适用跨境电商零售进口政策。支持在自贸试验区的海关特殊监管区域开展现货交易、保税交割、融资租赁业务。开展平行进口汽车试点。支持发展国际贸易、现代金融等总部经济。在综合保税区内开展高技术、高附加值、符合环保要求的保税检测和全球维修业务,试点通信设备等进口再制造。促进文物及文化艺术品在自贸试验区内综合保税区存储、展示等。

（四）深化金融领域开放创新。

8. 打造面向东盟的金融开放门户。深化以人民币面向东盟跨区域使用为重点的金融改革。推动人民币与东盟国家货币通过银行间市场区域挂牌交易。支持在自贸试验区依法发起设立民营银行等金融机构。培育融资租赁主体。

9. 促进跨境投融资便利化。支持自贸试验区内银行按规定发放境外人民币贷款。支持金融机构和企业赴境外发行人民币债券并回流使用。在宏观审慎管理框架下，探索自贸试验区内金融股权交易平台向境外银行开展不良资产转让业务。放宽跨国公司外汇资金集中运营管理准入条件。拓宽企业资本项下外币资金结汇用途。支持企业境外母公司按照有关规定在境内发行人民币债券。支持符合条件的跨境电子商务企业在宏观审慎管理框架下开展人民币境外借款业务。鼓励跨境电子商务活动中使用人民币计价结算。加强对重大风险的识别和系统性金融风险的防范。强化反洗钱、反恐怖融资、反逃税工作。

（五）推动创新驱动发展。

10. 强化科技创新支撑引领。优化新兴行业经营范围登记工作。探索进口研发样品、设备等进出自贸试验区海关特殊监管区域的便利监管措施。支持为创新创业企业提供股权和债权相结合的融资方式。支持与东盟国家共建联合实验室、创新平台、科技园区。支持建立面向东盟的国际科技合作组织。充分发挥中国—东盟技术转移中心作用。探索建立知识产权快速维权机制。完善知识产权交易体系与交易机制。完善知识产权评估机制、质押融资风险分担机制和方便快捷的质物处置机制。

11. 推进人力资源领域改革。深入实施外国人来华工作许可制度。开辟外籍及港澳台人才绿色通道。开展外国高端人才服务"一卡通"试点。为在自贸试验区工作和创业的外籍及港澳台人才提供入出境、居留和永久居留便利。探索建立科技创新引才引智计点积分制度。为来自贸试验区开展商务、旅游等活动的外国人提供入出境便利。

（六）构建面向东盟的国际陆海贸易新通道。

12. 畅通国际大通道。支持广西与中西部省（自治区、直辖市）及国际陆海贸易新通道沿线国家和地区建立完善合作机制，实现物流资源整合和高效匹配。支持开通和加密北部湾港国际海运航线。支持北部湾港开行至中西部地区的海铁联运班列，与中欧班列无缝衔接。加快构建经西部地区联通"一带一路"的大能力铁路货运通道。加密中国—中南半岛跨境货运班列、国际道路运输线路。强化南宁空港、南宁国际铁路港的服务支撑能力。支持建设南宁临空经济示范区。支持更多航空公司设立运行基地和分（子）公司。支持加密南宁至东南亚、南亚的客货运航空航线。

13. 创新多式联运服务。建设以海铁联运为主干的多式联运体系，支持开展多式联运"一单制"改革。探索建立国际陆海贸易新通道班列全程定价机制。探索在东盟国家主要港口设立铁路集装箱还箱点。加快推进跨境运输便利化，推进实施中欧安全智能贸易航线试点计划。探索"跨境电子商务＋国际联运"新模式。

14. 打造对东盟合作先行先试示范区。依托现有交易场所依法依规开展面向东盟的大宗特色商品交易。支持在中国—马来西亚"两国双园"间形成更加高效便利的国际产业链合作关系。推动中国—马来西亚全球电子商务平台落户自贸试验区。加强与东盟国家在通关、认证认可、标准计量等方面合作，大力推进"经认证的经营者（AEO）"互认合作。支持发展面向东盟的临港石化产业，延伸产业链，提升产业精细化水平。支持在自贸试验区内发展新能源汽车产业，加强与东盟国家在汽车产业的国际合作，符合条件的新能源汽车投资项目按照《汽车产业投资管理规定》办理。支持发展以东盟国家中草药为原料的医药产业。支持自贸试验区内医疗机构与东盟国家依法同步开展重大疾病新药临床试验。自贸试验区内医疗机构可根据自身的技术能力，按照有关规定开展干细胞临床前沿医疗技术研究项目。加快推进中国—东盟信息港建设。与东盟国家加强北斗导航、大数据、人工智能等产业合作。支持中国—东盟博览会服务区域从中国—东盟向"一带一路"共建国家延伸。在国际会展检验检疫监管模式下，支持博览会扩大原产于东盟国家农产品的展示。支持中西部地区在自贸试验区设立面向东盟的开放型园区。

（七）形成"一带一路"有机衔接的重要门户。

15. 打造西部陆海联通门户港。加快建设服务西南中南西北的国际陆海联运基地。深化泛北部湾次区域合作，加快推进中国—东盟港口城市网络建设。支持钦州港提升集装箱干线运输水平。支持北部湾港重大港航及公共项目用海用地。支持设立航运、物流区域总部或运营中心，开展国际中转、中转集拼、航运交易等服务。探索依托现有交易场所依法依规开展船舶等航运要素交易。支持开展北部湾港至粤港澳大湾区的内外贸集装箱同船运输。探索建立更加开放的国际船舶登记制度。

16. 建设中国—中南半岛陆路门户。深度参与澜沧江—湄公河次区域合作，加快推进中国—中南半岛经济走廊建设。推动经友谊关口岸的中越直通车范围延伸至西部重要节点城市。创新边境口岸出入境车辆电讯检疫监管制度。加快推进跨境运输车辆牌证互认。鼓励发展中国—东盟跨境汽车自驾游。积极推动车辆、人员自助通关。支持边境小额贸易创新发展和转型升级。探索边境贸易管理更加便利化，推进企业信用管理。充分发挥中国—东盟边境贸易凭祥检验检疫试验区作用。探索开展跨境动物疫病区域化管理工作。开展跨境劳务谈判，规范边境地区外籍劳务人员试点工作。

四、保障机制

坚持和加强党对改革开放的领导，把党的领导贯穿于自贸试验区建设的全过程。强化底线思维和风险意识，完善风险防控和处置机制，实现区域稳定安全高效运行，切实维护国家安全和社会安全。在国务院自由贸易试验区工作部际联席会议统筹协调下，充分发挥地方和部门积极性，抓好各项改革试点任务落实，高标准高质量建设自贸试验区。广西壮族自治区要完善工作机制，构建精简高效、权责明晰的自贸试验区管理体制和用编用人制度，加强人才培养，打造高素质管理队伍；要加强地方立法，建立公正透明、体系完备的法治环境。自贸试验区各片区要把工作做细，制度做实，严格监督，严格执纪执法。各有关部门要及时下放相关管理权限，给予充分的改革自主权。本方案提出的各项改革政策措施，凡涉及调整现行法律或行政法规的，按规定程序办理。重大事项及时向党中央、国务院请示报告。

主要参考文献

1. 胡艺,张义坤,刘凯.内陆型自贸区的经济外部性:"辐射效应"还是"虹吸效应"?[J].世界经济研究,2022(2):54-72,135.

2. 阿弗里德·马歇尔.经济学原理[M].廉运杰,译.北京:华夏出版社,2013.

3. 白仲林,孙艳华,未哲.自贸区设立政策的经济效应评价和区位选择研究[J].国际经贸探索,2020(8):4-22.

4. 保罗·克鲁格曼.国际贸易新理论[M].黄胜,译.北京:中国社会科学出版社,2001.

5. 伯特尔·俄林.区际贸易与国际贸易[M].晏智杰,译.北京:华夏出版社,2013.

6. 曹金阳,张建勤.上海自贸区建设经验及启示[J].合作经济与科技,2021(20):76-78.

7. 曾凡.上海自贸区实现预期效应的关键因素[J].中国流通经济,2014(7):65-70.

8. 陈豪.长三角港航一体化的央地关系制度悖论——以浙江自贸区制度创新为视角[J].山西财经大学学报,2022(S1):4-7.

9. 陈少铭.中国对RCEP伙伴国文化产品出口效率及潜力——基于随机前沿引力模型[J].商业经济研究,2023(4):140-144.

10. 陈雄根.国有企业竞争政策研究——以自贸试验区和RCEP为视角[M].长沙:中南大学出版社,2023.

11. 程风雨.国内自贸试验区创新做法比较研究及有益启示[J].港口经济,2017(1):13-17.

12. 崔卫杰,马丁,山康宁.中国自贸试验区促进投资的成效、问题与建议[J].国际贸易,2023(1):21-30.

13. 大卫·李嘉图. 政治经济学及赋税原理［M］. 郭大力, 王亚南, 译. 北京: 商务印书馆, 2021.

14. 戴翔, 曾令涵, 徐海峰. 自贸试验区推动出口稳增长和优化升级了吗——基于制度创新作用的量化评估［J］. 国际经贸探索, 2023（7）: 21-34.

15. 戴翔, 张铨稳. 自贸试验区制度创新促进经济高质量发展了吗［J］. 山西财经大学学报, 2023（7）: 30-42.

16. 东艳, 李国学. 国际经贸规则重塑与自贸试验区建设［M］. 北京: 中国社会科学出版社, 2021.

17. 杜国臣, 徐哲潇, 尹政平. 我国自贸试验区建设的总体态势及未来重点发展方向［J］. 经济纵横, 2020（2）: 73-80.

18. 杜金岷. 开放蓝本——自由贸易试验区［M］. 重庆: 重庆大学出版社, 2018.

19. 方友熙. 福建自贸区与福厦泉自创区联动发展思路和对策研究［J］. 长春理工大学学报（社会科学版）, 2018（4）: 91-96.

20. 冯奎, 王铁铮. 自贸区联盟: 制度型开放新机遇［J］. 前线, 2022（3）: 53-56.

21. 冯圆. 制度型开放背景下自贸试验区环境保护机制与实施路径研究［M］. 北京: 清华大学出版社, 2022.

22. 冯宗宪. 自贸试验区与"一带一路"融合发展的新路径［J］. 人民论坛, 2020（27）: 38-41.

23. 符正平. 探索自贸区差异化发展路径［J］. 人民论坛, 2020（27）: 23-25.

24. 傅钟中, 孙琪, 闫晗, 等. 自贸试验区与经济腹地联动发展: 演进路径、联动机理和政策建议——以浙江自贸试验区杭州、宁波、金义片区为例分析［J］. 国际贸易, 2021（12）: 43-49.

25. 高峰. 推动自贸试验区高质量发展 扩大高水平对外开放［J］. 中国科技产业, 2022（3）: 9.

26. 高增安, 张鹏强, 李肖萌. 境外典型内陆自贸区税收优惠政策比较研究［J］. 西南民族大学学报（人文社科版）, 2018（6）: 142-148.

27. 郭若楠. 自贸试验区推动制度型开放的实现路径研究［J］. 齐鲁学

刊, 2022 (5): 119-129.

28. 郭苏文. 自贸区人才培养体系中的财税政策研究 [J]. 财会通讯, 2021 (22): 157-160.

29. 韩剑. 区域一体化与自贸区联动发展 [J]. 群众, 2019 (20): 22-24.

30. 韩振国, 朱洪宇. 自由贸易试验区: 制度优势或政策陷阱——基于夜间灯光数据的时空分析 [J]. 经济学家, 2022 (4): 89-98.

31. 黄华文. 推动钦州融入亚太区域经贸一体化 [J]. 经济, 2022 (3): 124-125.

32. 黄建洪. 注意力分配视域下自贸区制度创新机理研究——基于自贸区苏州片区若干典型案例的分析 [J]. 苏州大学学报 (哲学社会科学版), 2021 (6): 46-55.

33. 江英, 隋广军, 杨永聪. 自贸试验区建设助推产业链供应链韧性提升的机理及路径——以粤港澳大湾区为例 [J]. 国际贸易, 2023 (6): 55-63.

34. 姜启军, 郑常伟. 自贸试验区的设立促进了产业链横向协同集聚吗?——来自沿海自贸试验区的经验证据 [J]. 企业经济, 2023 (6): 53-64.

35. 金锋. 中国自由贸易试验区发展研究报告 (2022) [M]. 北京: 经济管理出版社, 2022.

36. 金永亮. 上海、天津、福建自贸试验区政策创新及落实的启示与借鉴 [J]. 广东经济, 2016 (11): 32-35.

37. 孔庆峰. 中国自贸试验区十周年: 成就、挑战与机遇 [J]. 人民论坛·学术前沿, 2023 (19): 84-95.

38. 黎绍凯, 李露一. 自贸区对产业结构升级的政策效应研究——基于上海自由贸易试验区的准自然实验 [J]. 经济经纬, 2019 (5): 79-86.

39. 李春顶. 新贸易理论文献综述 [J]. 世界经济文汇, 2010 (1): 102-117.

40. 李嘉美, 韩建雨. 自贸试验区推进我国数字经济发展的路径研究 [J]. 宏观经济管理, 2022 (7): 28-35.

41. 李俊. 自贸试验区数字贸易发展十年探索与未来展望 [J]. 人民论坛, 2023 (20): 60-64.

42. 李猛. 中国自贸区服务与"一带一路"的内在关系及战略对接［J］. 经济学家，2017（5）：50-57.

43. 李清，孙佳欣. 中国自贸试验区协同促进地区间发展分析［J］. 商业经济，2022（6）：8-11.

44. 李蕊，沈坤荣. 特惠需求与普惠视野下的自贸区知识产权制度创新［J］. 科技管理研究，2022（4）：140-146.

45. 李善民，毛艳华，符正平，等. 中国自由贸易试验区发展蓝皮书（2018—2019）［M］. 中山：中山大学出版社，2019.

46. 李善民，毛艳华，符正平，等. 中国自由贸易试验区发展蓝皮书（2019—2020）［M］. 广州：中山大学出版社，2020.

47. 李善民，符正平，李胜兰，等. 中国自由贸易试验区发展蓝皮书（2020—2021）［M］. 广州：中山大学出版社，2021.

48. 李善民，史欣向. 高质量高标准建设自由贸易港的现实路径［J］. 人民论坛，2020（14）：58-61.

49. 李善民. 中国自贸区的发展历程及改革成就［J］. 人民论坛，2020（27）：12-15.

50. 李世杰，赵婷茹. 自贸试验区促进产业结构升级了吗？——基于中国（上海）自贸试验区的实证分析［J］. 中央财经大学学报，2019（8）：118-128.

51. 李世杰，崇菲菲，黄锦程. 自贸试验区设立对产业协同集聚的影响效应——基于制度创新的维度［J］. 南京财经大学学报，2023（3）：77-88.

52. 李世泽. 制度创新引领广西自贸试验区高质量发展［J］. 当代广西，2021（21）：12-13.

53. 李世泽，马仕生，张卫华. 中国（广西）自由贸易试验区对接西部陆海新通道建设研究［J］. 北部湾大学学报，2020（12）：47-53.

54. 李潇，陈刚，贾雁岭. 上海自由贸易试验区税收政策分析与效应评估［J］. 地域研究与开发，2019（6）：22-28.

55. 李晓钟，叶昕. 自贸试验区对区域产业结构升级的政策效应研究［J］. 国际经济合作，2021（4）：46-53.

56. 李欣. 超越经济治理：自贸区治理体系与治理能力现代化建构研究——以厦门自贸区为例［J］. 经济体制改革，2018（5）：33-38.

57. 李宜钊,叶熙. 海南自由贸易试验区政策发展评价——基于151件政策文本的量化分析[J]. 海南大学学报(人文社会科学版),2020(1):43-51.

58. 李志勤. 高质量发展下自贸试验区创新发展思路——以四川自贸试验区为例[J]. 宏观经济管理,2021(2):34-39.

59. 李子联,刘丹. 中国自由贸易试验区建设的"质量效应"研究[J]. 经济学家,2021(9):58-68.

60. 刘斌,刘一鸣. 国际经贸规则重构与中国自贸试验区发展:对接与联动[J]. 中国特色社会主义研究,2023(3):52-61.

61. 刘秉镰,吕程. 自贸区对地区经济影响的差异性分析——基于合成控制法的比较研究[J]. 国际贸易问题,2018(3):51-66.

62. 刘芹. 论自由贸易理论的演变与发展[J]. 首都经济贸易大学学报,2004(4):54-56.

63. 刘荣. 自贸区(港)税收优惠政策的立场分歧与路径融合[J]. 海南大学学报(人文社会科学版),2020(1):52-62.

64. 刘曙华,张鹏飞,周青,等. "一带一路"背景下中越跨境经济合作区支持政策研究[J]. 广西社会科学,2021(9):71-79.

65. 刘曙华,周青. 南宁:破瓶颈为自贸区企业发展注入强劲动力[J]. 当代广西,2021(Z1):29-30.

66. 刘曙华,周青. 中国(广西)自贸试验区管理体制建设"五化"建议[J]. 广西经济,2019(9):16-17.

67. 刘娴. 建设西部陆海新通道:中国广西的现状、问题及对策[J]. 东南亚纵横,2019(6):67-76.

68. 刘晓宁. 双循环新发展格局下自贸试验区创新发展的思路与路径选择[J]. 理论学刊,2021(5):59-67.

69. 刘晓宁. 自贸试验区升级版建设助力高水平开放[N]. 中国社会科学报,2022-07-13.

70. 刘益星,李清. 双循环经济下中国(河北)自贸试验区发展策略研究[J]. 对外经贸实务,2022(6):74-79.

71. 隆国强. 充分发挥自贸试验区作用,助力加快构建新发展格局[J]. 中国发展观察,2021(Z2):7-10.

72. 卢国能. 浅谈中国自由贸易区（FTZ）的类型及其发展 [J]. 经济研究导刊, 2010（27）: 153-154.

73. 陆剑宝. 中国自由贸易试验区制度创新体系理论与实践 [M]. 中山: 中山大学出版社, 2018.

74. 罗宝顺. 高质量建设中国（广西）自贸区南宁片区财政面临的困境与对策研究 [J]. 经济研究参考, 2021（10）: 75-84.

75. 罗舟, 胡尊国. 中国自贸试验区政策试点对地区外商直接投资的影响——基于双重差分法的验证 [J]. 财经理论与实践, 2021（2）: 67-72.

76. 迈克尔·波特. 国家竞争优势 [M]. 李明轩, 邱如美, 译. 北京: 中信出版社, 2012.

77. 毛艳华. 广东自贸试验区试点改革成效与制度创新方向 [J]. 国际贸易, 2017（6）: 24-28.

78. 孟广文, 王洪玲, 杨爽. 天津自由贸易试验区发展演化动力机制 [J]. 地理学报. 2015（10）: 1552-1565.

79. 穆沙江·努热吉. 我国沿边口岸经济地域辐射效应的空间分异研究 [J]. 学术论坛, 2021（3）: 124-132.

80. 聂平香, 游佳慧. 中国自贸试验区投资便利化成效、问题及对策 [J]. 国际经济合作, 2022（1）: 51-59.

81. 欧阳洁. 试点对接国际高标准经贸规划 [N]. 人民日报, 2023-07-01.

82. 欧玉芳. 比较优势理论发展的文献综述 [J]. 特区经济, 2007（9）: 268-270.

83. 裴长洪, 崔卫杰, 赵忠秀, 等. 中国自由贸易试验区建设十周年: 回顾与展望 [J]. 国际经济合作, 2023（4）: 1-32, 91-92.

84. 彭羽, 唐杰英, 陈陶然, 等. 自贸试验区货物贸易制度创新研究 [M]. 上海: 上海社会科学院出版社, 2016.

85. 彭真明, 王少祥. 论中国特色自由贸易港建设的立法创新 [J]. 海南大学学报（人文社会科学版）, 2020（3）: 31-37.

86. 秦万霞. 广西北部湾港口经济发展现状、问题与对策研究 [J]. 当代经济, 2017（21）: 58-60.

87. 饶燕婷. "产学研"协同创新的内涵、要求与政策构想 [J]. 高教探索, 2012（4）: 29-32.

88. 任春杨, 毛艳华. 新时期中国自贸试验区金融改革创新的对策研究 [J]. 现代经济探讨, 2019 (10): 1-8.

89. 任春杨, 张佳睿, 毛艳华. 推动自贸试验区升级为自由贸易港的对策研究 [J]. 经济纵横, 2019 (3): 114-121.

90. 任再萍, 黄成, 施楠. 上海自贸区金融创新与开放对经济增长贡献研究——基于金融业政策效应视角 [J]. 中国软科学, 2020 (9): 184-192.

91. 桑百川, 王殿杰. 自贸试验区制度创新: 成效、路径与发展思路 [J]. 国际贸易, 2023 (9): 3-12.

92. 邵卿, 周青, 刘曙华. 基于国家重大战略的广西对外开放实践与展望 [J]. 经济与社会发展, 2021 (5): 10-20.

93. 史本叶, 王晓娟. 探索建设中国特色自由贸易港——理论解析、经验借鉴与制度体系构建 [J]. 北京大学学报 (哲学社会科学版), 2019 (4): 149-158.

94. 舒凯. 自贸试验区给服务外包产业的大机会——专访对外贸易经济大学副教授姜荣春 [J]. 服务外包, 2015 (7): 22-27.

95. 宋丽颖, 郭敏. 自贸区政策对地方财力的影响研究——基于双重差分法和合成控制法的分析 [J]. 经济问题探索, 2019 (11): 14-24.

96. 宋岩, 侯铁珊. 关税同盟理论的发展与福利效应评析 [J]. 首都经济贸易大学学报, 2005 (2): 54-59.

97. 隋广军, 江英, 王浩. 中国自贸试验区建设是否促进外资流入——基于空间外溢的视角 [J]. 国际经贸探索, 2023 (10): 42-59.

98. 孙海波, 陈健生. 内陆自贸区促进地区经济增长的宏观效应——基于合成控制法的四川实证 [J]. 财经科学, 2021 (8): 119-132.

99. 孙海波, 陈健生. 西部内陆自由贸易试验区政策实施的经济效应评估——基于 HCW 法对四川、重庆、陕西自贸区的比较分析 [J]. 南开经济研究, 2021 (6): 70-88.

100. 孙久文, 唐泽地. 我国内陆沿边地区建设自贸区的路径探讨 [J]. 上海经济研究, 2016 (10): 100-107, 115.

101. 孙英杰, 林春, 康宽. 自贸区建设对经济"三驾马车"影响的实证检验 [J]. 统计与决策, 2020 (23): 70-72.

102. 孙智君, 陈霜. 新时代中国共产党数字经济发展战略的演进与重要

维度 [J]. 重庆社会科学, 2022 (11): 6-23.

103. 谭秀洪, 周罡. 全国自贸试验区建设阶段性特征 [J]. 中国外资, 2021 (7): 38-43.

104. 汤霞, 刘阳阳. 横琴自贸区建设契机下加快珠海港发展的探讨 [J]. 对外经贸实务, 2016 (10): 43-46.

105. 滕静涛. 江苏自贸试验区与其他开放平台联动发展机制综述 [J]. 对外经贸, 2022 (1): 80-85.

106. 佟家栋. 国际贸易理论的发展及其阶段划分 [J]. 世界经济文汇, 2000 (6): 39-44.

107. 汪文姣, 戴荔珠, 赵晓斌. 广东自贸区对粤港澳经济联系强度的影响效应评估——基于反事实分析法的研究 [J]. 国际经贸探索, 2019 (11): 49-65.

108. 王丹. 上海自贸试验区建设及制度创新研究 [J]. 城市观察, 2015 (4): 15-27.

109. 王迪阳, 孔庆民. 中国沿边型自由贸易试验区贸易效应评估——基于合成控制法的实证研究 [J]. 商业经济研究, 2022 (23): 141-144.

110. 王峰. 西方关税同盟贸易效应的理论与实证研究 [J]. 经济经纬, 2008 (2): 57-60.

111. 王桂虎, 朱刚. 海南自由贸易港推动制度集成创新的经验与发展研究 [J]. 价格理论与实践, 2022 (2): 50-54.

112. 王明益, 刘晓宇, 李冉. 自贸试验区促进了企业高质量出口吗 [J]. 国际商务（对外经济贸易大学学报）, 2022 (6): 38-55.

113. 王倩, 谢玲玲. 中国自贸试验区建设吸引了外商直接投资流入吗？——来自216个地级市的面板数据考察 [J]. 技术经济, 2022 (7): 93-105.

114. 王炜, 史妍. "双循环"下新兴自贸区深化"放管服"改革的路径 [J]. 哈尔滨市委党校学报, 2022 (2): 35-39.

115. 王旭阳, 肖金成, 张燕燕. 我国自贸试验区发展态势、制约因素与未来展望 [J]. 改革, 2020 (3): 126-139.

116. 王妍喆. 辽宁自贸区大连片区行政管理体制改革研究 [D]. 大连: 大连理工大学, 2020.

117. 王耀中,罗舟,胡尊国. 中国自贸试验区对地区经济增长的影响 [J]. 湖南大学学报(社会科学版),2021(1):54-62.

118. 王勇,王亮,余升国. 自贸区离岸金融制度创新理论分析框架 [J]. 上海经济研究,2018(5):93-104.

119. 王勇. 自贸区建设背景下的两岸口岸治理合作 [J]. 台湾研究,2017(5):65-75.

120. 王志芳,张丹. 国际经济政策协调与中国自贸试验区制度创新 [J]. 东北亚论坛,2022(4):114-126,128.

121. 吴昊,张怡. 政策环境、政策课题与政策试验方式选择——以中国自由贸易试验区为例 [J]. 中国行政管理. 2016(10):105-110.

122. 吴文洁,白又竹. 自贸试验区设立对区域创新能力影响的实证分析 [J]. 西安石油大学学报(社会科学版),2022(3):1-6.

123. 武义青,刘海云,李清. 中国自贸试验区的实践与探索 [M]. 北京:经济日报出版社,2021.

124. 武玥. 浅析自贸区驱动对中国经济增长的影响——以广东自贸区为例 [J]. 行政科学论坛,2017(6):18-21.

125. 习近平. 习近平著作选读:第1卷 [M]. 北京:人民出版社,2023.

126. 习近平. 习近平著作选读:第2卷 [M]. 北京:人民出版社,2023.

127. 习近平. 习近平谈治国理政:第3卷 [M]. 北京:外文出版社,2020.

128. 习近平. 习近平谈治国理政:第4卷 [M]. 北京:外文出版社,2022.

129. 熊芳,郑慧娟,林学军. 我国内陆自贸试验区试点的区位选择——基于fsQCA方法的分析 [J]. 学术探索,2023(2):102-110.

130. 学习贯彻习近平新时代中国特色社会主义经济思想 做好"十四五"规划编制和发展改革工作系列丛书编写组. 建设更高水平开放型经济新体制 [M]. 北京:中国计划出版社,中国市场出版社有限公司,2020.

131. 亚当·斯密. 国富论 [M]. 唐日松,杨兆宇,译. 北京:华夏出版社,2013.

132. 杨陈静,刘航. 自贸区协同发展的研究综述 [J]. 四川行政学院学报,2019(2):89-98.

133. 杨蕾, 王珏. 经济全球化下服务外包的经济学机理分析——基于现代规模经济理论视角 [J]. 西安财经学院学报, 2015 (3): 59-62.

134. 杨妍. 优化营商环境的自贸区服务型治理创新——基于《南京市优化营商环境100条》的分析 [J]. 技术经济与管理研究, 2020 (12): 113-117.

135. 姚子健. 自贸区个人所得税优惠政策的不足与优化 [J]. 税收经济研究, 2020 (6): 16-23.

136. 叶霖莉. 自贸区设立的产业结构升级效应——基于PSM-DID方法的实证分析 [J]. 国际商务研究, 2023 (1): 87-100.

137. 叶修群. 自由贸易试验区与经济增长——基于准自然实验的实证研究 [J]. 经济评论, 2018 (4): 18-30.

138. 殷为华, 杨荣, 杨慧. 美国自由贸易区的实践特点透析及借鉴 [J]. 世界地理研究, 2016 (2): 30-39.

139. 尹晨, 周思力, 王祎馨. 论制度型开放视野下的上海自贸区制度创新 [J]. 复旦学报 (社会科学版), 2019 (5): 175-180.

140. 尹晨. 双循环新发展格局下的自贸试验区发展 [J]. 新金融, 2020 (11): 11-14.

141. 于津平, 方初. 经济全球化的新格局与中国自贸试验区的角色定位 [J]. 江海学刊, 2020 (6): 81-87, 254.

142. 余萍. 自贸区发展背景下河南产业发展的路径选择 [J]. 对外经贸, 2017 (4): 79-84.

143. 约翰·穆勒. 政治经济学原理及其在社会哲学上的若干应用 [M]. 胡企林, 译. 北京: 商务印书馆, 1991.

144. 张方波. 金融开放助力海南自由贸易港建设: 当前进展、面临挑战与纵深推进 [J]. 海南大学学报 (人文社会科学版), 2022 (4): 56-64.

145. 张凤超, 张明. 金融地域运动视角下的粤澳金融深度合作——基于珠海横琴自贸区的思考 [J]. 华南师范大学学报 (社会科学版), 2015 (6): 115-122, 192.

146. 张晖, 郭庆宾. 海南自由贸易港建设的空间生产逻辑 [J]. 地理科学进展, 2022 (5): 880-895.

147. 张蕙, 王珍珍. 福建自贸试验区建设能力提升的路径选择与学习策略——基于三大片区协同发展的演化博弈视角[J]. 福建师范大学学报（哲学社会科学版），2016（6）：2-10，168.

148. 张娟，李俊，李计广. 从RCEP、自贸试验区到CPTPP：我国服务贸易开放升级路径与建议[J]. 国际贸易，2021（8）：62-69.

149. 张军旗. 我国自由贸易试验区中产业补贴政策的调整[J]. 上海财经大学学报，2019（1）：125-138.

150. 张守文. "破旧立新"：改革试验区建设的法治问题[J]. 法学杂志，2023（5）：1-13.

151. 张天东，郑欢欢. 自贸区背景下空港产业园规划研究——以泸州空港产业园总体规划研究为例[J]. 工程建设与设计，2021（S1）：70-74.

152. 张效梅. 国家竞争优势理论对我国外贸发展的启示[J]. 商业时代，2010（2）：59-60.

153. 张鑫，杨兰品. 沿海、内陆、沿边自贸试验区开放优势特色与协同开放研究[J]. 经济体制改革，2021（3）：59-64.

154. 张咏华. 中国自贸区制度创新的实践与理论基础——以上海自由贸易试验区为例[J]. 行政科学论坛，2017（10）：8-11.

155. 张瑜照，徐鹏飞. 上海自贸区政策对小洋山产业发展布局影响研究[J]. 工程建设与设计，2022（3）：6-8.

156. 张宗斌. 自由贸易理论与实践的背离及启示[J]. 当代亚太，1997（2）：8-12.

157. 赵家章，丁国宁，苏二豆. 中国自由贸易试验区建设的理论逻辑与高质量发展实现路径[J]. 经济学家，2022（7）：53-61.

158. 赵亮. 自贸试验区驱动区域产业结构升级的机理探讨[J]. 经济体制改革，2021（3）：122-127.

159. 赵伟. 国家战略视阈的自贸港、自贸区着力点与地方政府选择[J]. 云南社会科学，2023（5）：74-82.

160. 赵文霞. 中国（天津）自贸试验区开放创新的成效与进路[J]. 对外经贸实务，2020（3）：9-11，96.

161. 赵忠秀，胡旭东，刘鲁浩. 我国自贸试验区建设中的地方特色特征研究[J]. 国际贸易，2021（1）：4-9.

162. 甄敬怡. 对接国际高标准 我国主动开展制度型开放试点[N]. 中

国改革报, 2023-07-03.

163. 中共中央宣传部, 国家发展和改革委员会. 习近平经济思想学习纲要 [M]. 北京: 人民出版社, 学习出版社, 2022.

164. 中共中央宣传部, 中华人民共和国外交部. 习近平外交思想学习纲要 [M]. 北京: 人民出版社, 学习出版社, 2021.

165. 中华人民共和国国民经济和社会发展第十四个五年规划和2035年远景目标纲要 [M]. 北京: 人民出版社, 2021.

166. 仲其庄, 刘路宣. 新亚欧陆海联运通道自由贸易试验区联盟成立 [J]. 大陆桥视野, 2021 (10): 16.

167. 周密. 技术差距理论综述 [J]. 经济社会体制比较, 2009 (3): 186-191.

168. 周振海. 天津自贸区金融支持政策 [J]. 中国金融, 2016 (2): 50-52.

169. 朱四海. 碳达峰碳中和的制度保障与技术支撑研究 [J]. 发展研究, 2022 (1): 52-62.

170. 朱炎亮. 高水平开放、市场化改革与经济高质量增长——基于中国自贸试验区的经验证据 [J]. 海南大学学报 (人文社会科学版), 2022 (6): 124-134.

171. 庄传伟. 技术驱动·边界消融·关系重构: 广电网络行业"智慧转型"的实践维度 [J]. 传媒观察, 2022 (11): 58-66.

172. 左诗. 中外自由贸易区的比较研究——兼论我国自由贸易区发展的政策建议 [J]. 商业时代, 2014 (29): 41-42.

后　记

　　本书的起因是笔者在广西南宁五象新区规划建设管理委员会工作期间，代表所在单位全程参与广西申报自贸试验区（广西自贸试验区南宁片区选址五象新区），谋划广西自贸试验区南宁片区的四至范围、功能划分、主要任务和措施等，所经历的实践至今印象深刻。2019年7月底，笔者转职广西社会科学院，从事社会科学研究和期刊编校工作。2019年8月，国务院批准设立广西自贸试验区。阴差阳错，笔者没有亲自见证广西自贸试验区的诞生。2020年笔者中标广西哲学社会科学规划项目《中国（广西）自由贸易试验区建设现状、挑战及其对策研究》，由此又将关注点集中在广西自贸试验区的建设和发展。总而言之，本书可认为是理论与实践相结合的产物。

　　2013年9月，上海自贸试验区正式挂牌成立，到2023年经历了十年，这十年是国际环境风云激荡的十年，世界面临百年未有之大变局，经济全球化和区域经济一体化艰难前行，国际经贸合作经历深刻调整，新冠疫情对全球产业链供应链带来深远影响。同时，也是国内深刻巨变的十年，我国进入"两个一百年"奋斗目标历史交汇期，社会主要矛盾发生关系全局的历史性变化，经济进入由高速增长全面转向高质量发展的新常态，制度型开放成为我国全方位对外开放的着力点。在新的时代背景下，党的二十大报告提出，实施自由贸易试验区提升战略。从理论和实践两大层面来看，自贸试验区提升战略涉及产业发展、制度创新、辐射带动、政策优化等领域。国家层面与省级层面实施自贸试验区提升战略的侧重点会有所不同，广西层面推进实施广西自贸试验区提升战略，需要在总结成效和问题的基础上，提出符合自身实际和突出特色发展的关键领域和核心环节。基于以上判断，本书通过构建广西自贸试验区"五力"竞争模型（即产业竞争力、制度竞争力、协同竞争力、体制竞争力、政策竞争力），构思了广西自贸试验区提升战略的具体路径。

　　历史的车轮滚滚向前，时代潮流浩浩荡荡，学术研究无止境，关于自贸试验区的理论研究和实践探索永无终点。本书可为了解我国自贸试验区前世今生的兴趣者提供基础认识，也为试图激发广西自贸试验区宏大潜力的决策者提供思路点拨。本书的出版得到了广西社会科学院领导和同事的支持和帮助，同时许多朋友在数据收集、资料整理等方面提供了协助。特别需要提及的是，中山大学区域开放与合作研究院院长毛艳华教授在百忙之中阅读书稿、给予指导并拨冗作序。中国财政经济出版社管理出版中心段钢主任为了本书的出版开展了大量协调工作，责任编辑高文欣老师对本书全文进行了多次认真细致校对。在此，一并表示诚挚的谢意。

作者
2024年5月于陋室